5G与AI技术大系

BILLING

5G时代的
场景计费详解
从流量计费到价值计费

亚信科技（中国）有限公司 编著

清華大學出版社

北京

内 容 简 介

计费系统是5G网络的重要组成部分，对支撑各类5G业务的正常运行起着至关重要的作用。

本书共7章，第1章介绍计费的诞生与发展，全面分析计费系统的由来及通用功能，让对计费系统不熟悉的读者了解相关背景知识，便于顺利阅读后续章节；第2～6章阐述通信网络及其计费系统的发展过程、业务支撑规范的演化、计费系统定位产生的调整与变化，重点介绍5G计费系统支撑的新场景、计费的新模式以及采用的新技术，让读者对5G计费系统形成端到端的全面掌握；第7章介绍典型的5G计费解决方案，通过5G赋能交通、电力、医疗等行业的典型案例的介绍，分析5G价值变现的途径与模式，进一步强化读者对5G计费系统的理解。

本书主要适合信息与通信技术从业人士阅读，也可以作为高等院校通信、计算机等相关专业本科生和研究生的参考书。

图书在版编目(CIP)数据

5G时代的场景计费详解：从流量计费到价值计费 / 亚信科技（中国）有限公司编著．—北京：清华大学出版社，2021.11

（5G与AI技术大系）

ISBN 978-7-302-59482-6

Ⅰ．①5…　Ⅱ．①亚…　Ⅲ．①无线电通信－移动通信－费用－计算－中国　Ⅳ．①F632.4

中国版本图书馆CIP数据核字(2021)第223170号

责任编辑： 王中英
封面设计： 王　辰
版式设计： 方加青
责任校对： 徐俊伟
责任印制： 沈　露

出版发行： 清华大学出版社
网　　址： http：//www.tup.com.cn，http：//www.wqbook.com
地　　址： 北京清华大学学研大厦A座　　**邮　　编：** 100084
社 总 机： 010-62770175　　**邮　　购：** 010-83470235
投稿与读者服务： 010-62776969，c-service@tup.tsinghua.edu.cn
质 量 反 馈： 010-62772015，zhiliang@tup.tsinghua.edu.cn
印 装 者： 天津安泰印刷有限公司
经　　销： 全国新华书店
开　　本： 170mm×240mm　　**印　　张：** 13　　**字　　数：** 219千字
版　　次： 2021年12月第1版　　**印　　次：** 2021年12月第1版
定　　价： 79.00元

产品编号：094294-01

丛书序

2019 年 6 月 6 日，工信部正式向中国电信、中国移动、中国联通和中国广电四家企业发放了 5G 牌照，这意味着中国正式按下了 5G 商用的启动键。

两年多来，中国的 5G 基站装机量占据了世界总量的 2/3，地级以上城市已实现 5G 全覆盖；近 4 亿个 5G 终端连接，是全世界总量的 8 成；中国的 5G 专利数超过美日两国的总和，在全球遥遥领先；5G 在工业、经济等社会领域的应用示范项目数以万计……

两年多来，万众瞩目的 5G 与人工智能、云计算、大数据、物联网等新技术一起，改变个人生活，催生行业变革，加速经济转型，推动社会发展，正在打造一个“万物智联”的多维世界。

5G 带来个人生活方式的迭代。更加畅快的通信体验、无处不在的沉浸式 AR/VR、智能安全的自动驾驶……这些都会因 5G 的到来而变成现实，给人类带来更加自由、丰富、健康的生活体验。

5G 带来行业的革新。受益于速率的提升、时延的改善、接入设备容量的增加，5G 触发的革新将从通信行业溢出，数字化改造得以加速，新技术的加持日趋显著，新的商业模式不断涌现，产业的升级将让千行百业脱胎换骨。

5G 带来多维的跨越。C 端消费与 B 端产业转型共振共生。“4G 改变生活，5G 改变社会”，5G 时代，普通消费者会因信息技术再一次升级而享受更多便捷，千行百业的数字化、智能化转型也会真正实现，两者互为表里，互相助推，把整个社会的变革提升到新高度。

近两年是 5G 在中国突飞猛进的两年，也是亚信科技战略转型升级取得突破性成果的两年。作为国内领先的软件与服务提供商、云网一体管理服务提供商，亚信科技紧扣时代发展节拍，积极拥抱 5G、云计算、大数据、人工智能、物联网等先进技术，积极开展创造性的技术产品研发演进，与业界客户、合作伙伴共同建设 5G+X 的生态体系，为 5G 赋能千行百业、企业数智化转型、产业可持续发展积极做出贡献。

在过去的两年中，亚信科技继续深耕通信业务支撑系统（Business Supporting System，BSS）的优势领域，为运营商的 5G 业务在中华大地全面商用持续提供强有力的支撑。

亚信科技抓住 5G 带来的 B&O 融合的机遇，将能力延展到 5G 网络运营支撑系统（Operation Supporting System，OSS）领域，公司打造的 5G 网络智能化产品在运营商中取得了多个商用局点的突破与落地实践，在帮助运营商优化 5G 网络环境、提升 5G 服务体验的同时，公司也迈出了拓展 OSS 领域的坚实一步。

亚信科技在数字化运营——数据驱动软件即服务（Data-Driven Software as a Service，DSaaS）这一创新业务板块也取得了规模化突破。在金融、交通、能源、政府等多个领域，帮助行业客户打造“数智”能力，用大数据和人工智能技术，协助其获客、活客、留客，改善服务质量，实现行业运营数智化转型。

亚信科技在垂直行业市场服务领域进一步拓展，行业大客户版图进一步扩大，公司与云计算的各头部企业达成云 MSP 合作，持续提升云集成、云 SaaS、云运营能力，并与其一起，帮助邮政、能源、政务、交通、金融、零售等数十个大型行业客户上云、用云，降低信息化支出，提升数字化效率，提高城市数智化水平，用数智化手段为政企带来实实在在的价值提升。

亚信科技同时积极强化、完善了技术创新与研发的体系和机制。在过去的两年中，多项关键技术与产品获得了国际和国家级奖项，诸多技术组合形成了国际与国家标准。5G+ABCDT 的灵动组合，重塑了包括亚信科技自身在内的行业技术生态体系。“5G 与 AI 技术大系”丛书是亚信科技在过去几年中，以匠心精神打造我国 5G 软件技术体系的创新成果与科研经验的总结。我们非常高兴能将这些阶段性成果以丛书的形式与行业伙伴们分享与交流。

我国经历了从2G落后、3G追随、4G同步，到5G领先的历程。在这个过程中，亚信科技从未缺席。在未来的 5G 时代，我们将继续坚持以技术创新为引领，与业界合作伙伴们共同努力，为提升我国 5G 科技和应用水平、为提高全行业的数智化水准、为国家新基建贡献力量。

2021 年 10 月于北京

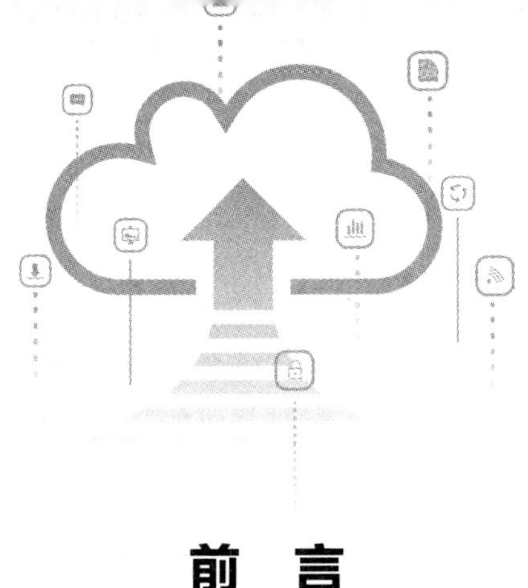

前 言

人类进入智能化社会的趋势已不可逆转，5G、大数据、云计算、人工智能是当前和今后相当长一段时间内学术界和工业界共同探寻研究的方向。《2020 年国务院政府工作报告》提出重点支持新型基础设施建设和新型城镇化建设以及交通、水利等重大工程建设。其中新型基础设施包括 5G、特高压、城际高速铁路和城际轨道交通、新能源汽车充电桩、大数据中心、人工智能、工业互联网、物联网等领域。

5G 是国家新基建规划的龙头，是国家间竞争的基础核心，谁掌握了 5G 标准谁就拥有面向未来的话语权；谁拥有了 5G 网络的大规模建设能力，谁就能在 5G 产业竞争中占据优势。

和任何一种新兴产业的发展类似，5G 产业的健康发展离不开 5G 价值的持续变现。本书通讨分析 5G 赋能各行各业的不同计费场景，对 5G 价值变现的问题进行理论探讨，对项目实践进行提炼总结，希望通过本书的出版，和业界同仁一道为促进 5G 产业的健康发展贡献力量。

全书共 7 章，包括计费的诞生与发展、5G 计费支撑的新场景、5G 计费的新模式、5G 计费系统的架构、5G 计费运用的技术、5G 计费系统的运维，以及 5G 计费场景实验室。

本书有如下特点：

- 目前市面上5G类图书主要聚焦分析通信网元或5G如何改变社会，而本书则从5G价值变现的角度进行探讨，重点讲述5G赋能各行各业的价值变现问题。
- 从支撑场景、模式、新技术、落地解决方案等角度，对5G计费进行端到端的分析，对信息与通信技术从业人员有较大的参考价值。

- 全书图文并茂，从计费的概念开始，由浅入深地介绍计费使用的技术，分析2G、3G、4G等不同时期的计费系统的发展历程，兼顾不同读者的背景。

本书主要适合信息与通信技术从业人士阅读，也可以作为高等院校通信、计算机等相关专业本科生和研究生的参考书。

本书由亚信科技研发中心编写，顾宝华、乔稳担任联合主编，编写组成员包括欧阳晔博士、张桦、孔令鲁、张强、徐智刚、吴俊、杜元猛、赵标、章韩毅、赵存兴、康春林、金磊、胡海亮、蔡英明、蔡伟、韦昌太。感谢陈云峰、吕亚宁、张峰的审阅工作。

由于编者水平和精力有限，不足之处在所难免，若读者不吝告知，我们将不胜感激。

编者

2021 年 10 月

目 录

第1章 计费的诞生与发展

1.1 计费的基础概念

在原始社会，社会生产力水平的主要标志会是使用石器工具，人与人之间平等合作，实行平均分配或你情我愿的物物交换；农耕技术和冶金技术的出现，推动人类从原始社会进入了农业社会；蒸汽动力技术的出现，又使人类从农业社会进入了工业社会。先进技术除了代表着先进生产力，同时也伴随着社会分工和生产资料的细分，拥有不同关键技术的生产者，生产出了多样化的生产资料，除了物物交换，也出现了以一般等价物为基础的计量交换，再后来出现了货币计量。20 世纪 40 年代中期，第一台计算机 ENIAC 诞生，人类以信息技术为牵引跨进第三次工业革命，社会形态由工业社会发展到信息社会，不再以体能和机械为主要生产力，信息技术同时催生了生产交易模式的不断改变。

1.1.1 信息时代之前的交易模式

在人类历史中，交易行为从原始社会就存在，随着生产力的发展，为了适应时代的变化，交易行为的表现形式也在不断变化。

在原始社会，原始人甲需要物资 X，他拥有物资 Y，则他需要去找正好需要物资 Y 且有物资 X 的原始人乙，通过交换获得物资 X。这种物物交换达成的条件是双方都缺少自己需要的物资，同时刚好又拥有对方所需要的物资，原始社会没有标准定价，交易达成全凭意愿，买卖双方愿意即可达成交易。但由于当时生产力不高，物资稀缺，加上原始人对物资的需求程度也不高，交易意向往往无法达成，交易效率很低。

在距今八千多年前，人类进入了农耕时代，随着同时期冶金技术的出现，让古代生产技术出现了一次大的飞跃，人们的物资变得丰富，可交易物品范围得到了扩大，需求也更加丰富多样，彼时出现了中间等价交换物，比如尧舜禹时期采用贝壳作为中间物，类似于我们今天使用的货币，通过中间交换物来衡量物资的价值。当时也可以直接进行交换获得物资。

伴随着计量方法的进步，我国古代劳动人民发明了一种叫作算筹的计算工作，它最早出现在何时已经不可查考，但不晚于春秋战国时期。算筹就是用竹子或其他材料做成的一根根小棒，在《中国科学技术史》上说按照中国古代的筹算规则，算筹计数的表示方法为：个位用纵式、十位用横式、百位再用纵式、千位再用横式、万位再用纵式，以此类推，从右到左，纵横相间，遇零则置空，这样就可以用算筹表示出任意大的自然数了，如图 1-1 所示。

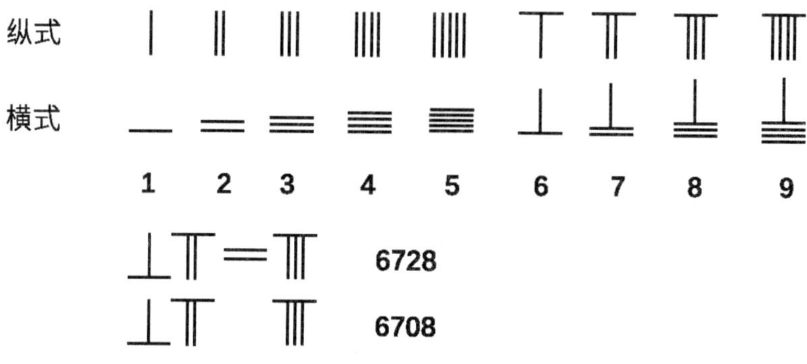

图 1-1　古代算筹

两千多年前我们的祖先就懂得了这样精妙的计算，真是神奇！后来到东汉时期，算筹又演变为了我们今天仍在广泛使用的算盘和珠算，民间曾有“手拿算盘是财神爷”的说法。市场公认计量单位的出现极大地缓解了达成交易难的问题，计算方法的进步使得交易效率得以提升，但交易难度还是很大，原因就在于交易信息的传递和获取较难。

那么如何解决交易信息获取难的问题呢？生意人都清楚地知道，要么人找货、要么货找人，不过好像“人找货”更容易降低交易难度，一方面人们知道在哪里可更容易地促成交易，另一方面相对于货物来说，人更容易流动。于是出现了很多类型的促成交易的场所和市场，让货不动，让流动的人找货，货品越多、越齐全的地方，自然也就越容易产生交易。当然这种交易达成率高还有一个关键因素，就是大家都知道到某个交易市场里做买卖的人比较多。

这种集群化交易现象随着市场规模的发展也暴露出了局限性：交易场所设置的集中性和人活动范围的有限性，使得个人很难在不同市场都获取全面有效的信息。于是市场出现了中间人来撮合交易，中间人不直接买卖物品，他们撮合别人达成交易，并从中赚取一定的中介费。中间人长期在交易市场里游走，他们掌握的信息越来越多、越来越全面，有的中间人为了赚取更多中介费，开始拟定并给出所谓的公平价格，后来演变成了中间价，就是买卖双方都会参考的一个当前的市场价格。随着交易物品种类越来越多，就有了物品及价格清单，类似于今天菜市场门口的价格公示信息。

有的中间人口碑好，生意也就越做越大，他们手里掌握的交易信息也就越来越多。如何将信息转化为有效收益、提高信息的使用效率，成了摆在人们面前的又一个问题和机会。于是在交易市场里出现了一些组织，固定的交易场所、会员制和标准化合同结算的雏形逐渐出现，这些组织对获取的信息进行分类利用，或集中买卖，或引导交易朝某个方向发生。为防范欺骗性交易，组织方安排了严格的交易程序，进入交易场所参加交易的人必须向交易管理员做自我介绍，然后会给一个写着其个人信息的竞价板，并安排一个时间集中交易，交易管理员负责记录每一单交易情况，以便在交易结束当天完成结算，同时组织方收取买卖双方少量费用，作为提供这些服务的报酬。这种信息收集、分类整理、分析加工、提供集中交易的组织或场所，如今被赋予了一个更好听的名字——平台。平台提供者利用计算机信息技术和网络技术打破了信息传递的局限性，开启了以信息为基础的信息时代的交易模式。

1.1.2　信息时代的交易模式

信息时代之前大部分交易是没有持续记录或者说没有关联记录的，皇家和达官贵人除外，平民百姓之间主要依靠口传和纸笔记录，交易记录的保存也比较有限，或易损坏，或不连续。

跨入信息时代后，交易有了记录并产生了交易数据，利用 IT 技术建立起来的各种平台或系统对交易数据进行处理并计算费用，普通大众也“享受着”被平台记录的“好处”。比如用户拨打一次电话会产生一条通话记录数据，电信运营商有一个算费系统，会对这些通话记录按照协议的定价和计量标准进行计算，确定该收多少钱。早些年打电话还比较贵，假设每通话 1 分钟 6 角钱，那么打 5 分钟电话，用户就需为运营商提供的通话服务支付 3 元费用。这种涉及服务使用记录的计算和支付过程在今天叫计费，很多信息时代的交易模式都是以计费作为核心基础。

信息时代的开启，主要受益于 1946 年美国军方要求宾州大学 Mauchly 博士和他的学生 Eckert，设计以真空管取代继电器的“电子化”计算机——ENIAC，这也是世界上公认的第一台计算机。此后数年间，许多企业开始逐渐拥有了计算机，并进行一些简单的数据处理，当时的大企业可能拥有多台计算机，但是没有中心服务器这个概念，每台计算机地位相互平等。该阶段的计算机在数据处理中主要用于减轻人在计算方面的劳动强度，如用于计算工资、统计账目等，属于电子数据处理（Electronic Data Processing，EDP）阶段。针对企业某类单项业务数据的记录、计算、保存，主要以电子化记录和保存为主，告别了人工记录和纸张文档。同时，在 EDP 阶段还较少涉及管理内容。

随着企业业务需求的增长和 IT 技术的发展，使用计算机的各个部门间逐渐产生了信息共享的需求。计算机在局部事务处理中产生了管理功能，但并没有形成对企业全局的管理。为了顺利实现业务目标，部分企业开始用全局性的系统思想来考虑和建立综合性交互系统，这种系统强调数据仓库和业务流程的信息化，着眼于为企业的管理决策提供有关键价值的信息。

如果说数字化奠定了信息化时代的基础，实现了数据资源的获取和原始积累，那么网络化平台促进了数据资源的流通和汇聚。

从 20 世纪 90 年代中期，互联网开始了大规模商用进程，信息化迎来了以互联网应用为主要特征的网络化阶段。在 1G 时代，只能语音通信且信号极不稳定。在 2G 时代，得益于数字蜂窝技术，通话质量趋向稳定同时还能发短信，开始引入数据业务，人们开始能上网了，极大地方便了人们的信息沟通。2000 年前后第三代移动通信（3G）技术出现，给我们的生活带来了较大变化，人们可以随时随地在线传输视频，使用很多个性化应用。3G 网络是高速 IP 数据网络，虽然上网已不是什么奢侈的事情，但依然不能满足人们的需求，所以在 3G 网络普及度并不高的时候，4G 技术研发已经走在了路上。第四代（4G）网络化技术可将上网速度提高到 3G 技术的 50 倍以上，可实现三维图像高质量传输，4G 的出现加速了数据的流通与汇聚，促使数据资源体量呈指数式增长，即时通信、视频、移动支付，信息数据已开始呈现出海量、多样、实时、低价值密度等一系列特征。

通过互联网连接众多孤立的信息系统，从而形成在更大程度上实现信息共享的基于网络互联的信息系统。企业信息系统借助互联网技术，综合企业的经营、管理、决策和服务于一体，以求达到企业和系统的效率、效能和效益的统一，使计算机和互联网技术在企业管理和服务中能发挥更显著的作用。得益于网络化和信息共享技术，计算机信息系统已经从管理信息系统发展成更强调支持企业高层决策的交易决策支持系统。

互联网的加速普及使移动通信可以最大限度地发挥作用，它将彻底改变经济增长方式以及世界经济格局，带领社会进入网络经济时代。通过信息技术将纸币转换成简单的数字，实现了无须面对面的移动支付，让交易变得迅速而便捷。今天的交易模式已变得越来越简便，只要有一个智能手机就可以完成交易，高清智能生物识别技术的出现，使人们可以“依靠刷脸”完成交易。

1.2　计费的基础功能

1.2.1　信息管理系统

如今，智能手机已成为人们日常生活的基本配置工具。在使用手机的过程中，我们并不知道什么是计费系统，也不会察觉到它的存在，只知道话费余额不足后，若不及时缴费，就不能上网和通话了。实际上，每一次通话、在 App 里的每一次点击，都涉及通信网络的计费系统，如果没有该系统，我们拿着手机什么也干不了，有了计费系统在幕后的支撑，才保证了日常通信业务的正常运行。

以下是普通用户在营业厅开户的场景。

用户小明买了新手机，在营业厅想开通一个话费套餐，工作人员将他的身份信息录入系统进行检查，让小明选择一个手机号码，将与该号码对应的一组数据写入空白 SIM 卡，随后小明将 SIM 卡装进手机，充上花费后就可以正常使用了。

在此过程中，工作人员录入小明身份信息后，会生成和小明身份证号对应的客户数据，这些数据会由营业厅受理系统同步到后台计费系统，当小明选好手机号码后，计费系统便会收到由营业厅受理系统同步过来的数据。

以上就是一个用户在电信运营商的营业厅开户的全过程，类似的场景还有用户过户、用户销户、用户挂失、用户解挂失、主动停机、主动复机、人工解锁、银行卡代扣登记、银行卡代扣取消等，在这些场景中，营业厅受理系统都会将前台操作的相关数据及时同步到计费系统，同步的方式包括消息、文件传输、接口表，而承担数据同步任务的就是信息管理系统。

信息管理系统是连接计费系统和前台业务受理系统的关键软件，除了同步上述用户开销户数据，也会同步用户使用手机过程中所需要支撑的各类数据，包括用户订购的套餐信息、资费信息、用户认证、费用催缴、费用回退等，除了将受理数据从前台业务受理系统同步至计费系统，也会将计费系统生成的数据反向同步至前台业务受理系统。图 1-2 展示了信息管理系统在业务运营支撑系统（BOSS 系统）中的位置。

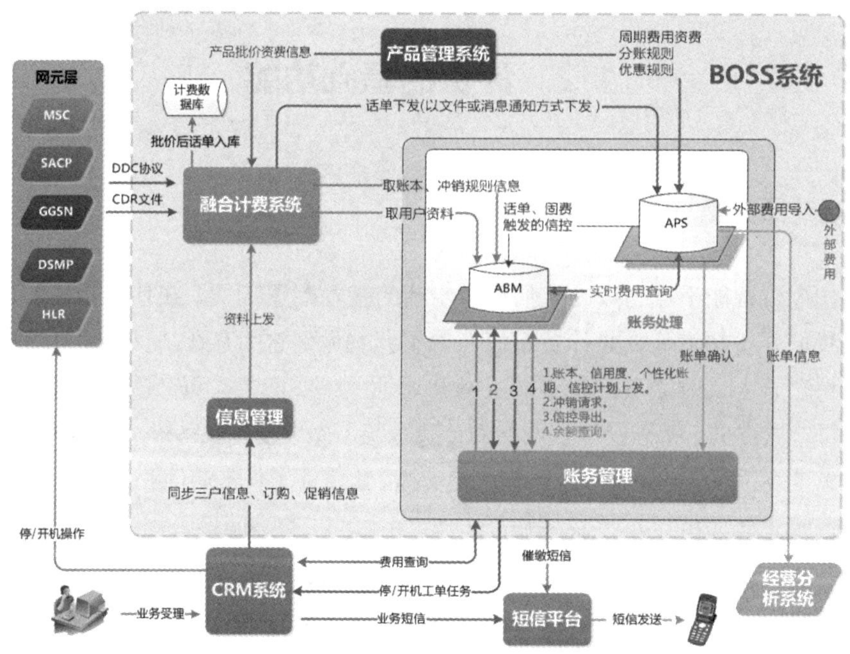

图 1-2　业务运营支撑系统示意图

1.2.2　信用管理与提醒

信用是一种建立在信任基础上的能力，即不用立即付款就可以获取资金、物资、服务等的能力。手机用户经常会收到运营商发来的各类提醒短信，包括欠费、业务开通、每月的账单数据等，这些就是信用管理系统的体现。

信用管理系统设计的初衷有两个，一是规避风险；二是给信用好的客户以授信额度，方便费用结算和缴交，且在客观上促进消费。

信用管理主要包括：信用计算管理、用户信用管理、信控规则管理、信用控制和信用提醒管理，如图 1-3 所示。

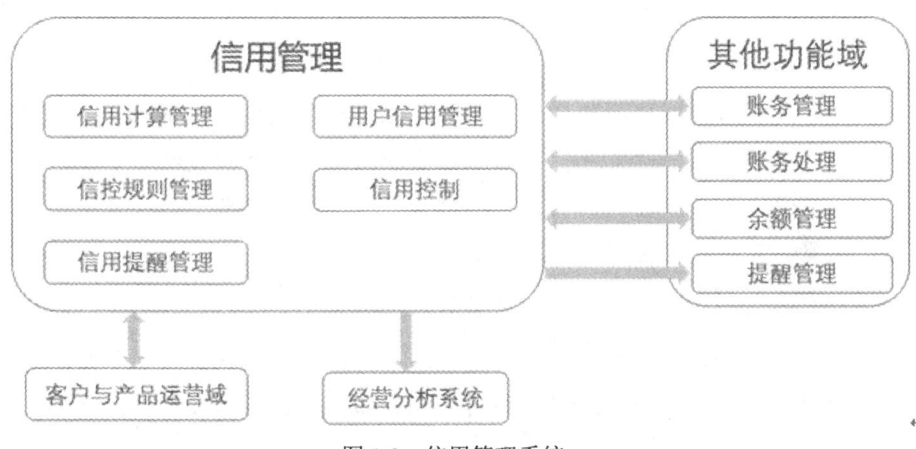

图 1-3　信用管理系统

信用计算指根据用户品牌、在网时长、月均消费和停机次数等按照一定的计算规则生成用户的信用得分，基于信用得分和已定义的信用等级规则，生成与该用户相关的信用等级。用户信用等级会影响包括基础授信、临时授信等在内的用户服务。

- 基础授信：指根据用户的信用等级授予用户的可透支额度和该透支额度的使用期限，即当用户用完其透支额度或该透支额度的使用期限过期时，才会进入信控单停或停机状态，可透支额度通常包括欠费额度、单停时长等。基础授信的额度可在一定的周期后依据用户信用等级的变化进行动态变化。
- 临时授信：一般是指用户停机后通过致电运营商客服热线申请紧急开机，信用管理系统收到申请请求后对用户的信用等级和用户停机状态进行分析判断，随后授予用户相应的紧急开机时长。

信用控制规则是在对用户的实时结余进行监控时，当基础额度、人工授信额度用完或到期时，采取提醒、服务限制等信控动作的规则，通常包括信用提醒、停机等动作的运行时间段、停机数上限、节假日特殊信控设置、触发信控的告警消息类型等。

信用控制是指根据信用管理产生的信息和数据，实现对客户、用户、账户的信用进行控制的功能，包括狭义信用控制和广义信用控制。

- 狭义层面的信用控制主要有欠费后实时停止上网与通话服务、充值后实时开启上网与通话服务、用户可以配置个性化的信用控制规则、免催免停服务等。
- 广义层面的信用控制指信用管理系统提供各类信用提醒功能，这是用户能直观感知的服务，包括业务办理提醒、业务变更提醒、业务取消提醒、欠费提醒、催缴提醒、缴费提醒、高额话费提醒、流量封顶提醒、流量用尽提醒、低余额提醒等。

下面描述一个流量耗尽后的上网限速场景。

用户小明订购了运营商 99 元含 20GB 流量的套餐，订购成功后很快收到了提醒短信：尊敬的客户，您办理的【基础销售品 - 准实时预付费】2020 年 09 月 01 日起生效。

小明喜欢看短视频，流量消耗很快，在月中收到了运营商的流量不足提醒短信：尊敬的客户，您本月流量剩余不足 932MB，超出会降速哦，快订流量包。回复指令 DG60 订购 60 元 10GB 提速包（当月有效），如降速可恢复速率。

在月底前一周小明就消耗了套餐内全部流量，随即收到了流量消耗完毕的提醒短信：【流量提醒】尊敬的客户，您订购的 99 元套餐可用上网 20480MB，截至 25 日 13 时 46 分，本月已使用完毕，感谢您的使用。

在套餐流量消耗结束后，计费系统触发了信用控制的上网限速流程，整体流程涉及五个步骤，如图 1-4 所示。

第一步：获取不同用户限制速率的阈值，该阈值对应不同的 SLA（Service Level Agreement，服务级别协议）规则，即不同用户的服务等级。

第二步：信用控制中心查询用户当前消耗的总流量，判断是否需要触发后续的限速流程。

第三步：当满足后续的限速流程时，通知中心会向用户推送短信进行提醒。

第四步：计费系统中的 PCRF 策略控制功能向核心网发送限速指令。

第五步：核心网接收到限速指令后正式对该用户进行上网速率的限制。

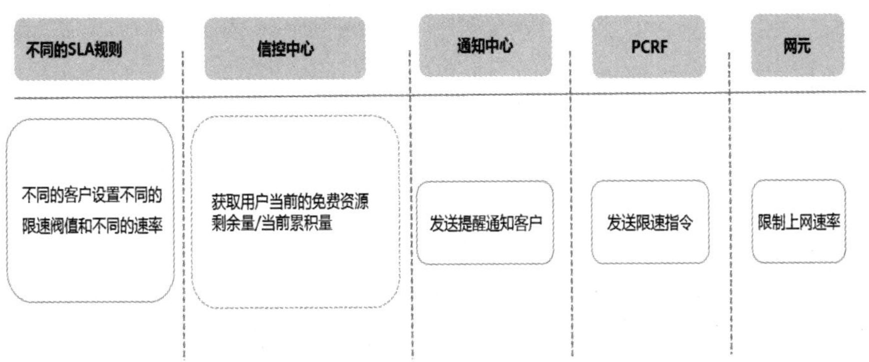

图 1-4　基于信用控制规则的上网限速流程

在核心网触发了限制上网速率的功能后，小明收到了提醒短信：您本月套餐流量已使用完毕，现开启国内上网降速畅用。上网速率将下降至 1Mbps 以下。降速后订购或受赠的非提速流量包上网速率仍为降速后的速率，下月 1 日将恢复原有速率。主卡可回复 DG10 订购 10 元 500M 国内流量提速包、DG40 订购 40 元 6GB 国内流量提速包、DG60 订购 60 元 10GB 国内流量提速包，订购后当月可恢复速率直至提速包流量使用完毕。注：提速包仅限主卡订购，副卡共享。

以上是套餐流量耗尽后上网限速场景的完整过程，信用管理场景还有很多，例如：

- 业务取消：尊敬的客户，您取消【基础销售品-准实时预付费】已成功。
- 充值：【充值到账】尊敬的客户，您已成功充值200元。查询余额请直接回复222，或登录运营商网站查询。
- 业务变更：您188××××1111手机受理的续约互转变更业务已完成，订单是1-202033933021，谢谢！

信用管理系统默认对所有提醒类型都会发送短信给用户，如果用户不想收到某些类别的提醒短信，可以进行免提醒服务的设置或取消操作。若用户设置了某一提醒类别的免提醒服务，则信用管理系统不再发送属于该类型的提醒短信。

1.2.3 资费与订购

通信服务涉及的资费主要分三类：语音类、增值类和功能类。语音类包括本地通话费、港澳台长途通话费等；增值类费用项包括手机上网费、无线宽带费、短信费等；功能类包括停机保号费、过户费等。不同运营商费用的名称可能不同，但功能都是一样的。

每类费用的明细如图 1-5 所示。

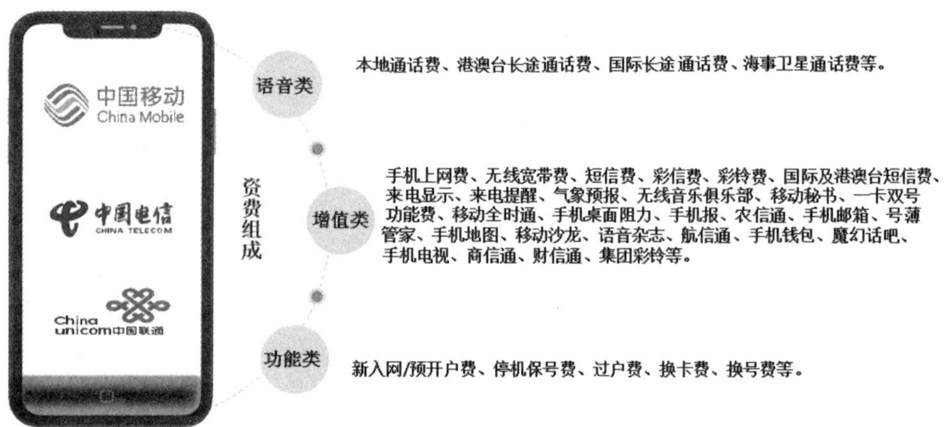

图 1-5　电信运营商资费类型

不同费用项将会组成基础套餐和可选包供用户选择订购，如图 1-6 所示。

- 基础套餐：指个人客户使用通信服务时必选的基本资费方案，基础套餐有不同的种类和档位，每种套餐和档位包含的通话时长、数据流量等内容不同，客户可根据需要办理或更换为某一个基础套餐，但不可取消。
- 可选包：指个人客户在使用通信服务时，在基础套餐之外添加的套餐包。可选包的种类丰富，常见的有流量业务包、语音业务包、数据业务包等；可选包的计费方式多样，常见的有单次收费、包月/包季度/包半年/包年收费等。客户可根据实际需要，选择不办、办理、退订可选包（应参照具体可选包的办理条件和使用规则）。

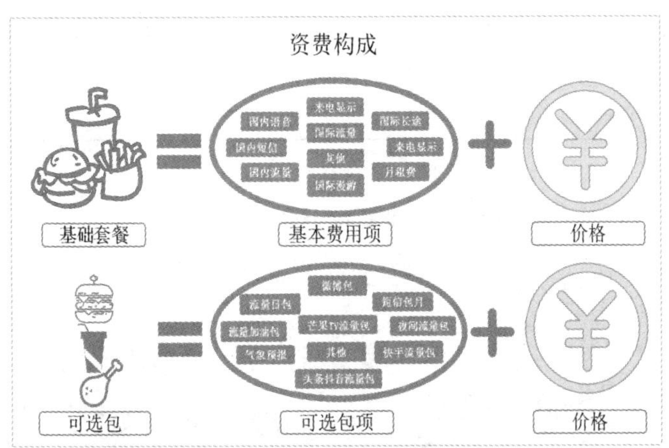

图 1-6　电信运营商套餐描述

表 1-1 所示是某运营商的标准资费说明。

表 1-1　标准资费说明

<table>
<tr><th>项目</th><th>收费标准</th><th>备注</th></tr>
<tr><td>SIM 卡费</td><td>20 元 / 张</td><td>—</td></tr>
<tr><td>国内通话费</td><td>品牌 A：0.59 元 / 分钟
品牌 B：0.20 元 / 分钟
品牌 C：0.40 元 / 分钟</td><td>—</td></tr>
<tr><td>国内呼叫转移 / 呼叫至国内号码</td><td>0.1 元 / 分钟</td><td>—</td></tr>
<tr><td>停机保号费</td><td>5 元 / 月</td><td>停机当月正常收费，次月起，全月营业停机收取停机保号费</td></tr>
<tr><td>国内短信费</td><td>发送 0.1 元 / 条，接收免费</td><td rowspan="2">短彩信均指国内使用，每条短信容量最多为 70 个汉字或 140 个英文字符，每条彩信大小限制在 50KB 以内</td></tr>
<tr><td>国内彩信费</td><td>发送 0.3 元 / 条，接收免费</td></tr>
<tr><td>彩铃费</td><td>5 元 / 月</td><td rowspan="2">—</td></tr>
<tr><td>国内数据流量费</td><td>0.29 元 /MB（不足 1MB 精确到分）</td></tr>
</table>

为了满足不同层次的客户需求，运营商会推出不同品牌供用户选择。例如，中国移动推出全球通、神州行、动感地带三大品牌，其中全球通面向高端用户，动感地带面向校园用户，神州行则面向大众用户。中国联通推出世界风、新势力、如意通、新时空等品牌，其中世界风面向高端用户，新势力面向校园用户，如意通面向大众用户，新时空则主要针对白领和行业用户。中国电信推出天翼

领航、天翼、天翼 e 家等品牌，其中天翼领航面向企业用户，天翼面向个人用户，天翼 e 家面向家庭用户，如图 1-7 所示。

图 1-7　三大电信运营商品牌

目前客户群大致可以分为集团客户、VIP 客户、品牌客户、个人普通客户以及其他特定细分客户。销售渠道大致可以分为直销渠道、实体渠道、电子渠道、普通代理渠道以及增值合作渠道，不同品牌客户群可以通过不同渠道办理不同业务，如图 1-8 所示。

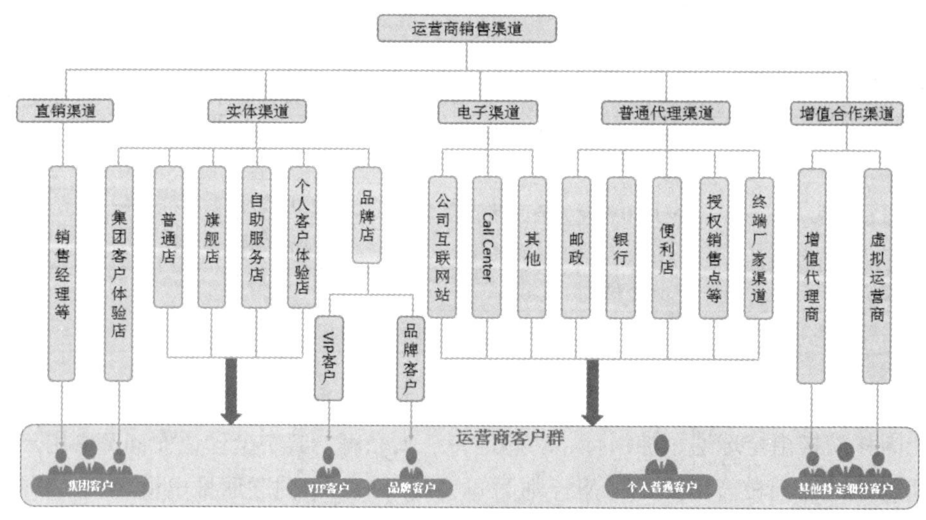

图 1-8　不同品牌客户群通过不同渠道办理不同业务

1.2.4　计费数据的采集与解析

计费系统通过数据采集模块来处理系统边界之外的数据输入，这里系统边界的含义是指计费系统包含的功能与不包含的功能之间的界限。关于计费系统中数据采集功能模块在计费中的位置，中国移动集团 BOSS 规范是这样描述的："综合采集完成原始服务使用记录的采集和在线计费消息的接入，预处理屏蔽通信核心网（以下简称网元）侧的物理差异，为 BOSS 其他功能域和其他系统提供标准格式的服务使用记录。"

各运营商规范的名词术语各不相同，但不妨碍对数据采集和解析的理解。从广义上看，计费数据采集的对象有交换机数据、中间件日志数据、系统日志数据、业务日志数据、报表数据、网络数据等，但这里要讨论的是和服务使用记录相关的数据（Charging Data Record，CDR）。

本书关于计费数据采集的定义是：采集模块和解析模块读取到服务使用记录以后会以一定的标准格式持久化到计算机中，供计费等其他模块使用。

从数据处理实时性的角度来看，数据采集可分为在线话单采集和离线话单采集，分别对应在线计费系统和离线计费系统。在线计费具有实时性，计费系统和网元之间会建立网络连接，实时传输在线话单。比如手机上网产生流量，网元定时定量上报，计费系统对本次使用量计费后，根据账户余额情况分配下次的使用额度给网元。

同时在线计费也是 3GPP 网络架构中最重要的组成部分之一，3GPP 组织在 32.815 提出了在线计费系统（OCS）的参考结构，如图 1-9 所示。

它给出了具有开放性和通用性的实时计费系统框架，支持基于承载、会话和内容事件的统一计费。其较离线计费的优势在于：将设备的话务控制功能与计费功能相结合，使计费完全参与到服务的使用过程中，用户边使用业务，OCS 系统边计费。

而那些没有条件实时或者不需要实时计费的场景，就可以落离线话单文件，计费系统从指定服务器采集这些文件来计费。比如居民水电计费，通常每月一结账，不需要实时分配配额，就属于离线计费，如图 1-10 所示。

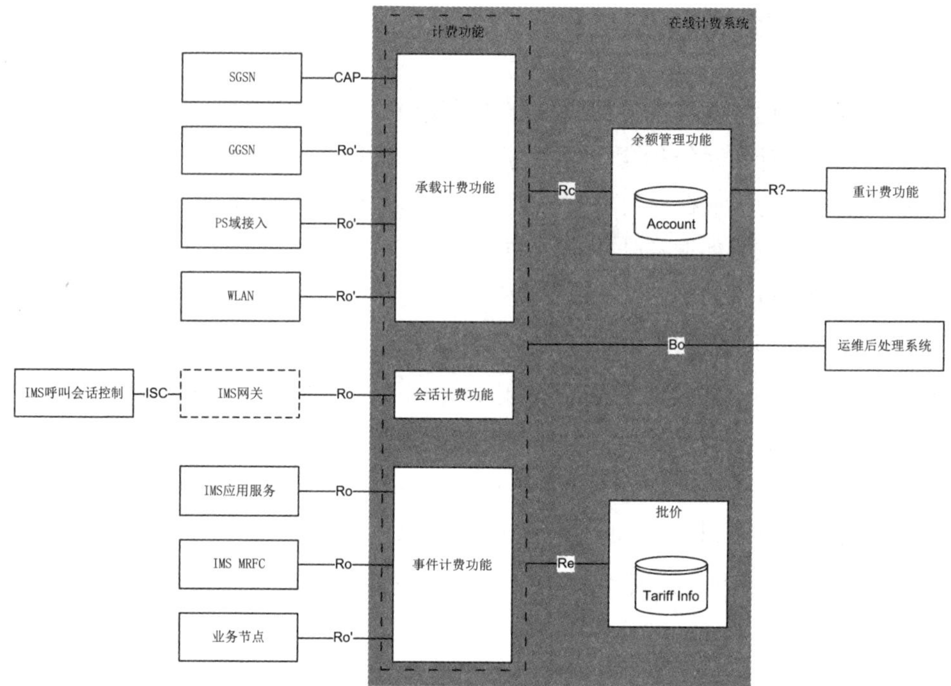

图 1-9　在线计费系统参考结构

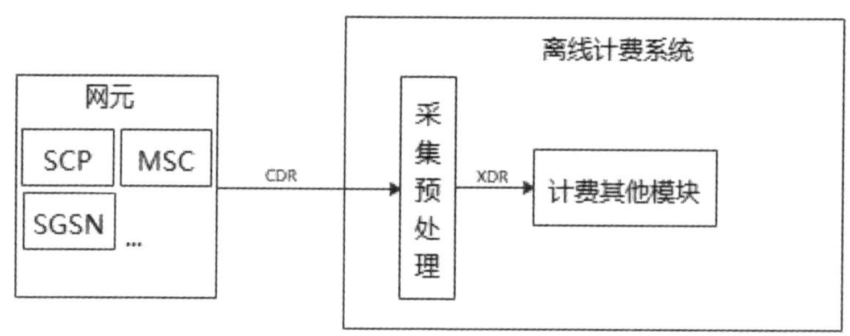

图 1-10　离线计费系统参考结构

以前电信行业都使用这种模式，每个月的月初，计费系统取上个月的所有业务的服务使用记录（话单）进行计费计算，并产生账单。再灵活点的就是计费系统采用定时的模式，比如 5 分钟，去网元侧取所有的话单进行批价计费，通过本账户的余额处理，产生相对实时的余额。

从数据采集协议的角度来看，5G之前在线话单采集常见的有 DCC（Diameter Credit Control）和 SMPP（Short Message Peer to Peer）两种协议。它们都是应用层协议，不提供传输功能。因此，底层网络连接将提供点对点的可靠数据传输。5G 之前的离线话单采集常见的有 CSV 格式编码和 ASN.1 格式编码，其中 CSV 用文本文件形式存储，ASN.1 用二进制文件形式存储。

5G 在线消息使用 HTTP2 协议，在 body 中携带 JSON 格式的话单。5G 离线消息除了传统的落离线文件外，还可以通过 HTTP2 发送离线话单给计费系统，和在线计费的区别是没有使用额度分配。

从数据自身的角度来看，计费数据格式繁多，各个厂商产生的数据也千差万别，因此数据采集应该具备应对复杂数据源、海量数据量、实时数据流的统一采集能力，能够在 5G、物联网等新增业务的发展趋势下实现大并发的数据采集能力，以及能够处理非结构化与半结构化数据的能力。

采集后的预处理解析也是应具备的能力，在数据发送给计费其他模块之前，首先需要将话单格式进行标准化处理。计费系统一般专门定义了统一的内部话单格式，以消除差异简化处理逻辑。所有外部话单格式都先解析转换为统一的内部话单格式，之后无论是字段的存取还是话单流转都围绕着统一的格式进行操作。

除了话单格式标准化之外，数据采集和解析还需要考虑文件压缩和解压缩、数据加密和解密、字符集转换、数值转换 / 时间转换等格式转换、话单检错、拆分合并、数据分发，等等。同时预处理还包括业务场景分析、产品有效性分析、查重、分拣处理，从而完成离在线计费前的标准化处理和场景分析处理，为后续计费算费做好预处理准备。

1.2.5　服务费用计算

移动业务的服务费用主要分为三种：固费、一次性费用、使用费。固费一般是指周期性的固定费用，例如月租费、套餐费等；一次性费用一般是指开展业务时一次性收取的业务费用，例如入网费、加油包订购费等；使用费即指按照用户具体使用的业务单元以及对应的单价算出来的费用，比如市话费、长话费等。

如图 1-11 所示为三种服务费用计算的主要流程。

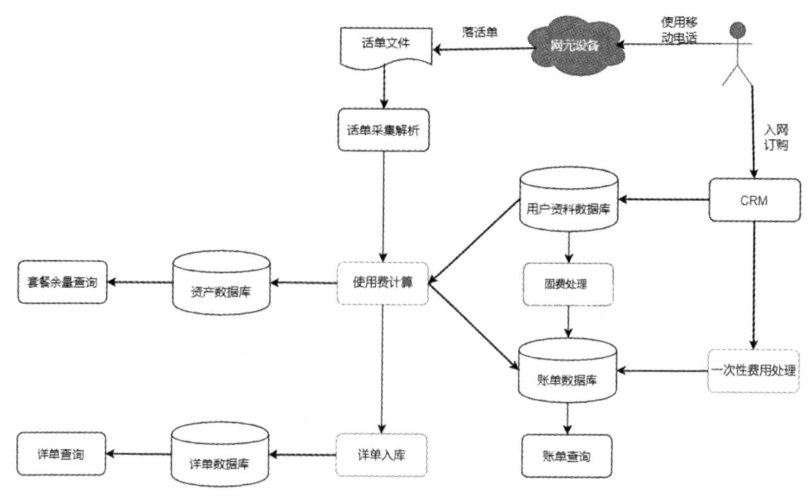

图 1-11　移动通信服务费用计算流程

固费计算主要是每天对用户在一段周期内订购的固定费用产品进行费用计算，同时将费用累加到账单数据库，它可以支持按天折算收取和整个周期一次收取。例如某用户 3 月 31 日订购了 30 元 / 月的流量套餐，下月生效。

- 方式一：产品套餐费不支持按天折算，4月1日账单固费为30元，如果4月10日用户停机，那么4月10日重算固费为10元。
- 方式二：产品套餐费支持按天折算，4月1日账单固费为1元，直到月底30元。

以此类推，如果用户订购了多个套餐产品，则每个产品都会算一次，然后汇总到固费账单上。

一次性费用涵盖范围很广，它的发展比较具有代表性，在移动通信早期开展业务时需要收取高额的入网费，开通漫游业务还需要登记费与被访局系统占用费等。经过多年的发展，这些费用已经取消，用户比较常见的是月中订购立即生效的加油包，这种流量（语音）产品下月不自动续订，那么加油包产生的费用一般归入一次性费用。这种费用不需要特别计算，只需要在订购后实时上发汇总到账单数据库。

使用费又称实时费，可以说是三大服务费用计算中最复杂的一类，这主要源于移动业务的复杂性、后向兼容以及使用场景的复杂，计算过程需要根据用户使用场景及相关的订购关系推算出最合理的费用，主要的过程如图 1-12 所示。

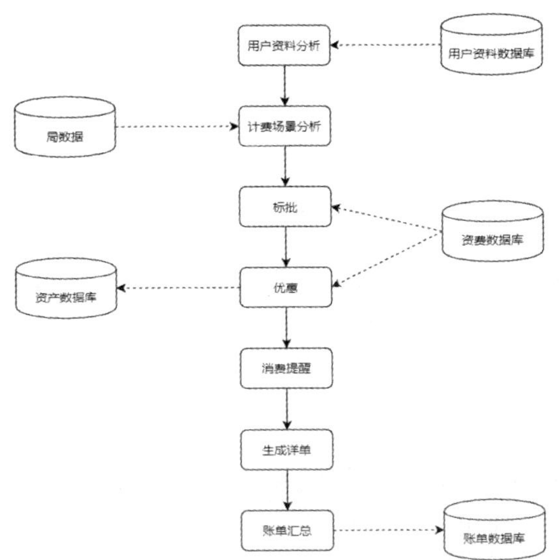

图 1-12　移动通信使用费计算流程

- 用户资料分析：原始话单解析出来的只有号码和IMSI，所以在批价之前需要通过用户资料数据库去分析出号码的三户信息、用户状态、加入的群组信息以及针对订购产品的生效条件判断，包含普通个人订购产品、亲情产品、小区产品、共享产品等。
- 计费场景分析：主要是根据当前用户的话单以及局数据分析用户需要计费的关键要素提炼出当前的计费场景。如图1-13所示为部分业务的关键计费要素。

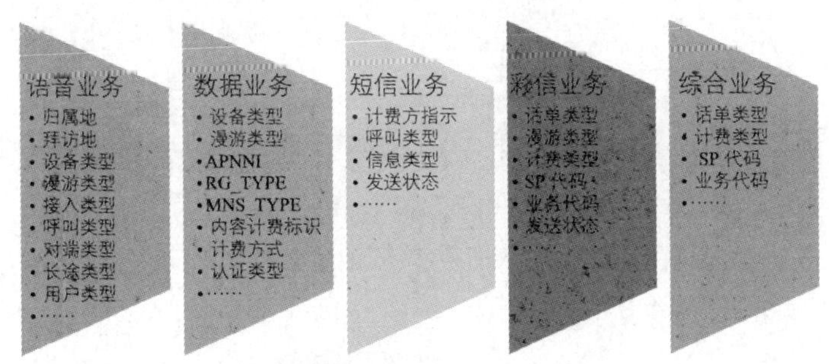

图 1-13　典型移动通信业务的计费要素

- 标批：主要是根据计费场景以及标准资费产品算出当前应收的费用。
- 优惠：通常分为两个小阶段，首先是套餐免费资源的消耗，比如流量包、语音包的抵扣，其次是根据用户周期内（一般是自然月）使用的业务单元达到一定量之后，进行减免折扣。

- 消费提醒：用户的免费资源抵扣或者业务单元使用量达到一定量之后会产生提醒信息，比如免费资源剩余量不足10%，套餐外使用流量超过1M等。
- 生成详单：即用户话单批价后，记录用户生效的计费场景、使用的业务单元、批价的产品、费率、抵扣的免费资源以及优惠等信息。生成的详单有两个作用，一是方便用户查询，二是当数据配置或者资料错误导致批价错误的情况下，可以进行回退修正，然后重新批价。
- 账单汇总：主要作用就是将用户详单产生的费用，汇总记录到账单数据库的使用费上。

计费系统涉及的固费、一次性费用、使用费等三大服务费用计算的最终结果会体现到用户的账单上。

1.2.6 服务账单生成

服务账单生成是指在账单周期末对用户的消费进行费用合并、分账和优惠后形成账单，再将账单导出到数据库固化的一个过程。服务账单生成由账单生成准备、费用合并、账务优惠、账务分账、账单导出、账单核查等部分组成。

服务账单生成总体流程如图 1-14 所示。

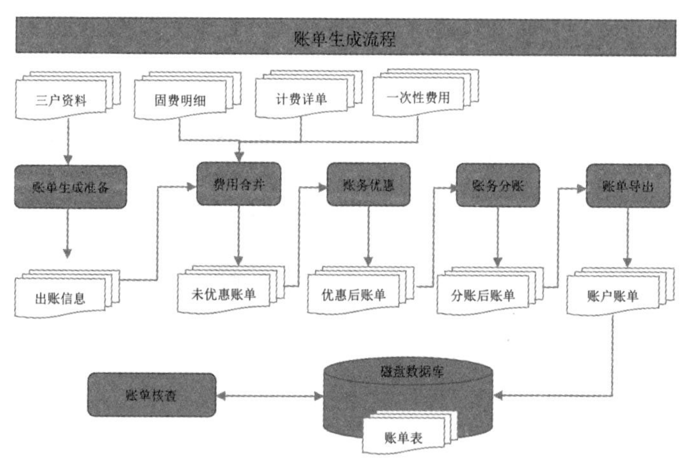

图 1-14　移动通信服务账单生成流程

- 账单生成准备：账单生成准备是账单生成流程的第一步。对账户进行有效性校验，过滤资料缺失、失效账户，获取账户的账单月份信息，将账单月份和账户编号写入出账信息文件供账单生成流程中的后续模块使用。账户有效性校验包含：
  - ✓ 产品信息校验：如果账户和账户下用户都没有订购收费产品或者所订购的产品都已经失效，这类账户需要进行过滤。
  - ✓ 资料关系校验：当账户下不存在任何用户关系时或者用户都已经失效时，即为用户资料缺失，需要过滤，当然账户本身已经失效也需要过滤。
- 费用合并：费用合并是将用户的一次性费用、固定费用以及详单费用进行货币单位的统一转换，转换成一致的货币单位，一般都是规整到分。然后对详单费用进行科目转换处理，根据配置好的转换规则转换成账单科目，同时过滤零费用账单，从而生成未执行账务优惠的账单，供账务优惠计算使用。费用合并流程如图1-15所示。

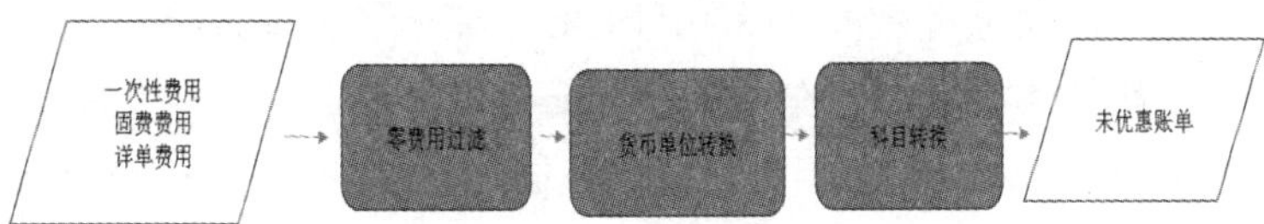

图 1-15　移动通信业务的费用合并流程

- 账务优惠：账务优惠指对未优惠的账单根据优惠类型进行账单减免、账单补收并生成对应优惠账单的过程，是账单生成过程中的必要节点之一。账务优惠可以分为折扣优惠、指定优惠、封顶优惠、减免优惠等多种优惠方式。根据优惠对象的不同账务优惠又可以分为用户级优惠（参考用户消费的账单进行优惠）、账户级优惠（参考账户支付的账单进行优惠），所有优惠类型都适用于用户级优惠、账户级优惠。
  - ✓ 折扣优惠：账单总费用或账单中优惠产品指定科目的费用按优惠产品的折扣比例进行计算，得到优惠费用。如果是指定费用，需要提前配置好对应的费用科目。
  - ✓ 指定优惠：指定优惠存在补收和减免两种情况。账单总费用或账单中优惠产品指定科目的费用，未达到优惠产品中的指定消费金额，需要额外补收一笔和指定消费金额之间的差额费用，如果消费费用超过指定消费金额，则减免超出部分的费用。

- ✓ 封顶优惠：账单总费用或账单中优惠产品指定科目的费用最多不超过封顶金额，如果费用超过封顶金额，超出部分的费用优惠掉，如果账单总费用或账单中优惠产品指定科目的费用未达到封顶金额则不做优惠处理。
- ✓ 减免优惠：账单总费用或账单中优惠产品指定科目的费用固定减免指定金额，如果费用小于减免指定金额，则费用全部减免，如果费用大于指定金额，则优惠指定金额。
- ✓ 保底：账单总费用或账单中优惠产品指定科目的费用最少不低于指定金额，如果费用未达到指定金额，需要补收费用和指定金额两者之间的差额，如果费用超过指定金额则不进行保底计算。

- 账务分账：账务分账是对支付方式的一种扩展，用户的账单可以由公司和其他人代付一部分或者全部，一般主要分为两种分账方式：
  - ✓ 按比例分摊：用户的总费用按照指定的分账比例，计算出分账费用，将这部分费用从用户账单上减免，同时设置到代付账户上。目前较多的是全额分摊，即分账比例是百分之百。分账的比例关系通过受理设置，由 CRM 侧将分账关系传给计费中心。在分账过程中需要对分账关系进行校验，过滤掉失效的分账关系。当用户有多条分账关系时，根据分账关系优先级进行排序处理，优先级高的先分账，账单未分完则继续分账，直到账单分摊完毕。
  - ✓ 按限额分摊：设置有最大限额的按比例分账方式，如果按照比例计算的可分账费用还未达到限额，则按照比例分摊，将账单费用分摊到代付账户下，如果超过限额，只需将限额内的部分按比例分摊。如图 1-16 所示。

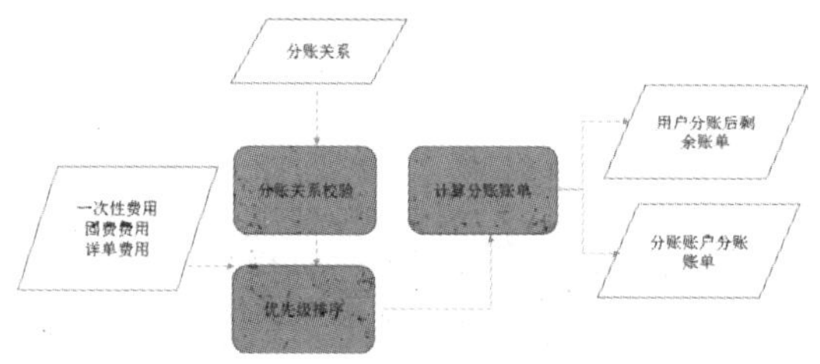

图 1-16　移动通信业务的账务分账流程

- 账单导出：账单导出是指将经过分账、优惠后的账单根据不同的费用类型插入到数据库对应的不同账单表中的过程。用户的账单包括固定费用账单、详单费用账单、一次性费用账单和优惠费用账单，导出时根据不同的费用类型经过科目合并后插入到数据库相应的账单表中，如图1-17所示。用户账单经过分账、优惠之后根据不同的费用类型生成固定费用、详单费用、一次性费用和优惠费用数据。固定费用、详单费用、一次性费用和优惠费用根据相同的账单科目进行费用合并，生成合并后的账单，最后将合并后的不同类型的账单插入到数据库的账单总表和对应账单明细表中。
  - ✓ 账单总表：主要包含的信息为账户编号、用户编号、账期起止时间、账单编号、地市编号等。
  - ✓ 账单明细表：主要分固费明细表、详单费用明细表、一次性费用明细表和优惠费用明细表。明细表主要包含的信息为账单编号、产品编号、费用科目编号、原始费用、费用类型、已销账金额等。

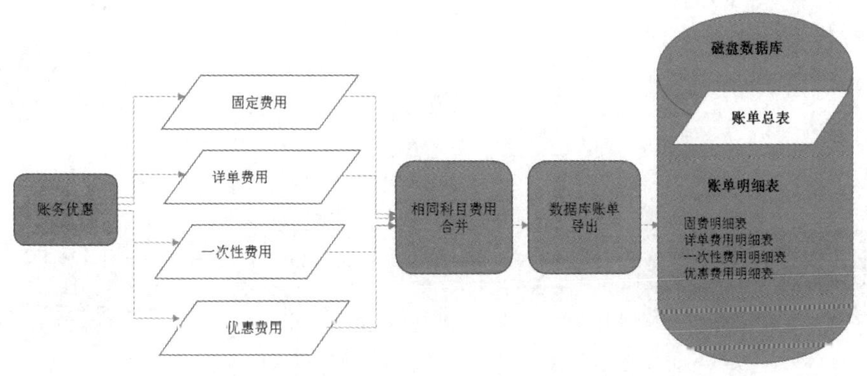

图 1-17　移动通信业务的账单导出流程

- 账单核查：对账单生成流程中的关键步骤进行平衡性、完备性、一致性以及数据波动的核查，确保账单生成的准确性。账单核查一般包括以下几点：
  - ✓ 账单总费用、分类费用的同比、环比波动核查。
  - ✓ 账单数、有效用户数的同比、环比波动。
  - ✓ 账单生成整体结果报表生成，包括总费用、成功用户数、失败用户数、失败原因分类和原因等。

✓ 根据配置的抽样规则生成抽样用户列表并插入到数据库表中，供运维人员人工核查。抽样规则一般包括：所有有效产品每个产品抽取指定数量的用户，按照不同客户、用户、账户类型每种类型抽取指定数量的用户。

1.3 计费的周边系统

1.3.1 通信核心网

本节讲解从第二代移动通信技术产生以来的发展历史，核心网的发展演进过程经历了 2G、2.5G、3G、4G、5G 几个阶段。

在 2G 时代，核心网的组网非常简单，如图 1-18 所示，MSC 就是核心网的最主要设备，HLR、EIR 和用户身份有关，主要用于鉴权。2G 网络仅支持语音和短信业务。

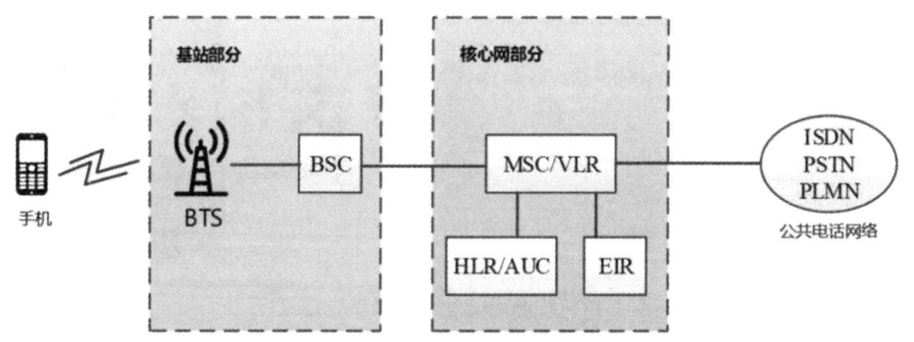

图 1-18　2G 移动通信网络总体架构

网络架构中 MSC（Mobile Switching Center）是数据交换中心，原地位置寄存器（HLR）是一种用来存储本地用户位置信息的数据库。在蜂窝通信网中，通常设置若干个 HLR，每个用户都必须在某个 HLR（相当于该用户的原籍）中登记。登记的内容分为两类：一类是永久性的参数，如用户号码、移动设备号码、接入的优先等级、预定的业务类型以及保密参数等；另一类是暂时性地需要随时更新的参数，即用户当前所处位置的有关参数，即使用户漫游到 HLR

所服务的区域外，HLR 也要登记由该区传送来的位置信息。这样做的目的是保证当呼叫任一个不知处于哪一个地区的移动用户时，均可由该移动用户的原地位置寄存器获知它当时处于哪一个地区，进而建立起通信链路。

访问位置寄存（VLR）是一种用于存储来访用户位置信息的数据库。一个 VLR 通常为一个 MSC 控制区服务，也可为几个相邻的 MSC 控制区服务。当移动用户漫游到新的 MSC 控制区时，该用户必须向该地区的 VLR 申请登记。VLR 要从该用户的 HLR 查询有关的参数，要给该用户分配一个新的漫游号码（MSRN），并通知其 HLR 修改该用户的位置信息，准备为其他用户呼叫此移动用户时提供路由信息。如果移动用户由一个 VLR 服务区移动到另一个 VLR 服务区，HLR 在修改该用户的位置信息后，还要通知原来的 VLR，删除此移动用户的位置信息。

鉴权中心（AUC）的作用是可靠地识别用户的身份，只允许有权限的用户接入网络并获得服务。设备标志寄存器（EIR）是存储移动台设备参数的数据库，用于对移动设备的鉴别和监视，并拒绝非法移动台入网。

核心网在 2G 演化到 3G 网络前，增加了 PS 模块，开始了数据上网的业务，这个阶段称为移动核心网的 2.5G 时代。如图 1-19 所示。

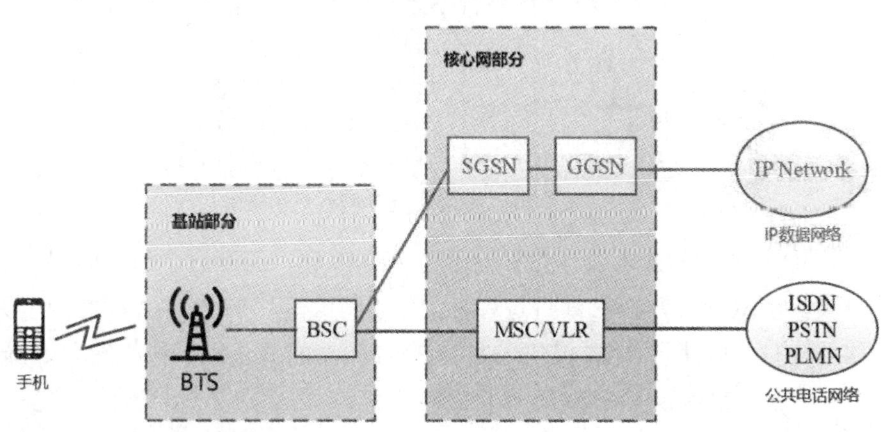

图 1-19　2.5G 移动通信网络总体架构

2.5G 主要是在基站部分不变的情况下，通过在核心网增加 SGSN 和 GGSN 来完成用户的上网功能。

迈入 3G 时代，新增的 3G 基站采用 NodeB+RNC 的模式，核心网在 2G 的基础上进行了软硬件的升级，实现了 2G 和 3G 核心网的融合。

2G 核心网网元包括 MSC Server、MGW、HLR、SGSN 和 GGSN，MGW 与无线网的 BSC 通过 A 接口相连，采用 BSSMAP 协议进行处理。目前 A 接口话务量采用 TDM 方式传输，GGSN 与 BSC 通过 Gb 接口相连，采用 Gb 口协议，Gb 接口流量也采用 TDM 方式传输。

3G 与 GSM 核心网网元在数量上基本一致，接口、协议存在不同，功能上也有所拓展。MGW 与无线网的 RNC 通过 IU Cs 接口相连，采用 RANAP 协议进行处理。IU Cs 接口话务量采用 ATM/IP 方式传输，SGSN 与 RNC 通过 IU Ps 接口相连，采用 IU Ps 协议进行处理，RNC 也可以借道 MGW 与 SGSN 相连。

通过软件和硬件的升级，MSC Server 和 MGW 能够同时支持 A 接口和 IU Cs 口接入的处理，SGSN 和 GGSN 能够同时支持 Gb 口接入和 IU Ps 口接入的处理，于是核心网实现了 2/3G 的融合。如图 1-20 所示。

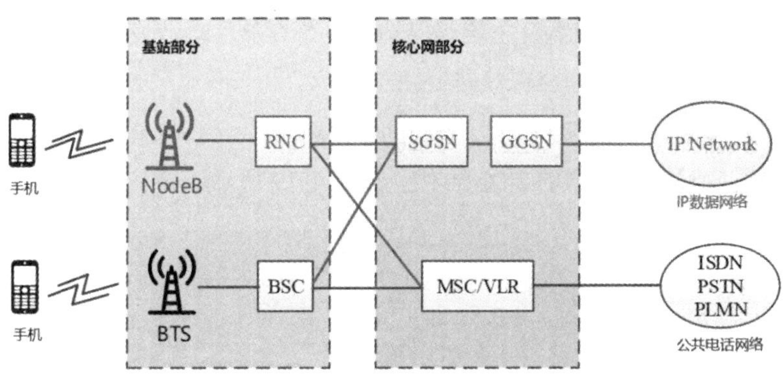

图 1-20　3G 移动通信网络总体架构

3G 核心网的最大变化是开始了通信的 IP 化，并开启了用户面和控制面的分离。在 3G 网络向 4G 演进过程中，核心网保留了 PS 模块，同时为了保证网络的延时，取消了 RNC 模块，并将 RNC 的功能拆分到了核心网和 eNodeB，SGSN 变成 MME，GGSN 变成了 SGW/PGW。

如图 1-21 描述了 4G 核心网的主要网元，其中 MME（Mobility Management Entity）功能包括移动性管理、会话管理以及用户接入鉴权。SGW（Serving Gateway）功能包括终结无线接入部分的接口、E-NodeB 间切换的锚点、基于用户和承载的计费以及服务网关，SGW 的功能类似于 SGSN。PDN-GW（PDN Gateway）功能包括终结面向 PDN 的 SGi 的接口、3GPP/ 非 3GPP 的锚点、基于业务的计费、连接外网的网关，功能类似 GGSN。

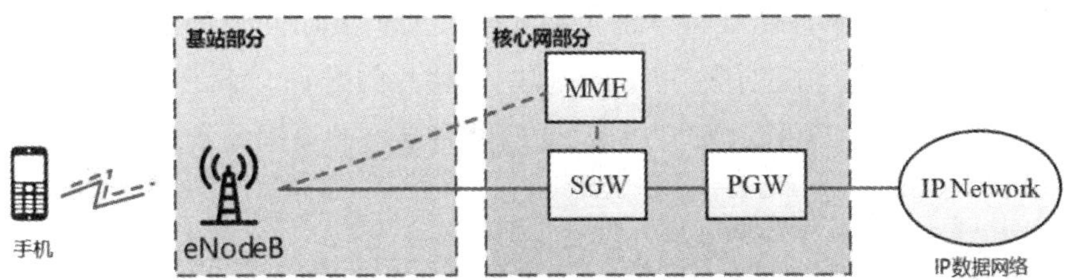

图 1-21　4G 移动通信网络总体架构

5G 时代的核心网发展到了一个全新的阶段，即全面虚拟化时代。5G 核心网采用的是 SBA（Service Based Architecture）架构，采用 OpenStack 开源平台来管理网元组件。5G 核心网的主要架构如图 1-22 所示，5G 核心网主要网元的描述如表 1-2 所示。

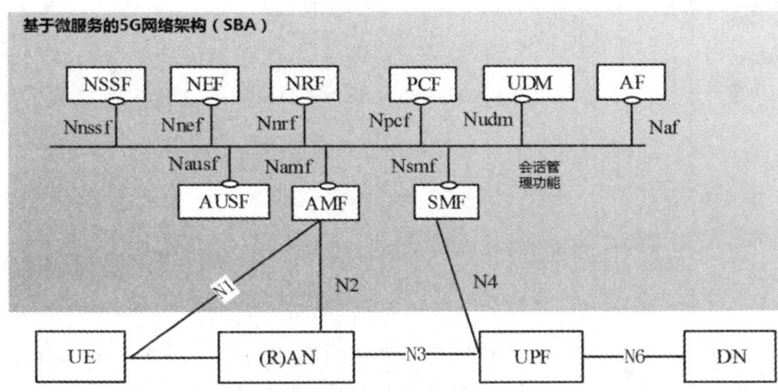

图 1-22　5G 移动通信网络总体架构

表 1-2　5G 网络核心网元

5G 网络功能	中文名称	类似 4G EPFC 网元
AMF	接入和移动性管理	MME 中 NAS 接入控制功能
SMF	会话管理	MME、SGW-C、PGW-C 的会话管理功能
UPF	用户平面功能	SGW-U+PGW-U 用户平面功能
UDM	统一数据管理	HSS、SPR 等
PCF	策略控制功能	PCRF
AUSF	认证服务器功能	HSS 中的鉴权功能
NEF	网络能力开放	SCEF
NSSF	网络切片选择功能	5G 新增，用于网络切片选择
NRF	网络注册功能	5G 新增，类似增强 DNS 功能

5G 核心网的服务化架构方便了网元规模的扩展，同时基于微服务的模式提供了同一核心网功能的服务集群实现网络切片的配置，满足不同类型用户的使用场景。如图 1-23 所示为 5G 移动通信网络支撑的典型场景。

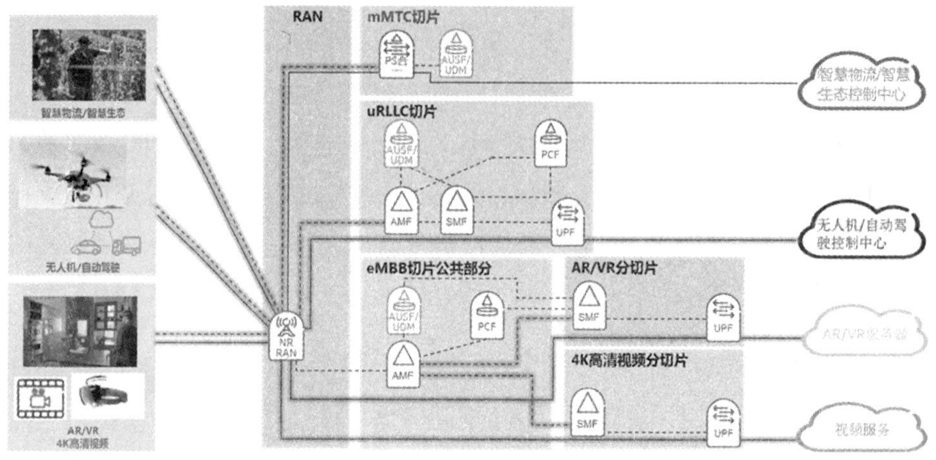

图 1-23　5G 移动通信网络支撑的场景

1.3.2　客户关系管理系统

客户关系管理（Customer Relationship Management，CRM）是指企业为提高核心竞争力，利用相应的信息技术以及互联网技术协调企业与顾客间在销售、营销和服务上的交互，从而提升其管理方式，向客户提供创新式的个性化的客户交互和服务的过程。其最终目标是吸引新客户、保留老客户以及将已有客户转为忠实客户。

CRM 以客户为中心，围绕客户与产品的运营，提供客户与产品全生命周期的管理功能，实现企业在市场营销、客户服务、销售、零售库存等方面的支撑能力，主要包括客户中心、订单中心、产商品中心、零售库存中心、实时营销中心、客户交互中心、合作伙伴中心等业务中心。

- 客户中心：该中心实现了客户资料的集中管理，包括客户信息管理，客户订购的套餐信息，客户办理的其他业务等。客户中心通过统一的信息视图对客户信息进行整合，为客户全生命周期的服务和市场营销活动提供全方位的支持。

- 订单中心：主要用于管理产商品交易的信息处理，支持各核心业务系统在多种渠道进行商品销售、退订等服务，支撑面向企业业务的运营。
- 产商品中心：由产商品查询、搜索、比对、校验、定价、算价、上架、目录管理、营销管理等聚合而成的应用实体，其操作的产品、商品等数据对象具有相对独立的特征。产商品中心与订单中心、营销中心、客户中心一起协同可以实现完整的商品订购流程，产商品中心的服务能力和管理的数据范围可根据企业运营的需要动态调整。
- 零售库存中心：负责对运营商在市场营销、销售以及客户服务过程中涉及的各类有形或无形零售库存对象进行管理，包括但不限于SIM卡、手机、手机号、物联网设备、物联网卡、智能网关设备、卡券等零售对象。
- 实时营销中心：是基于实时事件进行精准营销的生产管理中心，业务流程主要包括营销方案策划、营销案执行和营销案执行效果跟踪统计三个环节。
- 客户交互中心：负责实现全渠道客户交互行为的管理，提供全渠道统一客户交互信息管理、渠道协同辅助支撑、客户交互事件管理、客户交互行为即时分析等功能。
- 合作伙伴中心：负责对营销、销售、服务等能力进行集中与融合，提供面向各类型合作伙伴的端到端生命周期管理能力，支撑合作伙伴从招募、注册、签约、变更、退出、考核、结算、运营分析的全流程服务。

根据客户的类型不同，CRM 可以分为 BToB CRM 及 BToC CRM。提供企业产品销售和服务的企业需要的是 BToB 的 CRM，也就是市面上大部分 CRM 的内容，而提供个人及家庭消费的企业需要的是 BToC 的 CRM。

以下是个人客户在 CRM 办理家庭宽带的场景。

某用户想申请办理一个家庭宽带，在营业厅工作人员首先对该用户身份证信息进行检验，确认无误后将身份资料录入了 CRM 系统，随后提供了几种家庭宽带的套餐供其选择：

套餐 A：500Mbps，50G 国内流量，1000 分钟国内通话时长，包月 159 元。

套餐 B：1000Mbps，80G 国内流量，1200 分钟国内通话时长，包月 199 元。

套餐 C：1000Mbps，120G 国内流量，2000 分钟国内通话时长，包月 289 元。

该用户综合比较后选择了套餐 B，营业员根据用户的选择在 CRM 系统内生成了一份订单，用户支付费用后该订单正式生效，随后施工人员上门为用户安装调试宽带并开通业务。

在该用户申请办理家庭宽带的过程中，每一步操作 CRM 系统的各核心业务中心都在后台配合提供了支撑。营业员首先将用户身份资料录入系统，客户中心会对用户的办理资格进行校验，如果用户满足办理条件则创建一条家庭宽带业务的客户信息。当用户准备选择套餐时，营业员在前台查询后产商品中心会将相应的套餐信息在页面展现，如果用户确认购买套餐 B，订单中心会调用产商品中心的服务对该套餐商品进行计价，并同步生成一条该用户申请办理家庭宽带的详细订单。当营业员发起支付请求后，支付中心向客户或营业员展示支付界面。在用户支付成功后订单中心对该订单进行拆解，分解为宽带产品及上网猫两个订单项，开通中心随即会收到开通工单的流转并向网络域发送宽带开通申请，施工人员随后按工单信息为用户上门安装宽带并调试开通，至此该订单就正式关闭并在系统中归档。如图 1-24 所示为用户办理家庭宽带的典型流程。

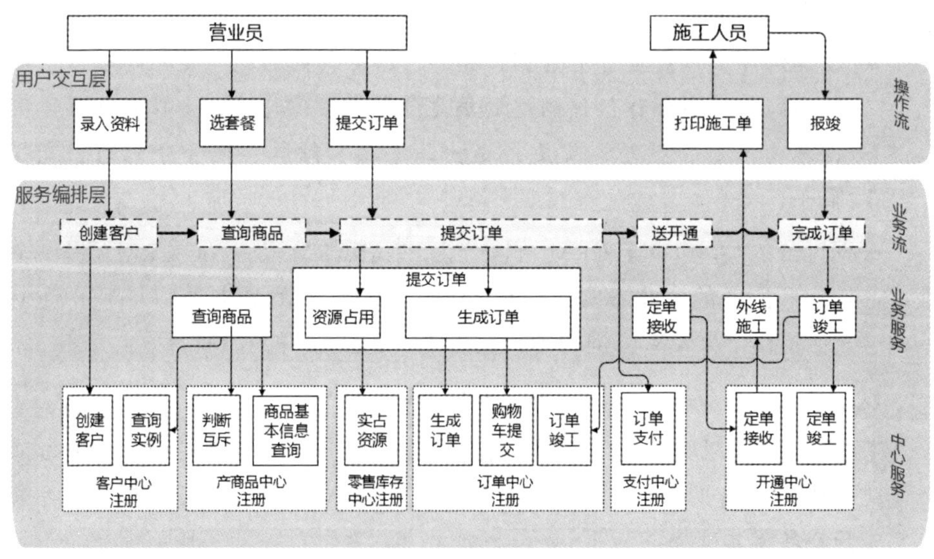

图 1-24　家庭宽带办理流程

1.3.3 运营支撑系统

运营支撑系统（Operations/Operational Support System，OSS）和业务支撑系统（Business Support System，BSS）合称业务运营支撑系统（Business Operation Support System，BOSS）。BSS 侧重客户和业务，而 OSS 侧重对为客户提供服务的网络提供技术支撑和管理。BSS 和 OSS 的趋势是越来越走向融合，界限不再那么明显。单从系统的角度来看，运营支撑系统是一套应用组件，它使电信运营商能够监控、管理、分析整个网络。

根据电信管理论坛（Tele Management Forum，TMF）对 OSS 功能定义，OSS 包括三大功能：服务实现（Service Fullfillment）、服务保障（Service Assurance）、服务计量（Service Usage）。具体来说运营支撑系统应该包括以下内容：网络规划与优化、服务计费、操作与管理自动化、服务保障、融合的网元与网络管理。网络管理是运营支撑系统的最主要的功能，其他内容建立在此基础之上，在特定语境下也会用网管系统来替代运营支撑系统。在 TMF 的 OSS 功能模型中，电信运营商的网络管理包含五部分内容：故障管理（Fault Management）、配置管理（Configuration Management）、计费管理（Accounting Management）、性能管理（Performance Management）和安全管理（Security Management），简称为 FCAPS。FCAPS 描述了在网络管理系统所处理的五种不同的信息，也是网络管理工作目标的五个标准。

- 故障管理：响应来自网络的“警报”，诊断和查找故障。
- 配置管理：通信设备需要配置为按要求运行，并使其能够与其他联网设备通信。配置管理既可以包括为提高性能而做的小更改，也包括新增加的路由以及连接新网络位置的更新，甚至是设备软件或固件的升级。
- 计费管理：对网络设备的使用进行计费，通常包括离线计费和在线实时计费等方式。
- 性能管理：与故障管理一样对运营至关重要，如果服务性能降低，则对客户的影响可能会像物理故障一样具有破坏性。监控和收集网络设备是否按配置运行的统计数据是性能管理的重点。
- 安全管理：网络设备必须得到有效保护，这是现代网络管理的共识，其核心含义是只允许授权人员配置设备或使用网络服务，安全性还可确保客户只需访问他们有权使用的资源。在复杂的网络设备中，安全管理和配置管理的角色存在部分交叉。

随着通信技术的发展，网络越发趋于复杂，即使是运营规模比较小的运营商所需要管理的网元设备也动辄数以万计。运营支撑系统要管理好由这些网元设备组成的服务网络，除了提供以上提到的基本模型中的功能以外，还需要考虑网元设备所在的位置、厂商，所使用的技术、用户数量、服务任务、多样化配置以及对客户提供的产品服务等方方面面的内容。比如考虑厂商因素，爱立信和华为提供的设备，各自提供的网元管理界面是不一致的，在运营支撑系统中须要求支持这两个厂商的设备管理界面，保持一致性和无缝协同工作。再如设备所在位置，运营支撑系统要提供本地机房内设备的管理和监控位于数百公里以外的野外基站的设备管理一致的管理能力，而不是每次都需要到现场去配置。

因此，OSS 对通信网络的运营至关重要，目前国内主要电信运营商在 OSS 系统建设上也是不遗余力的。从 3G、4G 时代开始，中国移动经过几十年的大力建设，下属各省分公司围绕各专业网络，建立了以话务网管、数据网管和传输网管为主体的网络支撑系统，形成了比较完备的网络管理体系，能够很好地支撑各项业务开通及服务保障功能的实现。同样，中国电信也从省集中化入手，逐步在各省分公司建设了以综合网管和综合资源管理系统为主的综合类 OSS，极大地提升了网络部门的支撑服务能力。

总的来看，OSS 长期以来得到了国内各大电信运营企业的高度重视，并且已经成为企业核心竞争力的组成部分。

第2章 5G计费支撑的新场景

人类社会经过蒸汽机时代和电气时代，生产力得到了极大的提高，目前正处于如火如荼的信息化时代。信息通信是信息化时代的基础、核心和纽带，通过信息通信，人与人、人与物、物与物实时地联系在一起，这个社会不再是独立的个人、机器设备，而是紧密结合在一起的有机系统。通信极大地促进了生产力发展，极大地改变了人的生活方式，改变了社会运行的方式。人们通过手机进行语音沟通、短信问候、网上冲浪以及视频直播，当前任何人不管主动还是被动，都与电信网络有着密不可分的关系，电信是人们不可或缺的生活方式。

19世纪30年代，有线电报的试验成功，拉开了电信行业发展的大幕，人类开始利用电信号传送各种信息。在电报发明之后约四十年，贝尔发明了有线电话，从此人们开始通过电话进行语音通信，世界各地铺设了大量的电话线缆，联结了各地、各国甚至各大洲。此后随着无线通信技术的发展，移动电话逐渐普及，移动电话能满足人们随时随地联系的需求，成为人们通信的主要手段。

通信技术的快速迭代和业务的迅猛发展，都离不开电信的商业化运营。当前各国的电信运营均是由企业主导进行，这类直接运营电信网络，向最终客户提供服务的企业就是电信运营商。电信运营商在通信设备商、服务商的帮助下建立基站，铺设线缆，安装网络设备，付出了巨大的资源、人力和资金成本，形成了完整的通信网络。随后，电信运营商通过客户服务部门不间断的服务和持续的网络运维，向个人、家庭、企业等客户提供各种各样的通信服务。

通信服务给客户和社会带来了巨大的价值，电信运营商通过提供服务收取的费用用来支付网络建设、运维和客户服务成本，并投资于未来技术演进，推动通信技术不断进步，满足大众、国家经济、未来社会发展更高的需求。通信服务的定价及收费是电信运营商业务运营的重要内容，良好的定价及计收费模式有利于吸引客户订购，促进业务快速向市场普及，一方面使大众客户在合理的价格下享受到通信服务，另一方面使运营商的业务及时得到价值变现，从而持续运营。

运营商网络从 1G 发展到 5G，网络技术、终端技术发生了天翻地覆的变化，用户量、业务收入、投资规模有了成千上万倍的提升，运营商面临的市场环境、客户群体、客户消费习惯也发生了极大的变化，这些都决定着运营商的业务定价模式和计费系统均发生了巨大的变化。从最初的固定电话、模拟语音传输、人工接线到后来的程控交换机、数字信号，再到后来的移动电话、短消息、流量传输网络，网络一直在不断演进。运营商最初是非市场化的运维，电话安装办理烦琐，定价模式单一，出账周期长，收费以人工为主。后来逐步发展到分品牌、分套餐，用户选择余地加大，计费和出账及时性大大提升，提醒和缴费均以线上为主，极大降低了运营商运营成本，简化了客户业务办理手续，提升了客户体验。

当前运营商正在构建 5G 网络，5G 网络具备高带宽、低时延、切片化的特征，将与垂直行业数字解决方案深度融合，这为运营商的运营模式带来新的变革，也对商业模式和计费系统带来新的挑战和机遇。

2.1 传统通信业务的计费

传统通信业务主要包括语音通话业务、手机短消息业务、上网流量业务。

语音通话是运营商电信业务最初提供的主要通信服务，主要分为基于电话承载的固定电话和移动电话，以及后来基于 IP 承载的 IP 电话业务。在移动通信时代，随着网络技术和终端的发展，出现了短消息业务，手机之间可以发送文字短消息，方便了人们之间的信息传递。在固定电话时代，人们已经可以通过运营商的 ISDN/DDN 专线或 ADSL 拨号的方式上网。到了移动通信时代，人们通过手机上网，从 2G 时代的 GPRS 网络，到 3G/4G/5G 移动网络的升级，最核心的就是为了满足数据传输不断增长的需求。

传统通信业务的计费模式主要包括标准的按量计费模式、包月套餐模式，以及各种叠加包、专项优惠包以及预存赠送等促销活动。运营商为了业务开展需要使用到跨省、跨合作伙伴的网络为用户提供漫游、互联互通的业务能力，这需要从运营收入里面给各个省公司或合作伙伴进行收入分成结算。

2.1.1　语音业务

运营商的语音业务解决了人们远距离语音通话的需求。语音业务从固定电话时代到第一代移动模拟信号时代，再到第二代移动数字信号时代，都是运营商的绝对主体业务和几乎全部的运营收入所在。但是随着移动电话对固定电话的替代，以及第三代、第四代移动网络的发展，虽然语音业务在技术承载上仍然在完善增强，但是相对地位在不断下降，从运营商绝对主体业务的地位，逐步下降到次要地位。这个变革也正如语音通信时代的强者——主流终端提供商诺基亚、爱立信、摩托罗拉的经历一样，在历史滚滚向前的车轮下要么戛然而止，要么日渐没落成为昨日之花。这正验证了那句话，“这个世界唯一不变的就是不断变化，唯有拥抱变化者，才能永立潮头笑傲江湖。”电信行业是高技术行业，是驱动社会向前的基础行业和引领行业，自然也更是变革最为激烈的行业，处在这个行业的运营商、设备商、服务商以及从业人员，需要每时每刻不停地思考未来会有哪些新趋势、哪些新技术、哪些新业务，如何应对这些新的变化，自己可以参与哪些创新与变革，为客户提供哪些新的价值。

语音业务根据网络类型、终端类型、接入类型可以划分为多个类别，从网络接入终端类型上可以分为固话业务、移动通话业务，从承载类型上可以分为电路交换通话和 IP 通话。语音业务根据不同的业务类型划分、不同的网络链路及通话场景会有不同的计费要求。

- 区分固话、移动通话，不同的资费设置。
- 区分接入电路类型，例如IP通话不同的资费设置。
- 区分通话范围，例如本地通话、省内长途、国内长途、国际长途。
- 区分漫游类型，例如本地通话、省内漫游、国内漫游、国际漫游。
- 区分呼叫类型，例如主叫通话、被叫通话。
- 区分通话网络链路，例如网内通话、网间通话。
- 区分忙闲时，例如忙时资费、闲时资费。
- 用户自定义通话关系，例如亲情网、家庭网、企业虚拟网资费。
- 特殊类型通话，例如400、800通话，两端分别不同的计费规则。
- 呼叫转移不同的收费规则。
- 边界漫游视同未漫游的处理。
- 限定特定位置的资费，例如小区资费、校园资费等。

语音业务的实际计费规则变化演进有三个发展阶段，第一个阶段是不区分用户的标准资费阶段，第二个阶段是用户群细化的自定义套餐阶段，第三个阶段是资费简单化和融合化阶段。

在第一个阶段，由于网络能力有限，市场处于卖方市场，网络成本高，计费手段相对落后，运营商提供给客户的个性化资费选择非常少，一般固定电话及移动电话均是标准化资费，例如各种类型的长途一分钟多少钱，市话一分钟多少钱，对所有用户适用统一的资费。由于系统能力所限，用户账单生成和缴费一般采用月结的方式，即第二个月出上个月的账单，进行上个月的费用缴纳。由于是次月出账，存在用户欠费及坏账风险，所以运营商当时会要求电话用户缴纳一定数额的押金，以防范用户欠费风险。

随着电话用户的不断扩大，市场竞争日趋激烈，除了按通话分钟计费的标准资费模式之外，运营商逐步推出了大量的资费套餐，这些套餐往往在月初一次性收取一定的包月费，用户可以在月内使用一定的免费通话分钟数，超出后才按超出量进行计费，当然这些套餐包含的免费通话分钟数也可以设置适用条件和场景。套餐及差异化资费的推出，极大地促进了电信业务的普及。针对高中低端客户，运营商分别推出各种各样的资费套餐供客户选择，改善了客户的感知，降低了业务准入的标准，也降低了电信业务的实际资费标准。个性化资费套餐的推出，对运营商计费系统提出了很大的挑战，计费系统必须保存每个用户的资费套餐，并针对网络产生的话单分析用户通话场景及适用的资费标准。由于每个用户的资费情况多样，计费系统需要及时进行费用计算，并通过用户查询或短信通知的方式告知用户费用变化，这就需要计费系统能够实时或准实时地进行通话话单的采集，并根据资费进行计算并提供计费结果的查询能力。

电信个性化套餐对运营商的业务发展起着巨大的推动作用，但在系统中长期累积的资费套餐增加了运营维护的工作量。随着电信网络发展，各种不同的通话场景对于运营商的运营成本差异在不断减少，因此运营商择机推出了新套餐，逐步简化业务场景带来的计费差异。国家在政策层面也开始规划运营商的业务计费收费规则，于 2017 年提出了语音通话长市漫一体化的政策要求，即不再区分长途、市话、漫游以及网内网外，采用统一的费率模式。新政策大大简化了运营商的资费设计，提高了资费透明化，便于用户理解运营商计费规则。

从市场发展角度看，普通语音业务正在从运营商的核心营利性业务转变为普惠和非核心业务，在资费设计上将逐步转变为一定数额的包月不限量或包月限量模式，并且资费档次和限定条件将变得更加通用和标准化，以消除客户使用语音业务对于过多资费套餐和复杂收费规则的困惑。

当前移动通话语音业务典型的业务场景有普通语音通话、国际长途通话、国际漫游通话、亲情网通话、亲密号码通话、VPMN 通话、小区通话等。

- 普通语音通话：普通语音通话一般指用户通话地点或通话对象无特殊性的通话。

  场景示例：小王近期通过好友获知多年未见的老同学小李的电话号码，小王急忙拨过去，听到了熟悉而又陌生的老同学的声音，两个人非常激动，聊了现在的情况，各自的工作、生活、以前的点点滴滴，并相约以后经常联系。

  小王与小李的这通电话背后是通信网络的信息传输，在小王与小李通话时实际上由交换机负责双方的接续，当通话连接建立后，交换机收集通话信令中的主被叫号码、主被叫通话位置、通话时长等信息，并在通话结束后将这些信息生成一条通话记录存入话单文件。运营商计费系统定时从交换机采集话单文件，并分析话单中的主被叫号码，查询计费系统中用户订购的资费套餐，以进行本条话单的批价。批价完成后，话单被送到账务系统进行话单费用的合账，该条话单的计费过程完成，此时用户便可以查询到账单费用变化。

  上述计费过程是典型的离线计费过程，根据各运营商的计费系统能力和管理要求，也支持在线计费的模式，即通话连接建立前、通话中、通话后，网元实时保持与计费系统交互，将通话信息告知计费系统，计费系统实时计算通话费用，并判断余额是否充足，如果用户余额用尽，则网元实时终止通话。

  如果用户通话时间过长，为了能够及时进行用户通话的计费，交换机将按一定时长标准分段生成话单，计费系统即可以采集到分段的话单进行计费，提升离线计费超长通话的计费实时性。由于用户的感知只是一次通话，对于网元自动分割话单的情况，根据运营商的客户服务要求，可能会在用户查询展示时对分割话单进行合并，以避免用户产生疑问。

- 国际长途通话：国际长途通话是指国内电信客户在中国大陆境内直接拨打世界其他国家或地区的用户，进行国际通信的业务。国际长途业务的标准资费以分钟为单位进行计费，由于国际长途通话涉及与境外运营商的互通和收入结算，所以国内用户与不同的国家电话通话资费可能会有差别。

- 国际漫游通话：国际漫游通话是指国内运营商客户到境外旅行时使用境外运营商网络进行通信的业务。国际漫游业务依赖于国内运营商与国际运营商签约国际漫游协议，国际漫游业务按国别区域进行差异化定义，标准计费模式是按分钟计费。
- 亲情网通话：亲情网通话是指定家庭成员或亲人朋友组成亲情网，各成员收取每月固定的功能费，成员之间互相通话可以有一定的免费通话时长，超出后以较优惠资费进行计费的模式。
- 亲密号码通话：亲密号码业务是个人可以设置一组亲情号码，个人手机与这一组亲情号码之间通话有一定的免费通话时长或以优惠费率进行计费。与亲情网不同的是，亲密号码的设置是个人设置的，个人与一组号码之间享受优惠资费模式，而亲情网是多人相互之间的优惠模式。
- IP通话：IP通话是指以IP方式承载的语音通话，用户在拨打IP电话时，需要先拨IP电话的前缀号，例如中国移动IP电话需要加拨前缀号码17951，中国电信IP电话加拨前缀号码17909，中国联通IP电话加拨前缀号码17911。针对IP通话场景，长途费适用IP通话特定费率，IP通话需要另外收取基本通话费。
- VPMN/VPN通话：VPMN / VPN是指企业或单位用户组成虚拟群组网络，群组成员之间通话适用于优惠资费，成员一般会加收每月一定的功能费。VPMN业务需要受理时登记群组号码，并配置群组通话适用的资费，在话单计费时，计费系统需要首先判断本次通话是否为虚拟网内通话，如果是则使用虚拟网资费进行批价。
- 小区/校园/田园通话：针对部分用户活动范围相对比较固定的移动通信用户，部分运营商针对性地推出小区 / 校园 / 田园通话，即用户在限定范围内通话可享受优惠资费，此类业务在计费时需要判断通话基站是否限定的区域范围。
- 呼叫转移通话：呼叫转移通话分为有条件呼叫转移和无条件呼叫转移，有条件呼叫转移有遇忙转移和无应答转移两种。在长市漫一费制以前，无条件呼叫转移需要收取呼叫转移基本费和归属地至前转地的长途费用，有条件呼叫转移的情况需要收取呼叫转移基本费、归属地到漫游地的长途费以及漫游地到前转地的长途费。长市漫一费制以后，呼叫转移收费统一按呼叫转移通话费进行收费。

2.1.2 短消息业务

短信息业务是移动运营商从 GSM 时代开始推出的一项业务，满足人与人之间发送文字信息的需求。最初的短消息主要是点对点的形式，即手机用户向其他手机用户发送短信，后来基于短消息业务发展 ToCBToC 的短消息业务，即企业短信和行业短信业务，这种短消息一般承载某种信息服务，不仅仅是人与人之间的通信服务，例如校信通业务、天气预报业务、手机报业务等。随着网络能力的发展，显示出了短消息只能承载有限的文字信息的局限性，难以满足人与人之间关于图片等媒体形式的传输。因此运营商推出了彩信业务，彩信业务和短信一样，也分为点对点彩信和行业彩信，后者主要提供某种信息服务功能。

点对点短消息或彩信消息均是对发送方进行计费，计费方式是按条计费，当用户发出短消息后，短信中心生成短消息计费话单，计费系统采集后进行解码、用户套餐订购分析，然后进行该条话单的批价。

短消息业务标准资费采用按条计费的方式，以及套餐包一定免费条数的计费模式，其中行业短信采用“短信通信费＋信息费”的收费模式。

2.1.3 流量业务

流量业务是指客户通过手机或电脑终端上网并以流量计费的业务，广义的流量业务包括通过 WLAN 上网业务和移动网络上网业务。流量业务在 2G 时代产生，在 3G 时代发展，在 4G 时代壮大，从最初的补充类业务逐步发展成为核心业务。其实 3G/4G 甚至 5G 网络演进，主要目标也是如何提供更强大的流量上网业务。

流量业务主要的计费方式是以上网流量维度进行计费，计费单位随着流量价格的变化而变化，最初以 K 为单位进行计费到后来演变为以 M 为单位，在 4G 后期流量套餐中包含的流量主要是以 G 为单位。这也反映了移动互联网业务的快速发展，以及运营商网络的不断升级扩容和提速降费的卓有成效。

流量业务除了标准定价外，更多的是以套餐或包量与标准资费叠加的方式开展业务，例如基础套餐包含一定的上网流量，超出后按某标准进行超套流量的计费。

另外根据用户上网习惯，为了更好地满足用户上网需求，各运营商推出了假日流量包、定向流量包。其中假日流量包是针对用户假日出行的情况下更多使用移动网络的消费习惯而推出的优惠资费包，例如五一流量包、国庆流量包，深受消费者欢迎。定向流量包是指流量包的流量仅限于特定的一组内容使用的流量包，例如腾讯流量包、爱奇艺流量包等，此类流量包很好地契合了人们手机日常集中于部分应用的消费特点。

流量业务主要以上网产生的数据量为计费量，但这可能给用户带来一定困扰。我们知道语音业务以时长为计费量，用户每打一次电话，可以很清晰地知道本次通话时长是多少，短信业务以条数为计费量，用户很清楚自己发送了几条短信，从而对产生的费用有一定的预判断。由于用户对流量缺乏直观的概念，用户访问一次网页，或者使用 App 浏览一张图片，大多数人是不清楚这会产生多少数据量，所以更不会对产生多少流量费用有预判断。在 4G 运营初期，由于上网价格仍然较贵，而上网网速有了很大提升，互联网就出现了所谓“一晚上流量费用抵上一套房”的段子，用来讽刺运营商流量计费不透明，所以流量作为一种计费量，存在一定的透明度劣势。

虽然数据量缺乏透明性，但是数据量是上网业务用户价值或成本相对公平并具有可行性的衡量标准，因此数据量成为了流量业务的主要计费量。但是为了消除用户疑虑，运营商计费系统需要能够将上网数据量及时清晰地展示给用户，提醒用户使用量及余额变动，让用户及时掌握消费情况，并提供超额管控的手段帮助用户控制超额风险。

在计费实时性方面，各大运营商均优先针对流量业务上线了在线计费系统和实时消费提醒能力。要实现流量业务在线计费，在用户上网时，流量网关（PGW/GGSN）需要在用户上网会话建立时向在线计费系统发起会话建立请求，在线计费系统进行余额计算并判断用户是否有余额可以使用，如果有则同意建立会话，否则拒绝建立会话。用户上网过程中，流量网关定时或定量向在线计费系统发起使用量更新请求，上报本段已经使用量，并申请新的配额，在线计费系统每次接到更新请求，对用户已使用但未计费的数据量进行计费，并计算用户余额是否足够申请配额，如果不足则终止回话。用户上网结束后，网关最后一次发起会话关闭请求，计费系统计算本段流量费用。由于在线计费系统在用户上网前和上网过程中实时进行计费，因此在用户上网结束后或上网过程中，用户可以实时查询费用和余额的变化。

基于实时计费的能力，运营商可以设置各种提醒触发条件，当用户上网计费满足一定条件时，计费系统会主动向用户发起消费提醒，使用户在不去查询的情况下也可以获知消费变动的程度。具体提醒触发条件可以是用户当月流量达到一定量、套餐余量不足一定门限、用户套餐余量用尽、用户余额不足某一数额等。实时提醒可以短信的方式发送，部分运营商也支持以 App、页面提示的方式进行提醒。

虽然有实时计费和实时消费提醒，但是为了确保段子“一晚上流量费用抵上一套房”不会成为现实的案例，运营商计费系统对用户流量消费进行了双封顶的处理。对于一般的套餐，采取套餐外流量 XXX 元 YYGB 双封顶、总流量 ZZZGB 封顶规则，即用户套餐外流量费用超过 XXX 元或套餐流量累计超过 YYGB 或者用户当月总流量超过 ZZZGB，则对用户上网功能进行暂停，下月自动恢复。不过用户当月可以自行申请恢复上网功能，这时计费系统会对后续流量进行正常计费。

流量业务计费除了按量计费外，各运营商也推出了附加速率条件的套餐，即套餐内或限额封顶值内，用户上网采用正常速率，超出套餐或超出封顶流量值后，对用户上网网速进行限制。与此种资费套餐相匹配的是提速包，用户被限速后，可以订购提速包，恢复上网网速。运营商在市场竞争过程中也推出了一些不限量套餐，即用户缴纳一定的套餐费后，免费上网流量不封顶，使用户可以完全放心使用，不再担心超额流量费用。但是各种不限量套餐，一般还是会附加达量限速的条件，即不限量套餐用户在当月使用到一定流量后会触发网络限速，上网速率会得到一定限制。

2.2　5G 网络的典型特征

4G 时代的网速是 3G 时代的十倍到百倍，极大促进了移动互联网的发展，催生了一大批重量级的互联网应用，例如微信、支付宝、抖音、爱奇艺等移动互联网巨头都受益于 4G 移动网络。随着 5G 标准的明确，运营商已经开始加速部署 5G 网络，5G 时代正在来临。5G 网络的典型特征如下。

- 增强移动宽带：5G网络比4G网络带来更大的上网速率提升。
- 高可靠低时延通信：网络连接和通信的可靠性将得到显著提升，网络时延也将大大降低。

- 大规模机器通信：移动网络支撑海量物联网终端的连接，即高连接密度。
- 网络切片：支持面向行业或企业客户提供端到端高度个性化定制的切片网络，以满足特定行业或企业的需要。

5G 和 4G 在多个指标上的比较参见表 2-1。

表 2-1　5G 网络指标相对 4G 的提升

指标	要求
传输速率	提高 10 ～ 100 倍，用户体验速率 0.1 ～ 1Gbps，峰值速率达 10Gbps
时延	降低 5 ～ 10 倍，达到毫秒量级
连接设备密度	提升 10 ～ 100 倍，达到每平方公里数百万个
流量密度	100 ～ 1000 倍提升，达到每平方公里每秒数十太比特
移动性	达到 500km/h 以上，实现高铁环境下良好的用户体验
能耗效率、频谱效率及峰值速率	需在 5G 设计时综合考虑

通过 5G 网络的 4 个典型特征，发现 5G 除了增强移动互联网带宽之外，更重要的是面向物联网、面向垂直行业应用，因此 5G 支撑垂直行业应用将是最重要的应用场景。

2.2.1　增强移动宽带

5G － eMBB 最主要特征是移动上网速率的提升，5G 标准要求单个 5G 基站至少能够支持 20Gbps 的下行速率以及 10Gbps 的上行速率。5G 网络的峰值速率可达到 20Gbps，意味着下载一部 8GB 的电影只需要 6 秒，而 4G 网络下最快的网速也要七八分钟。

我们知道时间是人类社会最宝贵的资源，对于美好事物的太多等待总会让人抓狂，另外，在激烈竞争时代落后一步也可能意味着满盘皆输，不管是工程项目、IT 系统运行、工作和学习，大家都追求尽可能高的效率，从而节约自己、同伴、客户的时间，以期取得更大的收获。因此人们在上网时对于带宽的追求也从未停止过，从早期的几 KB、几十 KB 到后来的几 MB、几十 MB，乃至光宽带的几千 MB，网络带宽一直在突飞猛进地发展。这一方面源自对效率的追求，另一方面是因为在如今信息爆炸的时代，网络上传输的数据量在呈指数级增长。在移动网络方面，4G 时代网络带宽虽有了很大的提升，但是 5G 时代将迎来十倍于 4G 网络的移动上网速率。不同移动通信时代网络速率的形象化比较如图 2-1 所示。

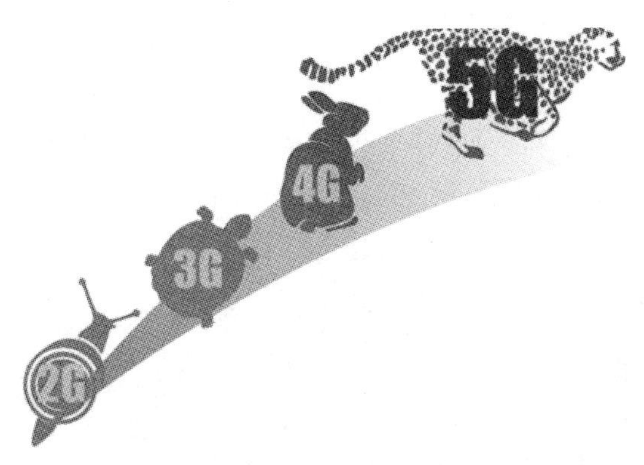

图 2-1　不同移动通信时代网络速率的形象化比较

电信网络从来就不仅仅是满足当前需求，更多地起到了引领产业变革、促进消费需求的重要作用。增强移动宽带也将推动消费领域需求不断变化，引领未来移动互联网新业态，满足消费者未来的新需求。2G 时代移动网络数据信息传输主要是“短信 +GPRS 网页浏览”，各种手机报主要以文字形式推送。在 3G 时代“彩信 + 图片”应用逐步发展，出现了微信等图文信息传输的应用。到了 4G 时代，更快的上网速率大大推进了移动多媒体信息的发展，催生了视频聊天、随拍视频、移动电视、视频直播等新应用场景。展望未来，5G 增强移动宽带将促使远程视频监控、4K/8K 高清视频直播、VR/AR 等需要更高带宽应用的快速发展，同时这些应用也可能促进更多行业的变革，如手机游戏、购物、旅游、安防、远程会诊等行业将可能利用高清视频或 VR/AR 技术来提供更加清晰逼真的效果。

5G 网络采用了以下技术手段来实现 eMBB 的超高带宽。

- 大规模MIMO（多入多出）：一种使用大量天线增加蜂窝覆盖率和容量的技术。移动设备内安装的天线是有限的，但在5G基站中最多可以使用256根天线，支持大规模MIMO，为6GHz以下频带的智能波束成形和波束跟踪奠定了基础。
- 以设备为中心的移动性：在5G中，以设备为中心的移动性利用设备发送周期性参考信号，供接入网络监控，根据设备返回信号的强度，网络触发信号塔重新选择或切换。此外，5G网络只会定期发送最低限度的系统信息，而不用像以前那样不管设备是否存在，都会发送系统信息。

- 频谱共享：这是解锁更多频谱和扩展5G网络的技术，频谱共享可以释放之前仅供运营商偶尔使用的频带，尤其在较高频段，大量频谱可以共享或者无须授权即可使用。5GNR支持当前所有频谱类型。
- 毫米波：毫米波是5G的一项特点，将移动通信的最大缺点（路径丢失、易受物理障碍阻断等）转化成优势。这意味着可以使用24GHz以上未开发频谱中的高速、高容量数据链路。

2.2.2 高可靠低时延通信

uRLLC（Ultra Reliable & Low Latency Communication）是指高可靠低时延通信。

为什么需要高可靠低时延通信呢？我们平时打电话、上网没有感觉到网络有太大延迟，或者这些延迟并不会为我们的通信或上网造成太大影响，主要是因为个人联网通信时的时延相对于人大脑的思考和信息的接收处理并不突出。但是 5G 网络主要是面向物联网应用，而物联网应用非常广泛，某些高速、精密的应用场景就对时延和可靠性有非常高的要求，例如车联网、无人机控制、远程手术等，这些应用要求网络不能出现中断，并且不能有较大时延。例如车联网车路协同通信，如果网络中断或时延较长，网络无法在极短时间内对数据进行响应，则有可能影响车辆的行驶判断，甚至导致发生严重的交通事故。

5G 为了实现低时延连接，在物理层采用了多个关键技术。由于 uRLLC 物理层的设计方案直接影响 uRLLC 低时延和高可靠指标的实现，因此在具体设计信道结构时需要额外考虑可靠性以及时延方面的影响，例如采用更加稳健的传输方案、物理结构，更短的传输时延等。

2.2.3 大规模机器通信

mMTC（Massive Machine Type Communication）是指海量物联网通信。

4G 及以前的移动通信网络主要是面向人的联网需求，单位面积的用户数量峰值有限，而且用户对于网络需求一般也不是同时发生，所以 4G 基站对于终端的容量要求级别一般可以达到每个基站扇区一千至几千个通信终端连接。

不同于面向人的互联需求，物联网的终端数可能比人的数量高几个量级，由于潜在可能的低成本终端设备远多于当前个人用户的数量和密度，物联网可能达到每平方公里连接一百万个设备，例如智能井盖、智能路灯、智能水表、智能电表等，在一定区域内会存在海量终端，单位面积内的终端密度极高，需要网络能够支持这些终端同时接入，这指的就是 mMTC 场景。

mMTC 将在 6GHz 以下的频段发展，常见的是 NB-IoT 技术。以往普遍的 Wi-Fi、Zigbee、蓝牙等，多属于家庭用的小范围技术，回传线路主要是靠 LTE，随着大范围覆盖的 NB-IoT、LoRa 等技术标准的出炉，物联网的发展将更为广泛。2020 年 7 月，国际电信联盟（ITU）召开远程会议，宣布 3GPP5G 技术（含 NB-IoT）满足 IMT-20205G 技术标准的各项指标要求，正式被接受为 ITU IMT-20205G 技术标准。作为 5G 发展中的一个重要分支，NB-IoT 身份得到了官宣，成为 5G 三大应用场景中 mMTC 的核心技术。

目前，全球的 IoT 以迅猛的增长速度在短短几年内达到数亿的连接，凭借广覆盖、广连接、低功耗、低成本等特点，NB-IoT 早已成为蜂窝物联网领域的主流技术。NB-IoT 作为 5G 快速进入垂直行业的“敲门砖”，能助力客户降低前期部署成本，加速商用落地。未来，在 5G 技术的加持下，NB-IoT 将摆脱为“抄表”而生的困局，进一步开拓丰富其在智慧城市、智慧家居、智慧停车、智能穿戴、资产追踪、物流运输等领域的应用。

2.2.4　5G网络切片

网络切片是 5G 关键原生能力，能够最大化提升通信网络的效能，降低网络建设和运维成本。5G 时代“切片即能力，切片即产品”已经成为行业共识。核心网作为网络差异化体验和运营的关键锚点，在 5G 时代凸显出更加重要的网络地位。

5G 核心网提供网络功能和资源按需部署的能力，能满足未来垂直行业多样化的业务需求。在云化基础设施上，构建逻辑隔离的网络切片来服务不同的业务或者垂直行业。5G 网络切片具备了“端到端 SLA 保障、业务隔离、网络功能按需定制、自动化”的典型特征：

- 端到端SLA保障：5G网络切片由核心网、无线、传输等多个子域构成，网络切片的SLA由多个子域组成的端到端网络保障。网络切片实现多域之间的协同，包括网络需求分解、SLA分解、部署与组网协同等。

- 业务隔离：网络切片为不同的应用构建不同的网络实体，逻辑上相互隔离的专用网络确保不同的切片之间业务不会相互干扰。
- 网络功能按需定制：5G网络将基于服务化的架构，同时软件架构也将进行服务化重构，以此形成网络可编排的能力。面向不同行业多样化的网络需求，5G网络可以提供按需编排的能力，为每个应用提供不同的网络能力。同时，5G网络的分布式特点可以根据不同的业务需求部署在不同的位置，来满足不同业务时延的要求。
- 自动化：自动化是网络发展的目标。相对于传统网络一张大网满足所有要求，5G通过切片技术将一张网裂变成多张网，理论上5G的繁荣必然会带来运维难度的大幅增加，因此自动化是5G网络必须要具备的一个特征。从节奏上来说，一次性地实现自动化非常困难。通过分割网络切片生命周期中各个环节的操作，允许工作流中的每个环节都支持人工、半自动或者全自动的方式进行处理，伴随着用户网络规划能力的发展，以及网络的扁平化、简单化，最终达成完全的自动化网络。网络切片允许向特定租户（比如行业用户）提供定制化的网络服务，租户对网络具备一定的操作管理能力。租户运维人员所具备的知识与能力模型与传统运营商运维人员不同，需要面向租户的运维人员提供易观察、易操作、易管控的运维，在核心网 Core Network界面，实现租户的“自助服务”。

5G 网络切片的实现，可以为终端用户、租户和运营商带来以下价值。

- 终端用户：通过端到端切片网络的端管云协同提供的可保证的SLA，终端用户获得最佳的业务体验。
- 租户：以资源共享为基础可以降低网络使用成本，通过隔离技术和按需部署可以实现端到端可保障的网络SLA，通过按需功能定制可以快速满足业务需求和业务的升级、演进，通过切片网络提供的开放能力实现简单的运维和网络能力的使用。
- 运营商：最大化网络基础设施的价值，使能和开拓庞大的垂直行业用户群。通过资源共享和动态部署实现高效、快速建网，同时业务上线和业务创新更加快捷，将促进新的产业生态圈的形成。

2.3　5G 新业务的计费

5G 网络通过四个重要的能力，即 eMBB 增强移动宽带、uRLLC 高可靠低时延通信、mMTC 大规模机器通信，以及网络切片化来满足未来多样化的业务需求，支撑不同行业所需要的不同网络能力。运营商可能针对不同行业的客户提供差异化的网络控制策略，或者个性化定制的网络切片。因此 5G 网络提供的业务能力将是个性化的，与业务需求紧密相关，并且更加关注客户使用网络的体验和获得的价值。由于不同的网络服务等级或切片能力都涉及网络运行及网络建设的各方面成本，所以 5G 时代业务的定价模式将更加贴近于网络特征。

4G 以前的网络定价，不管基于时长、流量，还是短信条数，这些背后是网络资源的相应比例消耗，这些定价其实是以成本为度量基准，但是成本基准定价带来的问题是运营商难以聚焦于客户最终的体验。例如同样使用 500M 流量，付费一样，但是有的用户上网断断续续，有的用户却很顺畅。5G 网络定价将更会关注客户体验，使客户体验更好，相应会有更高的定价，这样运营商将聚焦关注客户的最终体验，让技术回归服务人类的初心。

5G 时代业务将百花齐放，基于 5G 网络虚拟化、切片、开放的能力，为满足不同垂直行业的需求，运营商不仅仅向客户提供网络的能力，可能还需要提供 IT 基础能力、网络及 IT 能力开放以及数据能力，甚至联合合作伙伴提供成套解决方案。因此，支撑系统也需要提供这些能力的定价、计费和收费。

5G 将带来巨大的改变，这不仅是对外界的改变，运营商的运营思路也将有重大的变革，从以提供基础通信网络服务为主转变为提供网、云、IT、解决方案等全套的产品及服务为主，做全业务运营商。在全业务运营时代，运营商需要建立起一个紧密结合的生态链，组成相互协作、稳定运营的生态环境，实现全面的赋能，以加快各行业数字化转型，加速 5G 的商业化，实现价值的最大化。

2.3.1 服务体验计费

运营商传统上按使用量、使用时长付费的模式其实是从服务提供者角度进行度量的计费方式，这种计费方式只关注运营商提供了什么，提供了多少量，而不关注用户使用的体验如何，用户是否满意。服务体验计费有别于传统计费模式，其更关注用户使用的感觉，是真正以用户为中心的计费方式。

要实现服务体验计费，首先需要解决服务体验的度量问题，即如何衡量用户的服务体验。通常可以从影响用户体验的一些维度去分析，包括但不限于网速、可靠性、移动性等维度。

- 按网速计费：在用户上网的场景中，服务体验首先取决于网速。视频聊天是否卡顿，发送微信图片、视频是否需要太长等待，下载电影、视频需要多长时间，这些是影响用户体验的重要要素。未来VR/AR以及4k/8k高清视频等业务对网速有着更高要求，不同的网速将决定这些业务是否能够顺利开展。网速将是一个最重要的服务体验参数。按网速定价分多种模式，包括限速不限量、限速并计量、实际网速计费等多种模式。
  - ✓ 限速不限量：一般采用包月计费方式，像有线宽带一样，例如 10M 峰值上网带宽，200 元 / 月；20M 峰值上网带宽，300 元 / 月。在用户订购采用该计费方式的套餐时，CRM 系统根据用户套餐带宽向 PCF 网元发送带宽控制签约信息。计费系统根据账务周期收取固定的包月费用。
  - ✓ 限速并计量：这是结合限速和流量度量定价的计费模式。例如 10M 带宽，每 M 流量收费 0.2 元，20M 带宽，每 M 流量收费 0.25 元。此种计费方式也是由 CRM 系统发送带宽签约信息到 PCF，计费系统根据网元计费消息上报的流量结合资费的费率计算得出本次上网的费用。
  - ✓ 实际网速计费：指根据测得的实际网速进行付费的资费模式。根据实际网速计费，需要网元进行网速计算并下发网速话单到计费系统，计费系统根据实际网速计算用户上网费用。一般来说根据实际网速计费更多是对于企业计费的方式，传统上采用 95 计费法剔除网速比较高的 5% 话单，剩余最高的网速才是用于计费的网速。
- 按可靠性计费：网络覆盖是否完整，用户上网是否经常中断，这些也是影响用户体验的关键要素，例如用户网上视频聊天，但是网络总是时好时坏，这将严重影响用户的体验。在5G时代，更多物联网业务是直接关系生产、交通，甚至医疗手术这些重要业务，网络出现故障，可能导致灾难性的后果，所以稳定可靠的网络体验是非常重要的。

- 移动性也是一个影响网络体验的重要指标：当前，手机终端处于低速状态下的网速体验是完全没有问题的，但是当我们身处高铁上的时候，由于移动速度过快，手机网络信号可能就会出现不稳定的情况。除了人联网的情况，5G时代更多的是物联网的场景，例如未来针对无人机的移动联网是一个很重要的应用场景，无人机需要时刻与地面控制端或者服务端保持通信连接。所以在各类终端高速移动的情况下，网络移动性是否能够良好支撑是至关重要的指标。

2.3.2　5G网络切片计费

所谓网络切片，是指将物理网络切成多个虚拟的端到端的网络，每个虚拟网络是逻辑独立的，可能有独立的接入、传输和核心网，甚至控制面功能。每个虚拟网络具备不同的功能特性，面向不同的需求和服务。网络切片是 5G 的重要能力，通过切片运营商可以向用户提供定制化的网络服务。

网络切片有下面四个特性。

- 隔离性：不同的网络切片之间互相隔离，一个切片的异常不会影响到其他的切片。
- 虚拟化：网络切片是在物理网络上划分出来的虚拟网络。
- 按需定制：可以根据不同的业务需求去自定义网络切片的业务、功能、容量、服务质量与连接关系，还可以按需进行切片的生命周期管理。
- 端到端：网络切片是针对整个网络而言，不仅需要核心网，还要包括接入网、传输网、管理网等。

前面已经讲过 5G 网络有三大典型场景：增强移动宽带（eMBB）、高可靠低时延通信（uRLLC）、大规模机器通信（mMTC），由于不同场景具有不同甚至相冲突的网络特性，这就需要网络切片能力来实现。

如图 2-2 所示为通过逻辑上将接入网、核心网等功能进行切分，形成不同的网络切片。

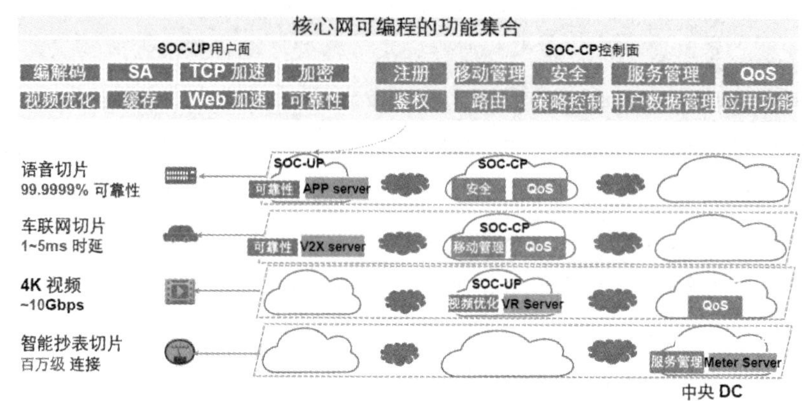

图 2-2　5G 网络切片

4G 网络下，所有接入网络的用户共享的是同一套网络功能，通信网络为每个接入的终端提供的是同样的处理功能。5G 网络切片基于统一物理网络和基础设施提供各种各样端到端切片式的逻辑网络，从而实现向不同行业用户提供最合适的网络，满足各种用户的不同需求或同一用户的不同业务需求。

从性能指标、功能差异、对网络的需求、运维模式来看，用户对 5G 需求归纳为以下两大类。

- 大众用户：5G在4G网络基础上为个人用户提供更好的使用体验。面向大众用户的网络称为公众网。
- 行业（专业）网络用户：
  - ✓ 普通行业需求。面向普通行业用户，存在一定的隔离、业务质量保障需求，在连接管理等方面有定制化差异。
  - ✓ 特需行业需求。面向电网、党政军等具有高度隔离或者高业务质量保障等特殊需求的用户，安全等级要求极高。

5G 公众网与行业网既有共享，又有区隔。公众网与各种行业网可以共享核心网硬件资源池、传输资源、无线资源，充分发挥网络规模效应，此外公众网与行业网用户层面可以分别采用物联网码号和公众网码号进行隔离，也可独立组网、独立资源、独立基站等，提供多样的灵活架构和配置方式。

根据网络现有能力，在不同切片等级内组合无线、传输、核心网和安全及运营等能力，匹配网络最有可能的部署策略，总共形成五种切片能力等级满足 5G 三大类需求。如图 2-3 所示为网络切片等级，表 2-2 从多个维度对网络切片等级进行了对比。

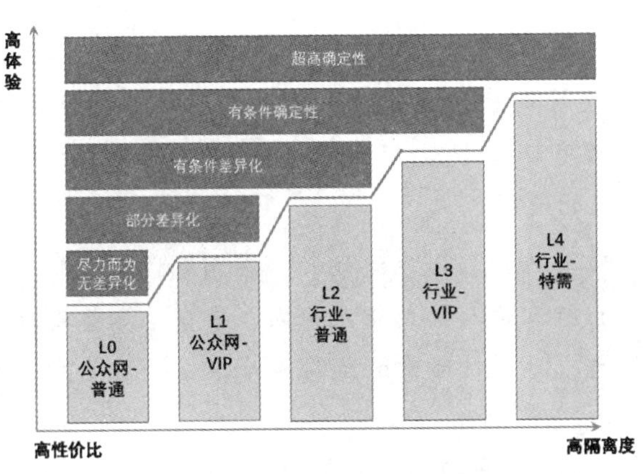

图 2-3　5G 网络切片分级

表 2-2　网络切片等级划分

切片等级	网络类型	等级划分	定义	资源隔离	业务体验		
					安全	运营运维	定制化
L0	公众网	普通	基于 5G 公众网基础设施构建，无特殊需求	完全共享	基本安全	无	默认
L1		VIP	基于 5G 公众网基础设施构建，叠加定制化需求	完全共享（或部分独占）	eMBB 增强安全	无	定制化
L2	行业网	普通	基于 5G 行业网基础设施构建，提供增值服务	完全共享（或部分独占）	业务特性安全	可视	定制化
L3		VIP	基于 5G 行业网基础设施构建，提供部分资源独占及高级服务	部分独占	业务特性高阶安全	可管	定制化
L4		特需	基于 5G 行业专网设施构建，提供全部资源独占能力及可靠性服务	完全独立	全面高阶安全	可管	定制化

5G 网络提供切片能力，提供适配不同领域需求的网络连接特性，将推动各行业的能力提升及转型，从虚拟现实、增强现实、4K/8K 超高清视频，到自动驾驶、车联网、远程医疗、智能交通及无人机，再到物流仓储，工业自动化，5G 都将发挥推动各行业信息化的基础设施的作用。

- 自动驾驶：依赖于V2X通信，这需要低延迟但不一定需要高吞吐量。在汽车行驶时观看的媒体服务需要高吞吐量并且容易受到延迟的影响。两者都可以通过虚拟网络切片上的相同公共物理网络传送，以优化物理网络的使用。
- 无人机：5G无人机控制网络切片，在网络边缘采取了AI技术，使得位于切片中的所有无人机都相互独立、安全，具备及时响应不断变化的环境的能力。无人机所需的连接密度很低，但要求网络具备广域覆盖和低时延。
- 虚拟现实：作为公认的5G未来杀手级应用之一，VR在近几年一直是业界的热点话题。VR的异地交互需要数据连接具备低延时、高吞吐量两大特性。通过5G网络切片，可以实现超低时延的VR 4K直播，还可以实现VR直播互动的在线购物等功能。
- 增强现实：当前主流的AR游戏包括基于实时地图定位以及AR的多样化场景，融合现实与游戏场景，为人们带来极致的沉浸式业务体验。网络时延以及带宽成为游戏流畅运行的决定性因素，需要端到端的服务质量保障。网络切片是5G业务的关键使能技术，并带来切片即服务的创新理念，通过网络切片和手机终端切片资源，可以保障AR游戏流畅所需的低时延、高带宽。
- 智能电网：用5G网络切片来承载电网业务是一种新的尝试，将运营商的网络资源以相互隔离的逻辑网络切片，按需提供给电网公司使用，可以应用在智能电网用电信息采集、分布式电源、电动汽车充电桩控制、精准负荷控制等关键业务中，满足电网不同业务对通信网络能力的差异化需求，同时兼顾高性能、高可靠、隔离和低成本，成为智能配电网的有效解决方案。

由于网络切片的技术特性，5G 网络将不再像以前一样平等、无差别地提供给每一个用户。未来，将根据不同用户对网络的品质、稳定性、速度、功耗、时延等方面的需求提供差异化的网络服务，因此用户的需求不同，其计费原则和方式也会不同。面向个人用户，提供满足用户需求的不同等级的套餐资费和服务；面向垂直行业企业或单位用户提供差异化带宽后向切片服务。

5G 网络切片具备可定制、可交付、可测量、可计费的特性，运营商可以把网络切片直接作为商品，租赁给政企用户；也可以将网络切片能力开放，通过开放的接口把切片的创建和运营权交给行业用户，使其像使用自建的专网一样自由地使用和管理切片网络。通过网络切片运营管理，运营商的主要收入模式有以下几个。

- 商品模式：把网络切片作为商品，企业根据业务需求租用其中的一片或者多片，运营商提供管道和增值服务，收取相应费用。
- 混合租赁模式：企业会从成本考虑选择租用运营商基础设施网络，包含基站和核心网，运营商收取相应的租赁费用。
- 切片托管模式：企业在拿到5G频谱资源的前提下，出资自建5G专网，同时为了节省成本把5G专网托管给运营商进行运维管理，运营商收取运维管理费用。
- 能力开放模式：网络切片具备逻辑隔离和独立的生命周期管理，运营商提供开放的接口给企业，以便企业按照自己的特殊要求开发自己特定的运维功能，运营商收取相应的服务费用。

中国移动通过对行业细分场景的深入分析与理解，提炼出不同行业的六种典型网络需求，包括超低时延控制，高清视频回传，数据不出场，安全隔离，定制建网以及面向客户的网络自运维、自服务、自开发等。面对不同的市场需求场景，5G 专网也提出了差异化的解决方案。基于灵活组网，按需定制的原则，中国移动推出 5G 专网的优享、专享、尊享三种模式，并将 5G 专网产品划分为网络类功能和服务类功能，行业客户可以结合业务场景与实际的需求进行能力组合。优享模式相当于在国道上，提供公交专用道；专享模式相当于定向的高速公路；尊享模式则是为高铁、动车专门建造的铁路。三种模式下，网络能力逐步叠加，网络专用程度逐步提高，网络价值逐步增强。

- 优享模式：提供业务加速与业务隔离两类网络服务，满足客户对网络速率、时延以及可靠性的优先保障需求。通过提升网络优先等级，实现拥塞预调度和业务加速，为用户带来更快的冲浪体验，可应用在视频直播、AR/VR、云游戏等对时延、速率要求比较高的场景中。同时通过切片等手段为用户建立专用链路，保障行业客户的数据安全，可以应用在金融、电网等对数据安全要求比较高的行业场景中。

- 专享模式：基于增强覆盖和边缘计算技术，实现本地流量卸载、边缘数据处理，满足客户对数据不出场、超低时延等业务需求。公网专用能够为客户提供增强覆盖能力，具有超强并发链接的特性，适用于医院、园区等场景。本地业务保障通过边缘计算、UPF下沉，满足行业客户对网络时延的高要求，可以降低时延至20毫秒以下。数据不出场是通过将UPF部署到客户侧，在保障时延的基础上，进一步满足客户生产及业务数据不出场的特殊需求，实现本地数据在专属区域内终结，极大程度保障了数据的安全性。同时，边缘节点为行业客户提供存储、容器等基础设施，并可承载行业平台以及用户侧的一些个性化应用，直接与生产系统对接，实现边缘数据的超强处理和计算。
- 尊享模式：通过对基站、频率等专建专享，为客户构建专用的无线网络，满足客户的高安全性、高隔离度、定制化的建网需求。专网专用主要是指基站、频率的专用，适用于无人化、少人化的封闭园区。为满足智慧工厂、智慧矿山等一些对上行速率有特殊要求的场景，5G专网会通过特定的技术手段，增强用户接入的上行速率，同时通过特定用户准入机制实现用户专用接入，相当于为用户设置了专用的接入白名单。

基于前期探索实践，中国移动创新打造出“BAF 多量纲”5G 专网商业模式，基于 5G 可靠优质的基础网络，叠加丰富多样的增值功能，面向客户提供便捷、灵活、贴心的个性化服务组合。在“BAF 多量纲”商业模式下，客户可以实现按单点菜，使用更便捷；支持带宽、速率、连接数等多维度收费模式，计费更灵活；同时提供定制化的分级权益体验，服务更加贴心。

从以上中国移动的商业模式分析可以看出，5G 切片存在 ToC、ToB、ToBToC/ToToX 多种不同的商业模式，而不同的商业模式下对计费能力会有不同的需求。

网络切片 ToC 模式的计费需求主要是运营商向普通个人用户提供商品服务并收取费用的模式。我们从 ToC 商业模式的各个参与方来进行分析。首先是产品或服务提供者，既然是 ToC 模式，B 就是运营商，C 就是运营商的大众市场客户，即收费对象是运营商的直接大众客户。ToC 模式下，服务和产品有哪些呢？这里运营商向个人提供的网络通信服务，在 2G/3G/4G 网络服务基础上，依靠 5G 网络切片能力，面向不同的个人用户提供更加个性化的 5G 网络能力。其次，运营商基于 5G 网络切片提供各项数字内容业务，包括视频、内容等个人数字消费内容，或数字生活内容。最后，运营商可以基于数字平台，集成第三方企业或者个人创作者的内容或数字服务，提供给大众消费者。

5G 网络切片提供给个人客户的网络能力不再是统一无差别的，而是个性化的，个性化体现在上网速率带宽、服务体验的差异性，用户选择不同的网络切片，具备不同的上网速率和时延感受，以及不同的可靠性保障。所以参与定价的可能要素会包含上网速率、可靠性、传输时延。计费能力上需要具备多量纲的能力，即可能根据上网速度、可靠性、传输时延等网络特性进行计量计费。

另外由于 5G 切片会与应用或内容紧密结合，定价上可能会与内容进行关联定价，即网络使用费用不直接进行定价，而是以服务或内容总定价的方式推向用户，例如世界杯赛事直播服务业务捆绑高带宽的网络切片，运营商在世界杯赛事直播业务定价时，包含赛事直播内容定价和基础网络流量定价，用户订购了世界杯赛事直播业务，按月或按次向运营商付费即可，基础网络功能无须另外付费。这种收费模式需要计费系统能够对内容业务按次或按内容进行计费收费，同时能够识别流量承载业务进行相应通信流量的费用免除。另外，由于采用一体化的收费，计费系统仍然需要识别流量及内容的费用，以便进行收入的拆分和结算处理。

5G 网络面向大众市场，除了手机终端的业务外，将会有更多其他形式的终端接入网络，例如个人电脑、智能眼镜、智能手表、健康监测设备等个人智能设备，这样定价上可能会涉及按终端数量、终端类型定价，这需要计费系统能够识别一个客户的终端数量、终端类型。另外在商业模式上，个人用户的多种类型的终端也可能进行统一打包定价、统一收费，进行差异或统一流量共享，进行差异或统一业务控制，这需要计费系统提供统一定价能力、费用预算能力、打包折扣能力，以及差异化的流量共享消耗能力、区分优先级的业务控制能力。

除了各种个人终端，5G 面向大众市场的另一个重要业务场景是家庭业务场景。家庭中可能有各种使用 5G 网络的终端设备，除了手机终端，各种家庭设备可能会有不同的切片需求，例如 4K/8K 电视设备、家庭摄像头等需要大流量高带宽的网络切片，而智能水表、健身设备、冰箱、洗衣机等则需要低频小数据量的网络切片，家庭健康监测设备需要高可靠的网络切片。面向不同类型的终端设备需要有差异化的定价和计费能力，具体的定价计费维度包含切片类型、终端类型、流量或时间计量、速率、连接频次等。同时由于家庭设备本身具有位置固定的特性，所以移动性也是定价计费的一个参考要求。

另外，家庭各成员以及家庭各种终端设备可以采用统一打包定价或统一共享计量资源的方式进行购买。这样定价模式上需要考虑到家庭成员及终端的数量、切片需求数量、总流量消费、终端使用时长等。共享计量资源一般涉及流量的共享消耗，以及业务时长的总体计量计费。由于家庭包含多个成员以及多种终端设备，分别有不同的业务价值，所以在家庭统一付费的模式下，如果客户账户余额不足，也需要进行不同优先级的业务控制，以保障最重要的业务最大限度可用。

面向企业是 5G 切片最重要的应用场景，根据以上切片等级的分析，面向企业可能有不同的切片构建模式：第一种是每个切片完全独立，控制面功能完全不共享，并分别拥有各自用户面功能实体；第二种是控制面功能部分共享，其余的控制面功能与用户面功能则是各切片专用；第三种是各切片的控制面功能完全共享，只有用户面功能是各切片专用的。

基于这些切片共享模式，面向企业用户的切片定价可能参考更多的要素，例如切片容量、切片可靠性要求、切片时延要求、速率要求、运维要求、终端连接频次、总数据流量等，另外对于云计算及边缘计算的服务要求可能带来新的定价要素，总之面向企业的定价将从单纯的流量转向多个维度的用户价值度量计价，即多量纲的定价计费模式。

5G 时代运营商面向企业提供的服务将不仅仅是基础通信能力，可能会结合云计算、边缘计算、行业解决方案、基础平台能力、能力开放等一揽子的应用和服务能力，从卖通信服务向数字化赋能转变，协助客户低门槛高效能地进行 5G 数字化运营。5G 网络切片可能仅是一揽子产品或服务的一种能力，运营商需要针对一揽子产品服务进行融合定价和折扣的计费处理，后台也需要针对运营商自身以及合作伙伴提供的产品服务进行结算处理。

2.3.3　云服务计费

5G 网络重点面向垂直行业企业客户，定制化的网络切片满足企业客户对特定网络的需求，但是为了达到最好的效果，运营商的 IT 系统需要与网络有深层次的结合才能让企业业务充分发挥 5G 的特性，而最好的结合莫过于基于运营商的云服务去部署企业务的 IT 系统，目前各大运营商均在建设或正在提供公有云服务。客户使用运营商的云计算服务，自然涉及云计算的定价收费，那云计算服务如何定价收费呢？

简而言之，云计算计费是使用一组预定义的计费策略从资源使用数据中生成账单的过程。首先在计费管理中要根据各类服务的成本、供需关系等因素制定计费策略，计费策略还包括根据业务情况制定的折扣率。其次要收集计费收据，如使用的硬件资源、网络服务等来计算服务费用。最后以此为基础计算资费生成账单订单，而最终的支付方式则可不拘一格，既可以是正常的流通货币，也可以是抽象的等价交换概念。

计费管理的主要目的是正确地计算和收取用户使用云计算服务的费用。服务供应商和运营商需要持续跟进市场需求，以便确定资源的数量和价格，使得收入增加成本最小化。在市场中，定的价格高于市场价，那么就会销量降低；低于市场价就会销量增加。因此，在单价和销量中找到最佳平衡点，是需要市场营销进一步研究的一个课题。但这并不是计费管理的唯一目的，计费管理还要进行各种资源利用率的统计和成本效益核算。在云计算业务中，直接的资源开销就是服务器、网络、存储等资源性设备，间接的开销就是如供电系统、冷却系统和营业执照等。任何资源都有一定的生命周期，如磁盘资源的损耗，在此周期内正确地回收除资源之外的其他附属成本，如供电、冷却等支撑性系统，可反向提供除赢利之外的系统管理。

如上所述，对于以赢利为目的的云计算服务提供商和运营商来说，计费管理功能无疑是非常重要的。目前常规的云服务计费方法是针对客户的使用制定一套通用的模板，将间接开销折算进直接开销中。模板内设定的计费选项和计费方式一般需要云计算服务商和运营商多维度预设置，也可根据客户需求定制专有服务计费模板，甚至可根据实时业务的使用变化自动化地实现计费策略的对应变化，以提高云计算服务费用计算的灵活性和可扩展性。

由于计费相关的商业行为多变，可从多种粒度划分计费方式和策略。从付费方式上，可分为预付费和后付费。

- 预付费：根据资源使用情况和时间生成订单，预先支付定长时间、定量资源的价格，每到达定长时间或定量资源使用量后，可按需要生成新订单，进行新一次预付费。
- 后付费：根据资源使用情况和时间生成订单，在到达固定时间或资源固定使用量后，计费系统出账单供用户支付。

从时间维度上，可按时间计量单位进行划分：年、月、日、小时、分钟、秒。

从资源用量维度上，可根据不同资源使用的实际用量进行划分。

- 核数：CPU。
- 磁盘大小：系统盘、数据盘等。
- 带宽大小：网络资源。
- 服务个数：根据特定服务计费，如虚拟机可绑定的公网IP。

从资源特殊属性上，还可设置单独计费属性，如特殊计费操作系统等。

有了基础的计费模板和资费策略，各云计算服务商和运营商可以根据自身优势提供具有定制化特色的套餐服务，将以上的基础元素进行整合，以迎合用户使用场景复杂多变的需求。

为根据实时业务的使用变化多维度自动化地实现策略的对应变化，还可进一步丰富计费在策略上的灵活性，使用阶梯计费的资费策略。在某一范畴中，按计量单位的变化设定阈值范围，每个阈值范围内的资费策略各不相同。此范畴既可以是时间周期，也可以是资源用量。

除此之外，与线下商业购买活动类似，也可引入折扣机制，对一次性订购大量云产品的用户以支付折扣的方式减免。更进一步，计费系统可与用户系统打通，定向对用户的云产品使用产生持续性的引导，此举对云计算提供商和运营商来说可增加用户黏性，对用户来说可动态关注新产品或活动产品。比如定义不同的云计算产品的对应积分，用户购买云产品赠送的积分可换购对应价值的云产品，或者折算成折扣券等商品券，在用户再次购买云产品的批价中抵扣。

云计算的计费管理贯串了云产品的生命周期，从产品售卖前的设计，到购买交付后的使用运维，直至最终产品使用结束。同时由于它的延展相关性，除了需要与云计算中的各个功能模块有所耦合，如计算、网络、存储等，还会与系统中的通用模块进行交互，如监控、用户等。各云计算提供商和运营商一般会针对定制化服务，形成自己独特的计费体系，如客服服务等，这些也会是计费定制化的新方向。面对越来越多的上云应用和日渐丰富的定制需求，计费不可避免地会衍生出更多的分支，这是一个需要持续研究的领域。

2.3.4　能力开放计费

企业在生产或服务过程中，总是要依托各种各样的能力，或者说企业必须具备某些能力才能生产出人们需要的产品以及提供给人们需要的服务。这些能力包括产品研发设计能力、生产制造能力、物流能力、服务能力、财务运作能力、企业管理能力等，企业向市场提供的产品或服务是这些能力配合作用的结果。

随着生产 / 服务的优化提升，企业投入大量的资源和精力不断进行自身能力的建设和优化，持续的能力提升是企业保持长久竞争力的根本所在。能力的细化分工和专业化，是能力提升的基本途径，也是企业发展壮大的基本途径。在企业能力分工专业化的过程中，某些突出的能力能够提升企业的竞争力，某些薄弱的环节则会拖企业竞争力的后腿。对于薄弱的环节，往往需要投入巨大的资源去提升，而对于某些企业来说，在非核心的能力建设上投入巨大资源未必是效益 / 成本比最划算的，所以将这些非核心的能力外包给专业化的外部公司来承担是越来越普遍的一种做法。例如把设计外包给专业设计公司、生产能力外包给专业工厂、财务能力外包给财务公司等。这种高度分工协同是当今社会生产力高度发展的重要标志，也是生产效率提升的主要推动力。

社会化生产的分工细化，是企业能力细化、分解、聚合、协作的整合过程。身处其中的企业是产业链的一环节，是上下游企业和能力提供者，可以说社会大分工是粗粒度的能力开放方式，当然这个粒度粗细的定义是动态变化的。随着企业信息化的建设，企业各项能力具备进一步细化、抽象和封装对接的条件，尤其是 IT 的能力，具备低成本复制、低成本对接的特性，同时 IT 能力对企业起着越来越重要的作用，使得企业可以把自身的 IT 能力进行抽象化、标准化的封装，开放给外部企业来调用。这些能力开放一方面可以作为企业对外输出的一种无形产品，是企业能力建设的副产品，增加企业的营收。另一方面，通过 IT 能力开放，企业可以构建一种深度协同的生态环境，与合作伙伴一起打造产业同盟，从而提升整体竞争力。

企业 IT 能力开放的主要形式有重量级的能力开放和轻量级的能力开放。企业把 IT 部门独立出来，对外提供整体或部分 IT 解决方案，属于重量级的能力开放。企业封装部分有价值的 IT 能力，以标准化服务的方式对外提供，属于轻量级的能力开放。目前大多数企业基本都是采用轻量级的能力开放模式，既不改变公司主营业务、整体运作方式，又能达到能力提升、增值以及对外协作的目的。

有能力的企业通过能力开放，进一步提升了企业能力建设的价值，增加了收益。对于外部客户来说，通过调用第三方开放的能力，可以带来以下几方面的好处。

- 有利于新业务的创新：通过调用第三方能力，等同于把第三方能力集成到本企业，结合本企业的能力，从而有可能创新企业产品或服务，有可能优化本企业的生产过程，优化企业的业务营销，以及扩展企业的客户范围等。
- 降低能力建设投入：企业不用花费巨大的资源用于开发、部署相关的系统，不用投入资源进行相应系统的运行维护，从而节省企业资源投入。
- 降低运营风险：企业调用第三方能力是根据企业自身业务的开展情况按需付费，避免前期大量投入，可以较便利地退出第三方能力调用，从而降低企业运营风险。
- 专注于业务运营：企业将部分所需的自身难以建设的能力交由第三方成熟企业提供，由其提供专业、稳定、高质量的能力服务，企业不需要投入大量资源和精力用于这部分能力的建设和维护，不用担心这部分能力的运维风险，从而可以把资源和精力专注于企业业务运营层面和客户服务层面，专注于客户价值的提升。
- 建立生态协作关系：通过集成第三方提供的能力，企业可以与第三方企业结成合作伙伴，基于能力的协同分工，共同面向客户提供成体系的产品与服务，从而形成产业生态链和价值同盟。

如图 2-4 所示为中国移动能力开放产品的能力视图。

图 2-4　中国移动能力开放产品的能力视图

可以看出，中国移动的能力开放分为通用能力、智能连接、大数据、云服务、行业服务几个方面，每一种分类还有多个不同的产品。能力开放的范围是完全的，能不断扩展，具体产品也可以随着能力的建设和价值的发现而持续增加。

能力开放的商业模式多种多样，有免费的、按调用收费的、一次性收费的、按周期收费的等。对于互相促进类的能力调用，可能采用免费的方式，例如运营商开放充值能力、账户查询能力接口给互联网厂商调用，这样互联网厂商就成了运营商的一种充值或服务渠道，这种可能采用免费的方式。对于互联网厂商使用运营商的业务能力为自己业务带来价值的，一般采用按调用收费或按周期收费的模式。

- 按周期包量计费：企业对于能力开放制定按周期包量的计费策略，例如每月5000元含50 000次调用，企业客户一次性支付5000元，在当月50 000次之内的调用不再另外计费，但是超出总量后会以增量资费计价，比如超出后0.5元/次。这种计费方式是在能力客户与能力提供企业之间进行一种平衡，既在一定程度上进行了总量的优惠，又对超于常态的能力调用引起的支付非线性支出给予收益反馈。
- 根据资源量计费：企业可以根据能力调用产生的资源成本进行定价，例如根据交互数据量定价，能力交互数据量1GB按100元进行收费；或者以存储需求计费，例如针对数据存储类能力调用，1GB存储收费

100元；或者按CPU计算资源消耗收费，1颗CPU工作一个小时，收费50元。

- 按附加功能特性收费：企业提供的能力API可能会在不同的情况下调用到企业不同的内部能力，针对不同的内部能力会有不同的定价。例如用到图片识别能力，每次调用加收0.1元。针对企业能力调用提供数据安全管理、数据分析等额外功能，需要针对每次调用加收一定费用。
- 按调用次数计费：企业某一能力开放采用按次单价或按每千次单价方式定价，根据客户侧具体调用本企业能力的次数进行总量计价，这是一种最为常用的能力计费方式。例如，运营商开放身份鉴权能力给互联网厂商调用，每1000次500元，不足1000次按1000次计算。
- 按时间周期计费：企业某一能力按照用户订阅周期进行计费，例如5000元/月，这种方式适合于业务调用量比较大、按单次计费费用比较高的情况。能力客户企业每月支出固定可控可预期，有利于财务安排。

企业 IT 能力开放的一般架构如图 2-5 所示。

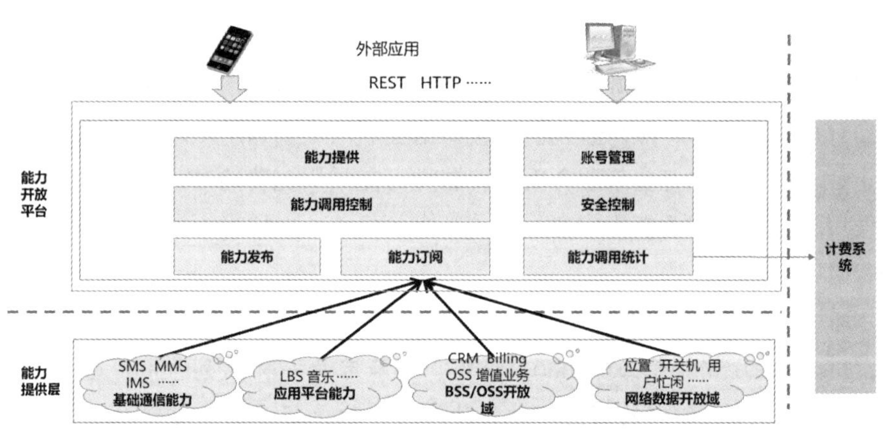

图 2-5　企业 IT 能力开放的一般架构

参见图 2-5，为了对能力开放进行统一管控，需要通过能力开放平台进行能力开放。能力提供层一般是企业的各个业务系统或支撑系统，一般以 SDK 或 API 的方式对外进行能力开放。SDK 是提供开发包给客户，SDK 一般包括对通信层的封装，对信息传输格式的解析，以及简单的客户端控制逻辑，客户应用端代码把 SDK 集成到自己的应用系统中，对能力的调用通过 SDK 与能力开放平台进行交互。API 的方式一般按照标准协议，如 HTTP 协议，提供访问接口，应用端按照标准协议实现接口调用。能力开放平台提供能力发布注册、能力订阅、能力提供和调用控制，以及安全管控等功能。

能力开放平台会有统一的能力调用统计，能力调用统计可以进行能力调用次数统计、传输数据量统计、传输带宽统计、调用频率统计、存储空间统计、算力统计，以及特定功能统计。能力调用统计是计费的基础，有了这些统计才能根据不同维度进行计费。能力调用统计将收集到的计费信息通过文件或消息的方式发给计费系统，由计费系统进行相关计费消息的分析、累计、批价，并生成本次计费的费用和当月的费用。

2.3.5　边缘计算服务计费

5G 时代物联网设备将大规模接入移动网络，很多物联网应用场景对于数据就近保存、快速分析、快速响应有着很高的要求，这就产生了边缘计算服务的需求。

边缘计算是一种分散式的运算架构，将应用程序、数据资料与服务的运算，由网络中心节点移往网络逻辑上的边缘节点来处理。采用集网络、计算、存储、应用核心能力于一体的开放平台，将原本完全由中心节点处理的大型服务加以分解，切割成更小更容易管理的部分，并分散到边缘节点去处理。

边缘计算的目标是通过业务、内容、服务的下沉和边缘节点就近处理，带来更高性能或更低成本的业务成果。相较于云计算，边缘计算有以下优势。

- 更多的节点来负载流量，使得数据传输速度更快。
- 更靠近终端设备，传输更安全，数据处理更及时。
- 更分散的节点相比云计算故障所产生的影响更小，还解决了设备散热问题。

边缘计算的使用场景包括：在线教育、互动直播、视频监控、人工智能、云游戏、AR/VR、车路协同方案等。

例如智能视频加速场景，视频内容网站向手机用户或其他大屏移动终端用户提供视频节目，移动终端分散在各地，而且是实时移动的。采用传统云端提供视频内容服务的方式时，终端需要通过接入网和传输网将请求发送到远端服务器，远端服务器将数据通过同样一个长链路返回到终端。因此可以看出，在传统的云端服务部署模式下，移动终端到数据服务之间的链路很长，这一方面对网络传输形成压力，另一方面增加了响应时间，对于某些物联网应用场景，响应时长是关键指标。

为了降低网络传输压力，缩短服务响应时延，应引入边缘计算能力。例如，在智能视频加速场景中引入边缘计算能力的整体流程如图 2-6 所示，视频内容中心将内容分发到各个边缘计算服务节点，移动终端通过无线网就近访问边缘服务，这样即可达到终端访问快速响应，降低整体传输数据量的目标。

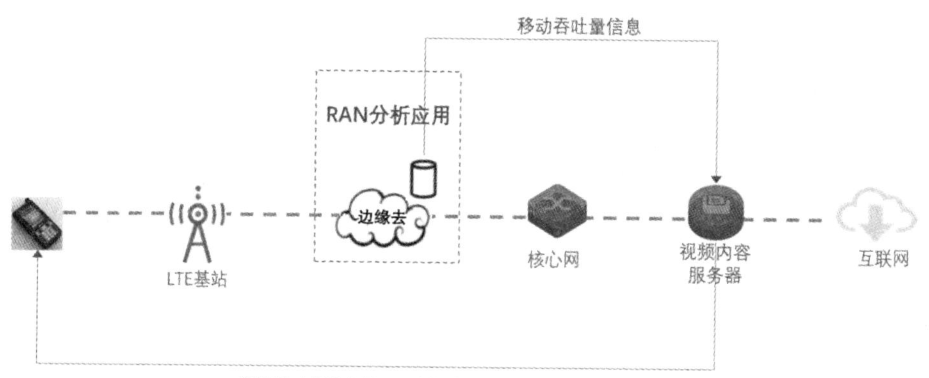

图 2-6　智能视频加速场景中的边缘计算

如图 2-7 所示为 5G 网络架构增加边缘计算服务的整体架构。

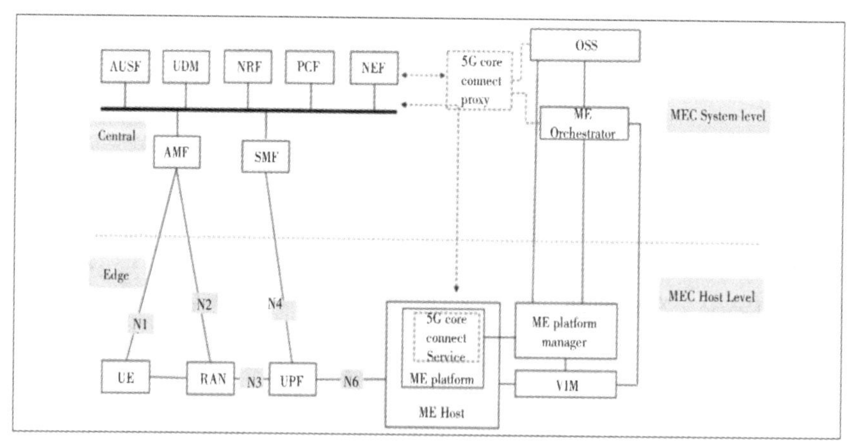

图 2-7　5G 网络架构中的边缘计算

参见图 2-7，边缘计算控制中心与 5G 核心网控制面进行交互，获取移动接入信息和位置变动，控制边缘计算服务平台和边缘计算主机节点的数据分布和服务提供。移动终端的数据访问通过 UPF 就近接入边缘服务节点。

边缘计算是 5G 网络的重要补充，为 5G 低时延响应提供了计算保障。边缘计算服务的定价和计费包括以下几类。

- 边缘计算资源：按边缘计算提供的边缘CPU核数、边缘内存、边缘存储，以按量付费或预付费的方式来计费，可支持包年、包月，也支持按月峰值或者按日峰值的方式计费。
- 边缘计算网络：可以以运营商为基础进行分类，不同运营商不同地区基础价格可能有所差异。以按量付费或预付费的方式来计费，可支持包年、包月，也支持按月峰值或者按日峰值的方式计费。如果月带宽使用量过高，也可以采用更灵活优惠的95带宽计费方式。
- 时延计费：对于时延要求特别高的特殊使用场景，如无人机、无人驾驶、远程手术等，可以采用切片的方式以低时延产品进行收费，可以将时延分为多个级别，对不同级别的时延切片进行收费，满足用户的个性化需求。
- 连接数计费：对于有高密度数据采集点的物联网，可以采取按接入点的数量来对用户优惠计费。
- 边缘调度功能：可以根据移动检测、数据同步策略、应用部署策略等调度功能进行定价和计费。
- 边缘计算节点功能：可以根据边缘计算节点数、边缘数据缓存功能等进行定价和计费。

2.4　5G 泛生态业务的计费

2.4.1　5G时代行业生态概述

5G 时代的重点不再是面向大众客户提供基础通信服务，而是 5G 与云计算、人工智能、边缘计算、物联网等基础技术，以及行业技术平台或行业应用解决方案一起赋能千行百业，促进产业数字化变革，提升产业效能，促进产业创新、产品创新，实现万物互联、随时互联、智慧互联的全新互联社会。这就需要基于运营商的网络和平台，结合各种行业平台、各层应用解决方案提供商，大家互相合作，构成 5G 生态体系，共同实现赋能赋智产业和社会。

5G 生态是由 5G 标准、5G 服务、5G 应用组成的产业生态，是现代经济社会的重要组成部分。5G 生态影响到通信产业和所有通信服务使用方，其以标准整合服务，以服务支撑应用，以应用推动颠覆，是行业跨度极广、影响极深远的产业生态。如图 2-8 所示为 5G 生态体系的基本结构。

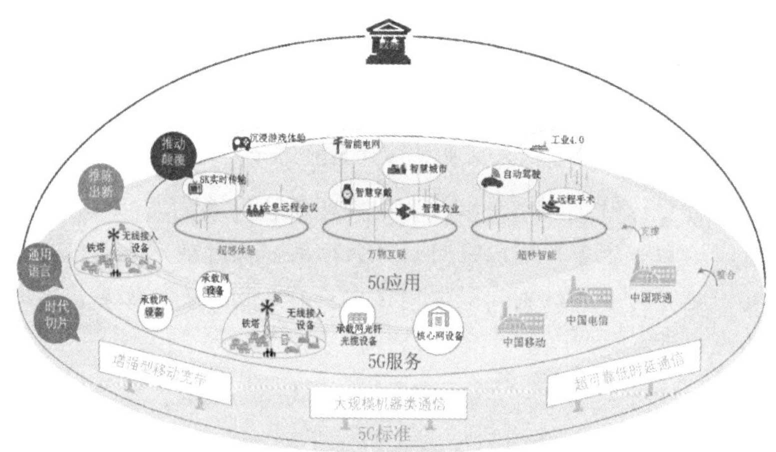

图 2-8　5G 生态全景图

拨开整体生态的云雾，5G 的本质和基石仍是一套由跨国界、跨行业专家通力协作制定的通信标准。这套标准是全球通信及相关行业的“通用语言”，也是通信技术发展的“时代切片”，其定下了通信行业的短期技术目标，即增强型移动宽带、大规模机器类通信、超可靠低时延通信。该标准也已下放至机构、企业共同研发技术、制定规范，最终引导、整合各行各业共同开发服务与应用。

建立在 5G 标准上的是 5G 服务层，由通信网络设备商和电信运营商组成，这两大类企业通力合作为全社会提供无线通信服务。通信网络设备商包括组成核心网的 5G 设备、组成承载网的光传输设备和天线、基站、光纤等无线接入设备的生产商。这些通信行业企业在标准的指引下推陈出新，共同建设满足 5G 技术目标的服务基础设施，最终提供能够支撑颠覆现有通信应用的整体通信服务。

5G 应用层是 5G 最终呈现在人类社会中的表现形式，将极大颠覆现有社会中的生产生活方式，也是标准中的三大技术目标的最终商业化形式。其终端应用可以根据电信服务资源需求分为大带宽使能的超感体验、多机器使能的万物互联、低时延使能的超秒智能。5G 时代中通信服务的整体创新升级将驱使通信行业承载 AR/VR、物联网、人工智能等尚未规模化的科技巨轮驶离仅限于消费者的、使能通信、网络容量小的 4G 港湾，驶向覆盖政企商、颠覆行业、广阔波澜的 5G 海域，在未来科技应用的无尽可能中扬帆起航。

这样大规模的生态运行离不开政府的宏观推动和调控，也离不开政府作为服务购买和应用创新的一员，促发产业链成形，提升民生福祉。

在以“大带宽、低时延、泛连接”三大 5G 核心势能作为评估维度构建的 5G 行业影响模型中，“大带宽”用以评估超高速、大规模数据传输及相关 App 的诞生是否会给行业带来重要变革，“低时延”用以评估该行业的本质是否需要超高安全性、超低时延的持续性连接，“泛连接”用以评估大规模物联网设备的应用是否会提高该行业效率及效益。在此框架下，应用 5G 行业影响指数模型针对 16 大行业进行评估，并根据 5G 对该行业的影响维度和应用潜能，将其分为“5G 引领行业突破”“5G 激发行业创新”“5G 推进行业增值”三大类，如图 2-9 所示。

		大带宽	泛连接	低时延	总分
5G引领行业突破	工业4.0/智慧工厂	5	5	4	14
	交通和汽车	3	5	5	13
	通信行业	5	4	4	13
	农业	4	4	5	13
	公共服务业	4	5	4	13
	采矿业	4	5	4	13
5G激发行业创新	医疗保健业	4	3	5	12
	能源和设施	4	5	3	12
	金融服务业	4	2	5	11
	建筑业	3	4	4	11
	批发和零售业	3	4	5	12
5G推进行业增值	媒体和娱乐业	3	4	2	9
	房地产业	5	0	3	8
	酒店管理	4	3	0	7
	教育	5	0	0	5
	专业服务	5	0	0	5

图 2-9　5G 行业影响指数模型

1.5G 引领行业突破：以工业 4.0 为例

针对第一类行业，5G 是行业演进过程极为缺失又极其重要的关键技术，5G 技术对于该行业的发展和突破是一种必须。代表行业包括工业 4.0、交通运输业、通信互联网行业、公共服务业、农业及采矿业。

以工业 4.0 为例，其行业的发展、应用和突破强烈依赖 5G 的泛连接、低时延和低能耗等特性。5G 通过强大的无线连接、边缘计算和网络切片技术，将助力无线自动化控制、工业云化机器人、预测性维护、柔性生产等行业突破，驱动工业 4.0 的真正落地，进一步推动未来工厂的诞生。

其中预测性维护作为工业 4.0 领域的关键创新点和潜在爆发点，涉及实时监控机器状态、识别异常并自动执行维修工作，可以大规模降低机器维修成本并减少停机时间，并通过数据的实时反馈调整和优化机器设置。预测性维护对于 5G 的泛连接、低能耗等特性有极高需求，5G 的高承载力将促使连接设备的数量增加 100 倍以上，从而实现对整个供应链的检测和预测性维护，协调并优化整个生产周期，同时 5G 芯片的低能耗也将极大降低预测性维护成本。

在 5G 驱动工业 4.0 的大背景下，5G 生态中各方参与者合作共赢，进行相关技术和应用研究。华为技术有限公司和德国倍福自动化股份有限公司于 2018 年 4 月合作发布了一项能够实现未来智能工厂的关键技术：基于 5G 技术的无线可编程逻辑控制器（PLC）。在汉诺威展会成功进行概念验证试验期间，两家公司展示了在两台协作 PLC 之间采用基于 5G 的无线工业网络的样机，从而取代了传统的线缆通信方式。相对于现在的有线网络系统，PLC 中直接集成蜂窝技术将能够以更经济、环保的方式实现工业自动化。

日本电信公司 NTT 与日本领先企业 NS Solutions 于 2018 年 3 月公布其新款作业机械人，操作者只要通过电信公司所提供 5G 网络进行联机，即可以远距离实时地操作机械人，目前该机械人能与操作者的上半身动作进行同步，做出相应动作，日后将会把这项技术应用在自家工厂或具有危险性的环境中。

源于德国的罗兰贝格作为工业 4.0 研究的领导者，积极参与到 5G 时代的工业 4.0 浪潮中，罗兰贝格创造智能工厂评估模型（EPA）和工业 4.0 评估标准体系帮助企业进行智能工厂成熟度评估，进入工厂现场与工厂运营团队一起研讨，为各领先制造企业制订 5G 时代的工业 4.0 实施计划，帮助企业进行智能车间、智慧厂区的数字化升级。同时罗兰贝格作为工业 4.0 的实践智囊团，帮助多个领先制造企业实现工业 4.0 转型。罗兰贝格与博世合作项目超过 100 个，帮助其设计工厂自动化战略、大数据业务模型并对未来工厂进行畅想，同时通过帮助博世建立智能预测性维护方案，系统分析全价值链多维实时数据，建立大数据算法计算设备故障模式，以评估机器状态、创建维护计划，动态地执行检查和维护，以防止故障真正发生。该预测性维护系统最终帮助博世减少了高达 75% 的意外故障和 45% 的停机时间，节省了高达 30% 的维护成本的同时还提升了产品质量。除此之外，罗兰贝格还帮助博世建设 5G 场景下的物联网系统，有效促进生产流程全过程的集成，进一步提升工业生产的灵活性、可追溯性、多功能性和生产效率。

2.5G 激发行业创新：以远程医疗为例

针对第二类行业，5G 将提供卓越的创新平台，不断激发该领域创新型应用。以医疗保健行业为例，5G 技术将通过其低时延、高带宽等优异性能，让远程医疗在将来真正普及。

5G 给远程医疗提供了更好的技术实现条件，通过提供更快的速度、更稳定的连接、更小的时延与更大的容量来改善远程医疗和远程护理。在 5G 技术下，医生可以更快地调取图像信息、开展远程会诊，甚至开展远程手术。而为了实现患者应用程序处理方式的改变，未来患者数据将需要集中存储，最终使得医院转变为数据中心，医生转型成为医疗数据专家，为整个医疗服务带来革命性的创新。

早在 2016 年 7 月，爱立信即联合伦敦国工学院演示“远程控制和干预”5G 医疗示例，使用探针作为生物手指的机器代表，使得外科医生在微创手术中拥有触感，并能提供软组织内硬结核的准确实时定位，该探针（机器人手指）能识别癌组织，并以触觉反馈形式将信息发送给外科医生。

中国移动也联合浙医二院进行远程 B 超演示，其医生端与急救车上的病人端检查设备之间的时延不超过 10ms。而在 2019 年 1 月，美国 AT&T 公司与拉什大学医疗中心共同合作创建了美国第一家 5G 医院。5G 作为一项重要技术，完全实施后将大规模激发现代医院的创新应用场景，并提供高质量的患者和员工体验。

罗兰贝格也一直行动在 5G 赋能远程医疗的最前线，曾帮助瑞士领先的电信供应商分析 5G 将对其带来的创新应用场景和机会，最终从 20 余项创新中选择出最具商业化应用前景和可行性的三大创新方案：慢性病远程医疗解决方案、老年人专属远程服务方案及建立电子健康协作平台。

与此同时，罗兰贝格还帮助西门子在德国建立远程健康示范项目，为 5G 时代寻求一种全新的医疗商业模式。据 HIS 预测，5G 将为全球医疗领域提供超过 1 万亿美元的产品和服务，而远程医疗将在 2025 年实现超过 2300 亿美元的市场规模。

3.5G 推进行业增值：以 VR/AR 为例

针对第三类行业，虽然 4G 环境下各应用场景已经开始展现，但 5G 作为一个技术平台将持续赋能行业并推进行业增值，代表性行业包括媒体娱乐业、房地产业、酒店管理业、教育业、专业服务业等。该行业所在企业应放眼未来、敢为人先，充分挖掘 5G 为该行业带来的增值点，为 5G 时代的持续引领做好准备。

以 VR/AR 为例，5G 的出现将为其带来产品体验提升、云端升级畅想和产品成本节约三大增值。4G 环境下最短的网络时延也在 40ms 左右，而 5G 带来的 1ms 及以下时延将有力支撑用户在移动环境中仍能得到很好的 VR/AR 产品体验。

同时当前 VR/AR 产品的存储和计算功能仍主要集中在本地，对 VR/AR 产品的体积和重量带来了限制，5G 环境下上下峰值速率将实现从 20Mbps 至 20Gbps 的跨越，更多高质量的 VR/AR 内容和应用将走向云端，利用云端服务器的数据存储和高速计算功能，满足用户日益增长的体验要求的同时大大降低设备价格，加速向超高体验的游戏和建模、基于云的混合现实应用等为代表的云 VR/AR 阶段演进。

纵观全球，可以看到除 VR/AR 企业外，领先的电信、互联网企业也摩拳擦掌积极参与到云 VR/AR 体系的打造中，试图在云 VR/AR 时代抢占先机，寻找自己独特产业定位。

亚马逊 Verizon 在 2018 年洛杉矶举行的 NBA 全明星赛上使用具备 5G 功能的护目镜进行 VR 直播，其闪电般的速度已经可以模拟一场实时的球场赛事。AT&T 在美国加州建立边缘计算试验区，将低时延、复杂的应用程序和高计算能力应用在 VR/AR 领域，以不断改进功能和用户体验，孵化出如云 VR/AR 及云驱动游戏等新型商业模式。

同时，中国企业也在云 VR/AR 领域积极部署。2019 年 1 月，华为在上海召开华为云 5G Cloud VR 服务发布会，分享其 Cloud VR 开发套件、华为云 Cloud VR 连接服务和 Cloud VR 开发者社区三大服务模块；而中国移动联合 VR 企业大朋 VR 在西班牙世界移动通信大会（MWC2018）上积极展示其基于 5G 边缘云架构的 PC VR 游戏大作《钢魂》。

在国内，上海移动携手华为拿出了 5G DIS 方案——这款在上海研发的产品是当前业界唯一可商用的 5G 室内产品，且已经具备批量发货能力，2019 年 2 月份上海移动和华为公司携手打造出了全球首座采用 5G 室内数字系统建设的火车站——上海虹桥火车站。在 2019 年 2 月 18 日的启动仪式上，上海移动和华为展示了 5G 室内数字系统的网络运行能力（可达 1.2Gbps 峰值速率），并通过智慧机器人问路、送餐等互动体验，展示了 5G 时代可能实现的新生活方式。

2.4.2　ToB/ToI/ToP/ToH生态计费

有人说："5G 不仅是运营商的 5G，而是千行百业的 5G。"这句话说得非常准确，5G 要面向千行百业，向用户提供的不仅仅是基础的网络连接，更重要的是上层的应用，这些才是 5G 的最终价值所在。在向最终用户提供应用价值的时候，其实已经集成了底层的网络、云计算、AI、边缘计算，以及行业平台的能力，甚至运营支撑的能力。这些能力不仅仅是运营自己的能力，更多的是合作伙伴的能力，以及基于运营商的基础能力和平台形成的融合的能力。

以远程医疗场景为例，相关能力提供方有电信运营商、平台提供商、医疗机构、医疗设备商，最终提供给患者的服务有远程会诊、远程手术、健康监测等医疗健康服务，如图 2-10 所示。

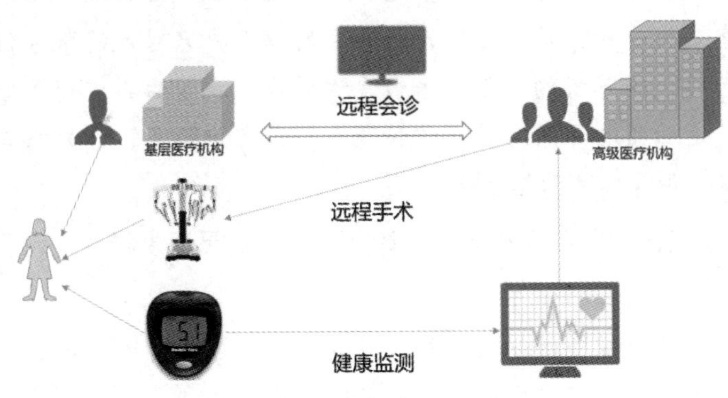

图 2-10　远程医疗服务场景

在图 2-10 所示远程医疗场景中，生态体系各方提供的能力如下。

- 电信运营商：电信运营商提供的5G切片网络，可以保障远程医疗低时延高可靠的网络要求，云计算基础设施可以用于部署远程医疗平台，业务运营支撑平台用于相关业务的运营。
- 平台提供商：远程医疗平台提供相应的医疗视频服务、远程会诊服务、病历管理、检查资料管理、医患互动服务、远程辅助诊断能力、远程手术系统。
- 医疗机构：医疗机构提供专业的医师、病历库、自动诊断等。
- 医疗设备商：医疗设备商提供相关的诊断设备、手术设备、视频设备。

生态链各方的能力结合才形成了面向患者提供的各种远程医疗服务。生态运营的商业收费模式是什么样的呢？可能有以下两种方式。

- 单一服务分别定价，客户分别付费：这种是比较传统的商业模式。以远程医疗场景为例，运营商只提供网络、云计算基础资源，运营商对网络、云计算进行单独定价。医疗机构、患者、远程医疗平台，分别向运营商支付网络费用和云计算资源费用。远程医疗平台向医疗机构、患者提供平台使用服务，并收取平台费用。医疗机构向患者收取医疗服务费用。这种商业模式的优点是分工明确，定价清晰，不需要进行各方结算，但是存在向客户收取多种费用，需要多次支付等问题。
- 整体定价分别结算模式：整体定价模式是对整体服务或最终服务进行定价和收费，不对中间服务进行定价收费。以远程医疗场景为例，由于客户接受的只是远程医疗服务，所以客户只对最终服务付费。收费方可以是医疗机构、医疗平台、运营商，收费后再进行医疗机构、平台、运营商的费用结算。这种商业模式定价简单，客户只需要一次性付费，但是各方结算复杂。

基于生态运营的业务是开放的，计费方式也是灵活多样的，以下是常见的几种计费模式。

- 按使用量计费，例如按流量、时长、远程手术时长、远程会诊时长进行计费。

- 按使用次数计费，例如按远程诊断次数计费。
- 按资源量计费，例如按消耗的CPU、内存进行计费。
- 按功能时长计费，例如健康监测按月付一定费用。
- 免费，例如购买健康监测设备，免费提供健康监测服务。

由于业务是开放的，具体商业定价方式是丰富多样的，所以计费系统需要在模型上支撑灵活的计费量纲定义、灵活的计费费率，以及灵活的优惠能力，如图 2-11 所示。

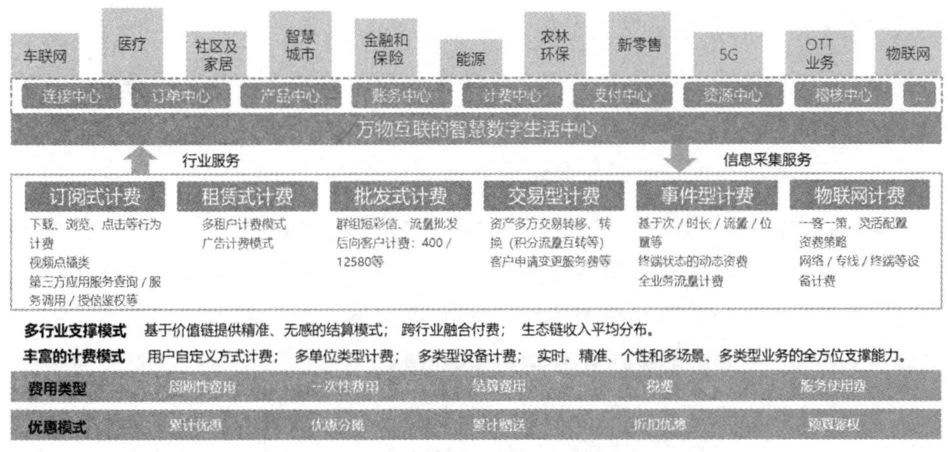

图 2-11　5G 时代运营商生态体系的业务计费

运营商有着完备的业务运营支撑系统，因此未来基于运营商生态体系的业务计费可以全部交给运营商业务支撑系统进行处理，其实不仅仅是计费，可能还包括 CRM、收费、结算等完整体系的商业运营支撑都可以交给运营商业务支撑系统完成。这样会带来以下几个方面的好处。

- 充分发挥运营商的强大基础设施价值，平台和垂直行业企业只需要专注于技术构建、运营以及业务层面的服务即可，降低生态合作伙伴成本支出。
- 运营商计费系统涵盖各种业务，多种模式，具备强大的资源池，业务能力上具备灵活的扩展能力，可以快速满足各类行业业务计费需求，灵活响应客户业务需要。
- 多层次服务进行一体化的业务提供和计费支撑，形成端到端完整的业务体验，避免用户业务被割裂，造成多个方面多次业务订阅和付费。

- 有利于业务协同，生态合作伙伴携手向客户提供全方位的产品和服务，满足客户日益丰富的数字生活需求。
- 运营商的海量客户即是生态伙伴的客户，有利于生态合作伙伴业务快速推广，形成规模效应。
- 生态体系各种能力可以互相开放共享，形成能力共享联盟，而这种能力共享基于运营商的计费系统进行能力计费和结算。

运营商业务支撑系统面向生态合作伙伴业务提供计费能力支撑，需要具备开放的计费业务接入能力、可扩展的计费量纲定义、灵活的费率表达、可编排的计费流程、多租户的计费运营能力。

- 开放的计费业务接入能力：运营商计费系统的采集接入模块原来主要是面向网元进行计费话单的采集，面向生态计费支撑时，需要能够扩展支持平台以及上层业务记录的采集和处理。
- 可扩展的计费量纲定义：运营商计费系统量纲模型需要能够灵活扩展，不仅仅是针对语音业务时长、流量业务的流量等量纲，还需要能够支持更加开放的计费量纲，如健康监测次数、远程医疗耗材、专家级别、专家时长等各种各样的计费量纲。
- 灵活的费率表达：由于生态业务各种各样，可能的费率曲线也是多种多样的，例如越用越便宜，激励用户多用，一定量固定付费，用于保证最低收入等。
- 可编排的计费流程：由于不同业务可能有不同的计费处理，包括预处理、批价、账务算费以及用户提醒逻辑，需要有定制化的业务流程编排，在流程中编排业务特定的处理组件，以便灵活适配开放的业务计费需要。
- 多租户的计费运营能力：不同业务的计费规则定义、计费流程实现及计费账务数据归属于不同的企业，需要由各个企业根据运营需要灵活配置和管理。因此，计费系统需要提供多租户的能力，行业企业可能使用运营商计费系统提供的租户进行计费规则配置、计费接入配置、计费流程编排、计费数据管理。多租户的运营模式，既实现了系统功能的开放复用，又满足了租户独立运营和数据隔离的需要。

第3章 5G计费的新模式

3.1 计费模式的演化

运营商计费系统经历了三个历史发展阶段：第一个阶段是“脱机计费”，计费数据会经过从交换机到磁带，最后再到计算机的漫长过程，计费实时性很差。第二个阶段是“联机实时计费”，实现了较强的计费实时性，极大地提高了运营商的防欺诈能力。第三个阶段是“融合计费”，在运营支撑系统的帮助下，运营商可以通过VoIP、多媒体短信（MMS）以及3G等新技术、新业务创造出新的收入。融合计费简化了运营商与客户以及运营商与合作伙伴之间结算的方式，它能够在一个平台上无缝支持各种网络流量，无论它们来自语音、数据还是IP/下一代服务。

3.1.1 离线状态的计费

离线计费是基于计费系统的一种离线计费能力，即在用户通话完成后，通过网络设备将计费话单传输给后端的计费系统，再由计费系统根据业务场景进行计费。后端的计费处理与用户使用通信业务的过程是隔离的，在收集和处理计费信息的过程中，不会影响通信网络为用户提供的服务。

早期，中国通信产业都使用离线计费的模式，通常在每个月的月初，计费系统提取上个月的所有业务的使用记录进行计费，并产生账单。离线计费通过编排采集、预处理、拣重、批价、合账完成离线计费业务处理流程。

对于离线计费，有一种错误的说法：离线计费对应的是后付费，在线计费对应的是预付费。其实离线计费不仅适用于后付费，还可用于预付费。不过，预付费对实时性要求更高，比如热计费（hotbilling）。目前，在运营商的个人用户中，主要包括后付费用户和预缴话费用户，这两类用户都属于离线计费的用户。

离线计费的逻辑架构如图 3-1 所示。

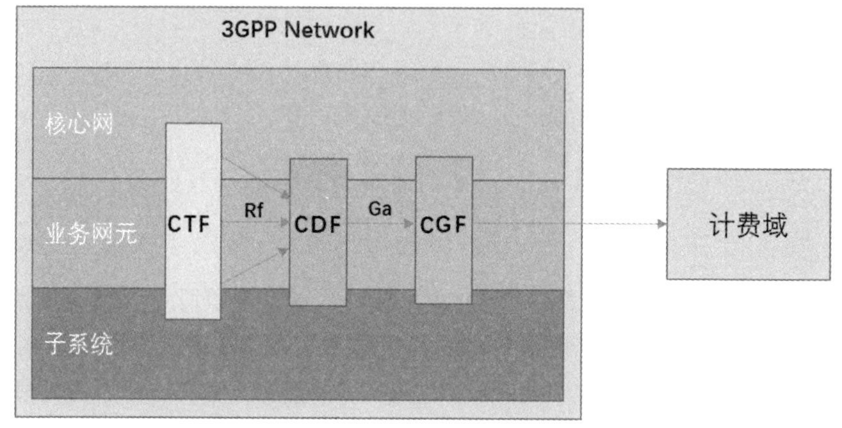

图 3-1　离线计费的逻辑架构

该计费逻辑主要包括以下三个功能实体。

- CTF（Charging Trigger Function，计费触发功能）：CTF检测网络资源的使用情况，将计费信息组装成计费事件（Charging Event），通过Rf接口将计费事件发送给CDF。CTF分布在每一个业务网元内，即每一个业务网元均应该具备提供计费信息、将计费事件发送给CDF的功能。
- CDF（Charging Data Function，计费数据功能）：CDF利用计费事件内所包含的信息来构建CDR（Call Detail Record，呼叫详细记录，即话单）。CDF可以同时接入多个CTF。CDF物理上既可以和业务网元绑定，也可以成为独立的网元实体。
- CGF（Charging Gateway Function，计费网关功能）：CDF生成CDR之后，将其传送给CGF。CGF利用Bx接口将CDR文件传送给BD计费域。CDF与CGF之间的通信协议各厂商不完全一致，为了确保设备之间的互操作性，推荐在Ga接口上使用GTP作为CGF从CDF采集计费信息的协议，也可以采用FTP（File Transfer Protocol，文件传输协议）。多个CDF可以同时向同一CGF传送CDR，业务网元也可以不通过CGF直接将CDR文件传送给BD。

由上述分析可知，离线计费过程大致如下：

（1）当前网络收集计费信息。

（2）当前网络将计费信息传送给 CDF。

（3）CDF 生成 CDR 文件。

（4）CDF 将 CDR 文件传送给运营商的 BD。

（5）离线计费系统根据 CDR 文件生成用户账单或运营商账单。

离线计费系统应用流程示例如图 3-2 所示。

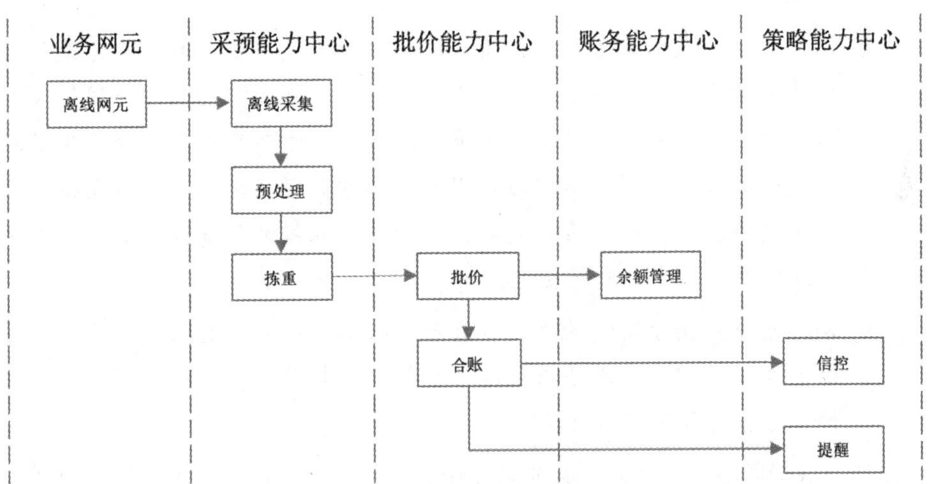

图 3-2　离线计费系统应用流程

流程说明：

（1）计费原始数据经预处理、拣重后，输出标准化计费事件，由批价根据定价配置，进行费用计算，并输出费用清单与累积量清单。

（2）应用根据批价后的费用清单，使用余额管理中的余额支取功能，进行费用扣款。

（3）费用清单进行费用扣款后，应用将费用清单与累积量清单，由合账进行账目汇总，并触发信控与提醒。

计费系统可以支持多种复杂规则的需求，如支持运营商灵活方便地增减套餐，推出各项组合优惠，实施积分奖励，等等。计费逻辑复杂，突出计费系统的“灵活性”和业务支撑能力，但同时，离线计费系统也因为技术的升级，出现了许多的局限性，如下。

- 面临着越来越多的挑战，计费业务对象日新月异，业务数量急剧膨胀，以及随之而来的技术手段的重大革新。业务的多样性使得计费需要处理的业务对象从数量上急剧扩大，同时，用户规模持续增长也是显而易见的，日处理亿级话单的系统成为基本要求。传统上，解决集中海量数据计费的技术手段基本上采取了以文件为操作对象，通过串行逻辑、行处理的方式来加大批处理能力，然而这样的做法也日益显得力不从心。因此，许许多多的矛盾不断地挤压着旧有离线计费体系的架构。
- 采用离线方式的计费模式，无论其计费时延是多少，都使用先使用后计费的方式，即计费不参与使用过程，而是在使用后基于使用记录的后处理计费方式，这就决定了准实时计费方案不可避免地会产生不同程度的欠费，特别是难以防范用户的恶意欠费，无法很好地支撑高风险、高额度业务的开展。同时，因为是非在线的计费方式，因此也无法支持账户的实时更新查询。
- 网络限制：由于网络的限制，最后一张话单问题、超长业务问题、漫游时延太长问题等无法很好地得到解决，导致欠费风险进一步提高，降低了预付费用户的业务体验。

基于这些局限性，我们有必要对在线计费解决方案进行思考，以提出适合运营商的整体计费解决方案。

3.1.2 在线状态的计费

在线计费系统（Online Charging System，OCS）是一个实时的基于业务使用和系统进行交互计费的系统。在线计费在用户通话过程中实时收集计费信息，实现实时结算，如果账户余额不足，业务也就随之停止。这是完全实时的计费方式，是计费系统今后的发展趋势。

在线计费系统通过参与通信业务的过程控制，能够解决用户实时信用控制、预付费使用数据业务和增值业务实时计费等问题。

在线计费系统是 3GPP 网络架构中最重要的组成部分之一。从 3G 时代开始，为了更好地指导 3G 网络环境下计费支撑体系的建设，3GPP 组织在 32.815 提出了在线计费系统（OCS）的参考架构，给出了具有开放性和通用性的实时计费系统框架，支持基于承载、会话和内容事件的统一计费。这一框架将设备的话务控制功能与计费功能相分离，并建立了计费体制与会话 / 服务控制的直接交互，使计费完全参与到服务的使用过程中，用户使用业务，OCS 系统同步计费。在这样的体系下，既可以利用独立计费系统的强大能力提供接近于准实时计费系统的灵活性，又可以利用参与业务使用过程的实时特性，将欠费成本降到最低。

实时计费系统在实际通话场景中的工作模式比离线计费的工作模式要复杂许多。在线计费在每次通话中都会先查询用户的余额情况，再根据余额预先锁定能够用于分配的时间分片，在该时间分片即将消耗完之前再次申请新的时间分片，通过重复申请分片的动作，确保在用户通话顺畅的同时不出现欠费的情况。这种模式下，计费系统会对最后的余额进行反算，在完全耗尽可用额度的情况下主动切断通话，确保不会产生欠费，也保证了计费系统的准确性。采用这种实时计费方式，对计费系统的性能要求较高，但大大降低了运营商被欠费的风险。

在线计费的逻辑架构如图 3-3 所示。

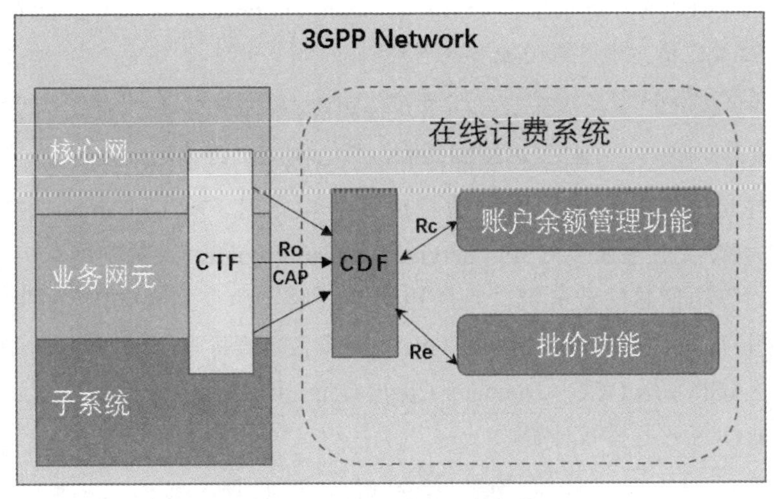

图 3-3　在线计费的逻辑架构

在线计费使多网络、全业务的融合计费和交叉捆绑优惠成为可能，支持语音、数据、增值业务的在线计费。以下网络可以实现在线计费。

- 2G（The 2nd Generation Mobile Communications，第二代移动通信）网络。
- 3G（The 3rd Generation Mobile Communications，第三代移动通信）网络。
- 固网：PSTN（Public Switched Telephone Network，公共交换电话网）和SS（Soft Switch，软交换）。
- IMS（IP Multimedia Subsystem，IP多媒体子系统）。
- WLAN（Wireless Local Area Network，无线局域网）。
- 宽带。

OCS 能分别与以下网络实体相连完成相应业务的在线计费。

- 与SACP（Service Access Control Point，业务接入控制点）连接，完成语音业务的在线计费。
- 与SMSC（Short Message Service Center，短消息中心）连接，完成点对点短消息业务的在线计费。
- 与GGSN（Gateway GPRS Support Node，GPRS网关支持节点）连接，完成数据业务的在线计费。
- 与VAC（Value-added service Authentication Center，增值业务鉴权中心）连接，完成增值业务的在线计费。

在业务创建时，在线计费（OCS）告知核心网该业务能够使用的配额（如时长、流量门限），一旦到达配额阈值，核心网立刻终止用户业务。

运营商中的在线计费用户拨打或接听电话时，MSC（Mobile Switching Center，移动交换中心）/SSP（Service Switching Point，业务交换点）首先根据用户的签约信息的业务键，判断用户是否触发信令到 SACP，如果不是离线计费用户，则根据 GT（Global Title，全局名）值将呼叫触发至用户归属的 SACP，SACP 发送 DCC（Diameter Credit Control，Diameter 信用控制）消息到用户归属 OCS 进行鉴权计费。

为了能使 MSC/SSP 将用户呼叫触发至归属 SACP，CRM（Common Resource Management，公共资源管理）在开户时会向 HLR（Home Location Register，归属位置寄存器）发送指令，设置用户的签约信息。签约信息是指用户在 HLR 中保存的 CAMEL（Customized Applications for Mobile Network Enhanced Logic，移动网络增强逻辑的客户化应用）信息，该信息包含了此用户对应的归属 SACP 地址（即 SACP 的 GT 地址）、用户签约的业务键（Prepaid Service，PPS，预付费业务）、VPN（Virtual Private Network，虚拟专用网）、CAMEL 版本等内容。在线计费系统应用流程示例如图 3-4 所示。

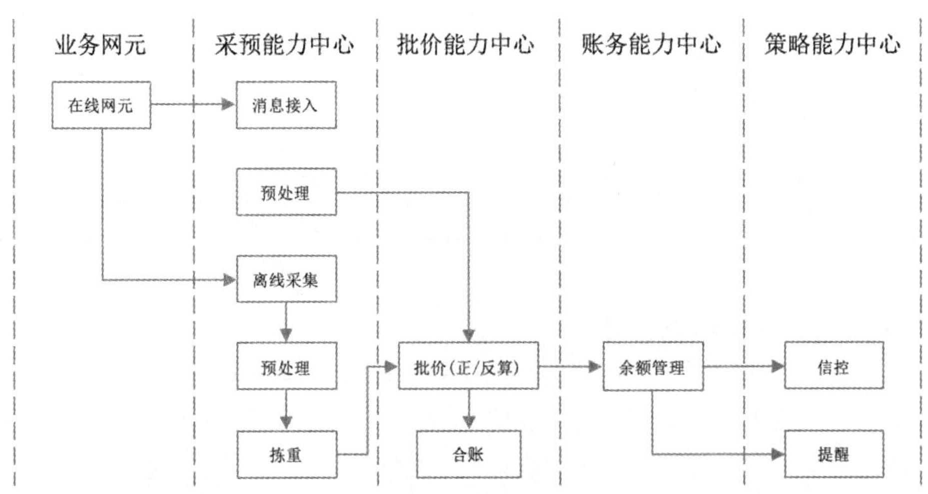

图 3-4　在线计费系统应用流程图

流程说明：

（1）在线网元通过 OCP 协议，利用采预能力中心的消息接入能力，完成在线计费的消息交互。

（2）在线计费消息经预处理后，输出标准化的计费事件，由批价根据销售品实例资料与定价，进行使用量与预留量批价，并输出费用清单与累积量清单。如果账户可用余额不足，就需要进行反算处理。

（3）应用将批价后的费用清单，使用余额管理中的余额支出、预留等功能，进行余额扣减与余额预留。

（4）在线消息、应急话单经批价输出的费用清单与累积量清单，由合账进行账目汇总，并触发信控与提醒。

到这里我们已经介绍了在线计费和离线计费两种计费方式，表 3-1 对这两类计费方式的差异进行了对比。

表 3-1　在线计费与离线计费方式比较

问题	在线计费方式	离线计费方式
后期运维代价高	√	
预付费资费灵活性差	√	
业务适应能力较弱，对市场反应速度慢	√	
无法支持混合业务	√	
无法进行预付费后付费的灵活切换	√	
无法支撑高费用业务		√
无法支撑高风险业务		√
无法支持后付费高额欠费控制	√	√
无法支持分机预付费	√	√

3.1.3　离/在线融合计费

当前在各行业互联网化的大背景下，客户对电信业务的使用体验提出了更高的要求，各类行业和人员之间的关联、配合更加紧密，计费系统已不再是传统意义上整个电信业务的附属品，随着电信业务的高速发展，它已经成为运营商运营支撑系统（OSS）实现运营收入的源头和依据。计费系统的准确性、实时性直接关系到客户服务质量和电信运营商的收入。随着电信市场竞争从“网络竞争”向着“客户竞争”演变，计费系统已成为电信运营商的核心竞争力之一。前面介绍了离线计费和在线计费，这两种计费模式各有优势，也各有自己的局限性，单纯使用一种计费模式，都存在一些无法避免的缺陷和风险。随着技术的不断演进和方案的不断革新，对计费系统的要求从最开始的功能满足、业务支撑、性能提升，逐步提升到如何能够提供更低的欠费成本、更多的市场机会以及更好的客户服务体验。因此，新一代计费系统（融合计费）的全面升级完善就成了势在必行的趋势。

随着客户对电信业务的使用体验提出更高的要求，各类行业和人员之间的关联、配合更加紧密，同时互联网先进的技术架构与传统电信行业相比也有明显的优势，这些都对电信传统的 BSS 系统提出非常大的挑战。

- 数据业务给传统的计费系统带来了重大挑战。我们现在所面临的不仅仅是单纯的语音业务，一次数据处理过程包含了多种不同类型的传输流，而不同类型的传输流却需要以不同的方式进行计费。一些新的计费手段通过从网络中采集不同类型传输流的使用信息，然后将这些更为细微的计费信息提供给计费系统，以得到最终的账单。同时，运营商现在可以详细准确地了解到用户对于服务的使用状况，在提升用户感知的流行趋势方向上，有了可以提供解决方案的思路。

- 数据业务领域预付费计费方式的日益流行也在推动计费软件的演进，过去仅仅用于防止欠费问题的在线计费方式已经成为主流。早先很多计费厂商都曾拥有分离的在线计费和离线计费平台，如今新的融合计费已经可以提供一个将二者整合的单一解决方案。

在前面介绍的离线计费和在线计费两种计费模式中，三户资料仍存在预后属性，用户业务根据资料预后属性的不同承载于两套独立的计费系统（OFCS&OCS），目前这两套系统各自分别建设，分别运营、维护，无法实现预后捆绑套餐，后付费与预付费无法共享免费资源，无法共享余额，导致业务支撑存在不足，需要在以下方面提升。

- 计费支撑统一：后付费和预付费的资费定价、账务优惠的支撑一致。
- 套餐融合共享：支持后付费和预付费的余额共享、融合混合套餐。
- 预后快速切换：支持后付费和预付费的模型统一、资料统一、免费量共享、预后快速切换。
- 预后模式运营融合：后付费和预付费的运营模式融合，用户体验提升。

基于此，新一代融合计费系统支持全业务在线接入、离线文件内部消息流式处理模式，保证预后用户实时计费、实时提醒，采用统一计费引擎、统一余额管理，实现全方位的融合。

融合计费简单来说就是把在线计费和离线计费两种方式融合起来的计费方式，结合在线计费方案与离线计费方案的优点，让在线计费服务信用度较低用户和高费用高风险的业务，让离线计费服务信用度较高用户，并基于 SID 提供统一信息视图的整体计费解决方案。这一方案兼顾了机会成本、欠费成本、系统成熟度、系统性价比等关键因素，因此是更为优化的计费整体解决方案。新一代的融合计费系统架构，通过采预能力中心统一接入计费原始数据，再通过批价能力中心的批价能力、策略能力中心的信控能力，最终实现计费能力一致、套餐融合共享、预后无缝切换的目标。如图 3-5 所示为新一代融合计费架构。

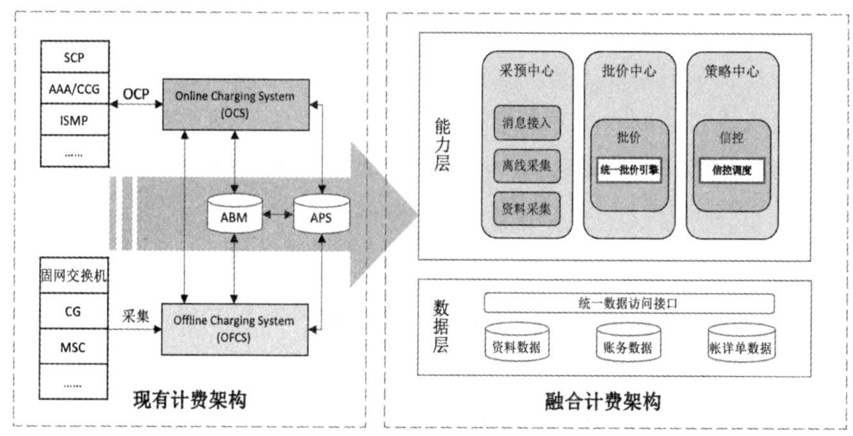

图 3-5　融合计费架构

- 统一数据接入：通过采预能力中心的消息接入能力与在线网元交互，通过采预能力中心的离线采集获取离线网元原始话单。
- 统一批价引擎：批价引擎是融合计费系统的核心，统一的批价能力是实现融合计费的基础。统一批价引擎的批价能力涵盖了预付费用户、后付费用户的所有计费场景，具备对所有用户的各种计费策略的处理能力。
- 信控调度：智能调度主要功能是根据用户订购信息智能识别用户预后身份，并能根据业务类型的欠费风险程度和用户余额等因素实时判断并动态切换所有在线计费模式或离线模式，从而有效控制欠费、降低成本。

为了充分利用全业务资源，保有已有用户群，提高用户黏性，提升用户发展质量，以达到统一品牌、统一资费结构、统一业务管理、统一服务标准的要求，在全业务运营时代，对不同通信方式（有线通信、无线通信）、不同通信内容（语音、数据、视频）、不同用户付费模式（预付费、后付费）进行统一计费。

首先是计费批价和业务控制逻辑的分离，通过对当前及未来通信环境中计费能力和计费要素的高度抽象与整合，构建一个独立于网络和业务使能部件的融合计费系统，业务系统仅保留各自的业务能力部分，共用能力（如计费信息的采集、管理）整合为独立的公共部件。其次，将原来分布在各系统中的相关用户订购信息也分离出来集中管理，并且通过规范化的协议与业务控制层交互，实现在线计费控制能力。业务逻辑控制与批价计费相分离，使得计费系统屏蔽了网络侧的不同差异，将各种纷繁复杂的计费信息都转化为标准的计费元素。独立出来的融合计费能力可以实现高度的灵活性和适应性，并且在新业务部署上也极为高效，可以说融合计费是电信行业未来发展不可阻挡的必然趋势。

融合计费给运营商和用户都带来很多好处。首先通过业务捆绑，运营商可以为客户提供更多的资费和优惠选项。现在有很多的预付费用户，他们可能希望能享受到后付费用户所不能得到的更多好处，通过融合计费就可以满足这种需求。这种融合性的账户结构还可以吸引家庭、公司用户来使用运营商的业务。通过融合计费可以灵活地进行业务风险控制，决定哪些新业务用后付费、哪些业务用预付费。其次，融合计费给用户带来了更多的灵活性，可以通过预付费方式对某些家庭成员进行话费控制，还能够通过多种终端自己进行服务类型选择。

表 3-2 对比了三种计费整体解决方案对现网计费问题的解决能力。

表 3-2　三种计费解决方案能力对比

问题	在线计费系统	离线计费系统	融合计费系统
没有统一的客户视图		√	√
无法进行预付费后付费的切换		√	√
预付费资费灵活性差		√	√
业务适应能力较弱，对市场反应速度慢		√	√
无法支撑数据业务		√	√
无法支持混合业务		√	√
初始成本大		√	√
维护代价高		√	√
漫游业务风险无法控制	√		√
无法支撑高费用业务	√		√
无法支撑高风险业务	√		√
无法支持后付费高额欠费控制			√
分机预付费			√

3.2 5G 时代的新商业模式

一直以来，电信行业的商业模式是比较简单的。在 4G 及以前主要是人与人之间的通信，人与数据之间的通信。通信基本业务是语音、短 / 彩信和数据，因此基本的业务模式就是按照语音时长、短 / 彩信数量和数据流量收费。运营商只要不断发展新的用户（连接），增加用户的使用量就可以获得持续的收入。5G 时代，由于技术能力的变化和需求的多样化，5G 技术自身具备高容量、高速率、低时延的特点，使得 5G 的应用场景多种多样，从而带来多样化的商业模式。通信从人与人之间通信，人与数据之间的通信开始转向人与物之间的通信，最后演进为机器与机器之间的场景通信。5G 时代的新商业模式从单一的以数据连接为主的流量经营，走向速率、时延、切片等多量纲化的流量价值经营（ToC）；从单一的家庭数据连接，走向智能家庭的 AI 连接（ToH）；从单一的流量管道走向 AI 平台和网络定制化服务（ToB）。具体来说，就是以连接为核心，构建起价值服务平台，如超大流量高清视频、物联网、工业自动化、无人驾驶等多种商业模式。

3.2.1 场景化的服务

5G 并不仅仅是 4G 的简单升级，它的真正价值在于针对不同的场景，提供相应的联合多维度（用户、环境、活动等）信息通信业务服务。比如针对汽车、运输与物流、健康与保健、智能城市与公用事业、农业、媒体与娱乐、工业物联网等场景。

ITU-R（ITU-Radiocommunication Sector，国际电信联盟无线电通信部门）在其 ITU-R M.2083 建议书中为 2020 年及以后的 IMT 定义了以下三大场景。

- 增强型移动宽带（eMBB）：eMBB主要是针对以人为主的视频之类的服务，对吞吐量的需求非常高，能够提供比较好的用户体验、比较快的速率以及比较大的带宽。在热点区域，能够处理大幅提升的数据速率、极高的用户密度和流量容量。对于广域覆盖场景，能够保证无缝覆盖及中速到高速移动场景下用户数据速率的进一步改善。
- 物联网的大规模机器类型通信（mMTC）：支持大量终端的连接，万物互联，设备往往比较简单，低速、省电（低功耗），支持远距离传输（大范围覆盖），如智能抄表、智慧农田。

- 超可靠和低延迟通信（uRLLC）：支持紧急的、极致的机器类通信，要求时延很小，能够做出快速的反应，满足对安全性和可靠性要求极高的关键型应用需求。

根据 ITU-R M.2083、IMT-Advanced[2]（第四代）与 IMT-2020[3]（第五代）的关键功能比较，5G 期望的峰值速率是单个用户或者单个设备在理想的条件（特定的条件和场景）下达到 20Gbps 的传输速率，用户体验速率要能达到 100Mbps，在热点覆盖区域甚至更高（比如室内 1Gbps）。

总体上，5G 期望 1ms 的空口时延（单用户，小数据包），针对不同场景要求会有一定差异，如对于用户面，eMBB 场景下要求 4ms，而对时延要求高的 uRLLC 场景则为 1ms；对于控制面，则各场景都为 10ms。

在移动场景下（包括不同的接入技术下），5G 要保证无缝的切换和数据传输，IMT-2020 期望移动速度能支持 500km/h 并保证足够好的 QoS。

在连接密度上，5G 相比 4G 有了 10 倍的提升，单个小区内每千米支持 100 万个连接数，真正实现了万物互联。

5G 需要满足所有上面这些需求，但是针对各个场景来说，它们在需求上是有差异的。比如对于 mMTC 场景来说，物联网设备需要大的连接密度，但是对速率和时延方面的要求并不高，而对于极致通信来说，最为关注的是它的时延和移动性。5G 需要根据各个应用的特定需求进行相应的资源分配和调度处理，这就需要 5G 针对不同的场景提供个性化服务。

对于一个特定的场景来说，研发 5G 应用需要考虑多个方面的因素，包括用户、环境和资源、业务和应用。比如用户的活动性质和内容，对应用的质量要求；应用场景的地理环境、网络状态、能源消耗、环境参数等；场景中涉及的终端等级、常用网络应用和数据业务的种类等。此外，5G“面向场景”不仅是指要基于场景去设计、实现和应用 5G，5G 本身也要具有感知、适应场景的能力。

面向场景连接的 5G 网络需要具备三个基本特征：一是场景的感知、决策和执行能力。二是支持多元异构环境、融合应用，从而充分满足不同场景的个性化需求。三是将通信、计算、存储融为一体，突破传统网络的性能极限。

为了适应多种不同的应用场景，5G 产业链发展出了一系列软件化、智能化技术，比如 NFV/SDN、智慧终端、端到端网络切片、先进的多天线技术、灵活的空口设计、场景感知、资源的智能管理、高精度定位、边缘计算、基于场景的安全技术、“SiIP（硬件 IP）+SoIP（软件 IP）”等。

关于 NFV/SDN、智慧终端、端到端网络切片、多天线技术的讨论非常多，相关的技术方案也已经实用化。关于高精度定位，基于 5G 网络的技术将会不断演进以实现厘米级的定位能力，为智慧物流、智慧农业、智慧交通等场景提供保障。在边缘计算 MEC 方面，5G 标准中已经制订了用户面功能下沉方案，提供了统一灵活的网络架构。

3.2.2 5G价值计费

5G 技术具备高容量、高速率、低时延的特点，技术能力的多样性带来了多样化的商业模式。但是，5G 有一个缺点，就是对基站的数量要求呈爆炸式增长。频率越高，波长越短，绕射能力就越差，所以 5G 的基站覆盖面积就越小。以北京为例，按国家规划要求，2019 年年底要建设的 5G 基站超过 1 万个，这样才能在 2021 年实现重点功能区的 5G 网络覆盖。

在 5G 大规模投资的过程中，产业链各方要在研究 5G 技术的同时开展 5G 商业模式的研究，如果只是简单使用流量计费的方法，产业界想在 5G 网络上实现良好的投资回报会很困难。运营商需要在 5G 万物互联的生态系统中提高对 5G 商业模式的重视，如果还是按照以往的方法简单按时长和流量来设计套餐，将无法体现出 5G 高质量网络和业务的价值。因此，传统的定价量纲必须改变，需要把速率、时延、业务等因素统筹考虑在内，从单一的流量经营转向多维的价值经营模式，具体来说包括以下几个方面。

- 连接价值：连接是一切商业模式的基础。在5G时代，面向个人的连接会持续增长，一方面人口红利会持续释放，会有越来越多的人接入网络；另一方面，面向个人的IoT连接也在增加，如可穿戴设备、VR、智能车载设备、个人办公设备等都会随技术的进步逐步普及，这就是连接红利的持续释放。这类连接的收费模式，可以按时长计费，可以按使用次数计费，或者包月，与现有的计费模式相近。
- 流量价值：随着高质量业务的增加，如高清视频、VR、直播等业务进一步丰富，将消耗更多的流量。和当前4G补充流量包类似，运营商可针对定向业务设计出单独的流量资费包，体现出大流量业务的价值。
- 速率价值：在4G时代的业务设计中，已经有运营商设计不同速率的套餐。芬兰ELISA在其4G不限量的套餐中就设计了300Mbps和400Mbps的差别套餐。美国的 T-Moblie则根据视频的质量（如DVD480P、HD720P）来设计不同的收费模式，这种模式也叫作体验经营，该模式在5G时代会变得更加普遍，因为不同的业务对带宽的要求千差万别。对于那些对带宽要求高的业务，如 VR（xGbps）或者2KB/4KB/8KB高清视频，消费者将获得更高质量的业务体验，运营商完全可以收取更高的费用，以此来体现不同网络质量的价值。

- 时延价值：在4G时代，时延的价值已经初步体现，5G时代会更加明显，游戏和支付领域已经率先落地。由于游戏对时延的要求很高，更低的时延网络就有更高的价值，运营商可以据此实现价值变现。当前已经有一些成熟的案例，如中国联通+腾讯《王者荣耀》，单用户15元/月的游戏加速包已经给运营商带来了可观的现金流。其基本业务模式是消费者支付费用给游戏公司，游戏公司支付分成给运营商，运营商再完成网络的优化。未来随着CloudVR等业务的普及，这种模式会得到进一步的推广，未来运营商可以选择对特定区域网络完成网络优化，以给用户提供更低的时延体验，当然也可以选择和游戏公司合作。
- 切片价值：随着个人需求的多元化，切片在ToC场景中也将得到应用。比如临时性的音乐会、VR直播等，完全可以通过切片网络提供，消费者可以购买一个时间段、一个区域的流量包，或一个特定业务的流量包，这就是网络切片。当然，切片更大的价值还是在行业。

5G 时代，不限流量将是基本的套餐配置，流量会进一步爆发，面向个人的商业价值体系将被重塑，单一依靠管道经营的运营商的业绩会越发惨淡。展望未来，运营商需要继续加强流量的价值经营，寻找可持续的商业模式，实现商业正循环。

3.3 5G 计费的定价模式

计费的模式取决于运营商采取的商业模式。根据 5G 业务的技术特点，选择多种商业模式，进而演化出更加追求价值的计费模式，这是电信运营商在 5G 时代最重要的课题之一。

3.3.1 “一刻一策”的定价模式

5G 早期将延续 4G 时代流量运营的商业模式，即基于使用量的定价。我们从三大运营商在 2019 年 10 月 31 日正式上线的 5G 商用套餐来看，也符合这个商业模式。如图 3-6、图 3-7、图 3-8 分别展示了中国联通、中国电信、中国移动的 5G 套餐资费。

资费详情

月费（元）	流量（GB）	语音（分钟）	网络服务	套外包含	其他业务及应用	副卡
129	30	500	5G优享服务	国内流量3元/GB 国内语音每分钟0.15元 短信彩信0.1元/条	国内接听免费 包含来电显示 包含联通5G会员	副卡同主卡速率 可办2张副卡，10元/张/月

网络服务说明
畅爽冰激凌5G套餐129元产品提供5G优享服务

图 3-6　中国联通 5G 套餐资费

5G畅享套餐资费说明

（一）套餐方案（各省、市、自治区可售卖产品档位以实际销售情况为准）

档位	流量	语音	套外流量	副卡
129元	30GB	500分钟	3元/GB	最多2张
169元	40GB	800分钟		
199元	60GB	1000分钟		
239元	80GB	1000分钟		
299元	100GB	1500分钟		
399元	150GB	2000分钟		
599元	300GB	3000分钟		

图 3-7　中国电信 5G 套餐资费

月费（元/月）	套内包含							套餐外	
	流量（GB）	语音(分钟)	品牌权益	服务权益	业务权益	会员权益		流量	语音
						套内权益	5G PLUS会员优惠购权益		
128	30	200+300（6个月）	全球通银卡	热线优先接入服务	5G畅玩包、视频彩铃	6选1	6折	超出后5元1G，满15元后按照3元1G进行计费	0.15元/分钟
198	60	500+500（6个月）					5折		
298	100	800+700（6个月）	全球通金卡	热线优先接入服务、延期停机服务		6选2	2折		
398	150	1200+800（6个月）	全球通白金卡				免费		
598	300	3000	全球通钻卡				免费		

图 3-8　中国移动 5G 套餐资费

有以下两个事实即将发生。

- 电信运营商寻求快速增加5G连接数，这需要更便宜的5G手机、更好的网络覆盖，以及大规模的终端补贴以降低入网门槛。类似的情况在3G和4G时代已经重复出现过。
- 电信运营商会加快争夺视频内容资源，如短视频、娱乐视频、体育视频、行业视频等。

如果电信运营商能够保持冷静和耐心，先不着急“做多”5G 市场，控制好节奏，或许可以避免网络建设竞赛和终端补贴大战。但是这需要运营商有差异化的战略定位和对市场地位变化的容忍，以及把发展的重点从新用户增长转移到存量用户价值挖掘上来。

但是这并不令人乐观，运营商彼此竞争的思维惯性如此之大，很多事情知易行难。运营商已经习惯了管道定价思维，用户和管理部门也形成了定势认知，新的流量定价理论出现不了，全球运营商的困境就无法解除。

所以针对流量定价，我们提出了“一刻一策”的补充模式。“刻”，可以认为是时间角度，也可以认为是可用性。“一刻一策”可以理解为用户在某个时间段内或者用户在干某事时，5G 计费系统给予不同的定价。

5G 的流量如果从时间角度分，可以分为实时流量和非实时流量。比如在体育赛事直播中其流量具有实时性。在实时流量中，流量应该参照内容时间的价值定价，而不应该按照使用量来定价。再进一步考虑到无线替代有线所带来的便利，流量的价格还应该比有线方案的价格高一点才比较合理。

为什么这种计费模式只有到了 5G 才可以考虑呢？因为只有 5G 所具有的

大带宽、高可靠性，才能满足体育赛事实时流量传输的需求，其他类似的场景还包括视频监控、交通监控、仓储监控等行业视频领域。

5G 流量如果从可用性角度分，可以分为可靠流量和非可靠流量。比如在工业控制自动化领域，如果将 5G 流量嵌入生产工艺流程中，那么对流量的可靠性要求将占据第一位。这需要电信运营商在网络、设备、系统上提供高可用性的流量服务，在此场景下流量的价值应该按照现有数据传输采集系统的建设和运维价值进行评估和定价。

有没有一种既海量又对可用性要求高的场景呢？毫无疑问，自动驾驶场景将是不二之选。车辆在行驶过程中，车与车之间、车与路之间都需要可靠性流量支持信号的控制，也需要大数据量进行信息交换。在这种场景下，流量的价值应该按照所提供的安全可靠等级能力来评估。

如果运营商坚持按照使用量来计算流量价值，那么不论对 5G 的研发还是运营发展都是双输的局面。管道作为工具，其价值在于解决问题的能力，目前看来，选择“一刻一策”的定价模式作为流量定价模式的补充，可以暂时缓解运营商在 5G 初期摸索商业模式时的运营压力，对于转变管道定价思维实现了“软着陆”。

3.3.2 “一客一策”的定价模式

随着 5G 技术的发展，基于流量的商业模式必定会被新的商业模式所替代，“一客一策”的定价模式就是对新商业模式的前瞻性探讨。

“一客一策”中的“客”不再简单地指客户、顾客，在 5G 时代，“客”可以是每一个垂直行业，甚至是每一台设备。在华为发布的《5G 网络切片白皮书》中，网络切片被定义为：网络切片是一系列技术的集合，这些技术能够产生特定 / 专有的逻辑网络作为服务，以支撑网络切片差异化并满足垂直行业的多样化需求。通过对功能、隔离机制、网络运行和维护服务进行灵活的定制设计，网络切片能够基于相同的基础设施提供逻辑专有网络。

要想理解切片，首先要清楚两个重点，一是特定专用，二是同一基础设施。前者是对垂直行业说的，甲行业的特定专用网络和乙行业的特定专用网络之间的不同多于相同，甚至完全不同；后者是对电信运营商说的，一个通用网络、一次性投资，就可以满足垂直行业的差异化和多样性需求。

网络切片是移动通信行业对垂直行业的“上帝视角”。Gartner 的研究报告指出，5G 的最大收入潜力将是网络切片开发。在切片商业模式中，电信运营商的关键业务是向各个垂直行业销售各种逻辑网络，即行业切片。按照业内的观点，5G 切片应该具备可定制、可交付、可测量、可计费四大特性，GSMA 在 2017 年的一份报告中指出：构成通信服务的所有组件（如通信带宽、专用处理能力、数据采集、安全模型等）都可以由 5G 网络切片的管理系统进行更改和配置。这是一个非常诱人的场景：面对复杂多样的行业客户，切片为电信运营商提供了一把万能钥匙，可以为客户定制各种特定的“专属”网络，让网络成为服务（NaaS）。

当前，有三种切片提供的方式被业内人士广为讨论，分别介绍如下。

- 运营商托管应用：即由运营商整合行业知识、工具、资源，基于网络切片，建立面向垂直行业的应用，卖切片的同时卖应用，是一种一揽子解决方案的模式。由于切片赋予了电信运营商更灵活的匹配细分垂直行业的专用网络构建能力，运营商可以为很多细分行业，尤其是中小企业，创造很多的基于切片的应用。
- 能力开放：这是一种电信运营商提供API的方式，把切片的创建和运营权交给行业伙伴、开发者或者客户，这些第三方伙伴基于切片整合行业知识、工具、资源，形成基于切片的应用。
- 与客户现有系统集成：这主要是满足大型客户的需要，此类客户拥有成熟、复杂、规模庞大的系统，尤其是自身业务流程复杂，这需要电信运营商提供与这些系统对接的API，以完成切片与客户系统的融合。

3.3.3　多量纲融合计费模式

在 5G 时代，颠覆性应用场景和诱人的价值场景都离不开优质网络的建设，在城市建设基本成熟的今天，网络建设难度日益加大，尤其在高铁沿线等场合，为保证 5G 业务的连续性，运营商需要不断增建设备，包括天线与光缆等。但原有 3G 和 4G 时代的传统计费模式无法向 5G 演进，无法满足 5G 业务的计费需求。

5G 初期以 eMBB 场景为主，“杀手级”应用还未出现，业务需求呈现碎片化，需要多样化满足用户需求，无法像 3G、4G 时代那样推进整体经营策略，业务运营管理难度及成本提升。随着速率的提升，单应用与单用户的流量持续提升，但流量单价将持续走低，运营商通过流量增量实现收入增长的难度不断加大。因此，运营 5G 这样一个复杂度高、前期投入大、技术支持多种组合的新网络，如何综合市场需求与网络能力、实现收入的提升，是目前全球运营商十分关注的问题。

20 世纪 90 年代，中国运营商引入套餐模式，由“定额费用 + 增量费用”组成计费方案。随着移动通信技术的演进，通信产品形态越来越丰富，计费形式也随之多元化。在 4G 时代，主流运营商主要采用基于分钟、短信、数据包对最终用户进行收费。在 5G 时代，移动网络服务的对象不再仅限于手机，而是包括手机、平板、固定传感器、车辆等在内的各种类型的设备，应用场景也开始多样化，如移动宽带、大规模互联网、任务关键型互联网等，同时需要满足的关键指标逐步多样化，如移动性、安全性、时延性、可靠性等。5G 网络切片提供的差异化分级服务，天然地对计费模式提出了新的多层次的需求。因此，从 5G 时代起，套餐的价值计量单位将从单一量纲向多量纲转变。从 5G 网络能力和业务场景来划分，未来 5G 新量纲计费主要有六种要素：流量、速率、时延、特定场景服务、垂直行业应用、特殊设备类型，计费结算对象也将从传统的以人和物为中心，向着以场景为中心转变，从而通过场景计费助力 5G 价值变现。

1. 多量纲的七类服务体系定义

量纲（dimension）是服务资源固有可度量的资源属性。运营商的服务资源包括网络资源、IT 服务资源和生态应用资源。网络资源包含传统类量纲、速率 &QoS 类量纲和切片类量纲；IT 服务资源包含移动云类量纲、能力开放类量纲和边缘计算类量纲等；生态应用资源包含行业生态类量纲。因此，依据运营商现有业务的场景，可分为七大类的量纲服务定义，如图 3-9 所示。

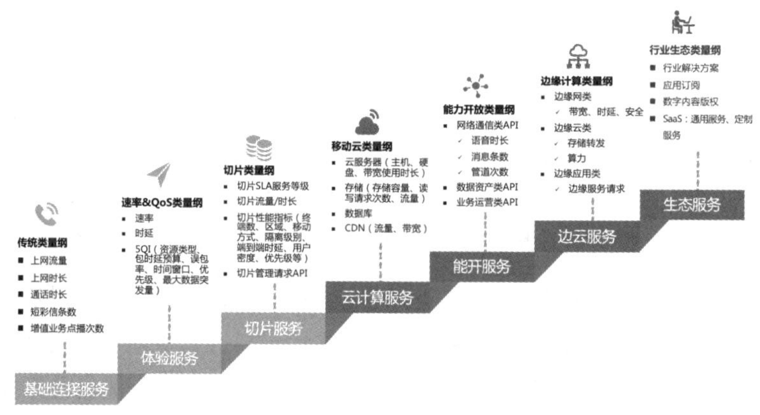

图 3-9　七类量纲服务定义

2. 多量纲的三层能力定义

根据量纲的体系定义，对量纲的管理进行分层，其中底层是量纲库，面向 ToC、ToB 的计费场景，提供计量类和定价类的量纲；最上层是面向受理和营销活动的产品定义，可以灵活组合，提供产品货架，根据量纲的场景应用形成不同的产品类型，提供给个人、政企、家庭等用户选择；中间层是针对客户使用运营商的 5G 服务如何收费的场景，描述了实现对应场景的计费所需要的各个功能，体现了量纲体系下每个量纲的具体实现，如图 3-10 所示。

图 3-10　多量纲计费能力汇总

3. 多量纲的六个定价维度

对于每个维度构建不同价格的因子，通过价格因子定义和组合，实现丰富的资费定义，实现一客一策和一刻一策，如图 3-11 所示。

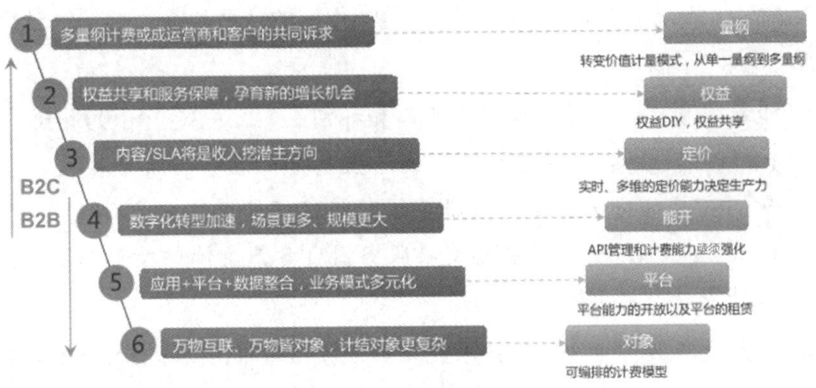

图 3-11　多量纲定价维度

第4章 5G计费系统的架构

4.1 计费系统的技术背景

4.1.1 标准组织的定义

1998年12月，多个电信标准组织共同签署了《第三代合作伙伴计划》协议（以下简称3GPP），目标是实现由2G网络到3G网络的平滑过渡，保证未来技术的后向兼容性。3GPP最初的工作范围是为第三代移动通信系统制定全球适用的技术规范和技术报告，随后工作范围得到了扩大，增加了对长期演进系统的研究和标准制定。3GPP制定的标准规范以Release（以下简称R）作为版本进行管理，平均1～2年就会完成一个版本的制定，从建立之初的R99，之后到R4，目前已经发展到R16。

3GPP制定的规范涉及核心网与终端、无线接入、业务与系统等三个方向，其中业务与系统涉及计费域的演进路线。

3GPP R4规范于2001年3月冻结，R4规范的计费体系主要针对计费实时性与融合性的需求。

- 电路交换域：主要实现话音业务和补充业务。与3GPP R99相比，3GPP R4核心网在电路域引入了承载与控制分离的移动软交换技术，电路域MSC实体分为移动交换服务器（MSC Server）和媒体网关（Media Gateway，MGW），移动交换服务器负责产生计费原始记录，并发送给计费中心做后续处理。
- 分组交换域：主要实现IP承载业务。分组域SGSN/GGSN产生计费原始记录后，经计费网关功能发送给计费中心做后续处理。

- 服务域：主要完成各类数据增值业务，如WAP业务、互联网短信业务（MMS）、位置应用业务（LCS）等。服务域各业务网关/业务平台负责产生计费原始记录，并发送给计费系统做后续处理，如MMS的CDR由MMSRelay/Server直接传送到计费中心。

2002 年启动的 R5 规范提出了全 IP 的网络架构，为 GPRS/3G 网络设计了基于 IP 传输的 IMS 多媒体解决方案，其方案内容包括安全功能、计费功能、漫游功能和服务质量 QoS 等。

1. 计费机制

2004 年的 R6 规范更改了计费架构，定义了一个功能强大的计费体系，该体系主要采用两种计费机制：离线计费与在线计费。从结构层次上来看，该计费体系采用了分层计费的结构，分别定义了应用 / 业务层计费、IMS 层计费和承载层计费。为了支持更灵活的 IP 业务模式，R6 规范定义了基于流的计费来支持在承载层上对不同业务数据流的分开计费，从而提高系统的计费能力与计费灵活性。下面分别介绍离线计费与在线计费。

1）离线计费

离线计费是一种计费信息不会实时影响业务 / 应用的计费机制，可以应用在承载层、IMS 层及应用层。离线计费模式主要包括三个功能实体。

- 计费触发功能（CTF）：计费触发功能通过检测网络资源的使用情况，产生相应的计费事件，通过Rf接口将计费事件发送给计费数据功能。CTF分布在每一个网元内，即每一个网元均具备计费触发功能。
- 计费数据功能（CDF）：计费数据功能通过Rf接口从CTF接收计费事件，利用计费事件内所包含的信息来构建计费数据记录。
- 计费网关功能（CGF）：计费网关功能是与运营商计费域之间的网关。计费数据功能生成计费数据记录之后就立即通过Ga接口将其传送给计费网关，计费网关利用Bx接口将计费数据记录文件传送给运营商计费域做后续处理。

由上述分析可知，一个离线计费过程包括：为当前网络资源的使用收集计费信息，接着将该计费信息传送给计费数据功能，由它生成计费数据记录文件并传送给运营商的计费域，计费域根据计费数据记录文件经过分析与计算生成用户的账单。

2）在线计费

在线计费是一种计费信息会实时影响服务 / 应用传送的计费机制，该机制需要和网络资源的使用控制直接交互，主要包括下述功能实体。

- 计费触发功能（CTF）：从功能上来说，在线计费的计费触发功能与离线计费是一样的，均是用来产生计费事件，在线计费使用的计费度量标准与离线计费也是相同的，但在线计费系统具有以下有别于离线计费系统的特性。
  - ✓ 为生成在线计费事件而收集的计费信息不需要与离线计费相一致。
  - ✓ 向 OCF 在线计费功能传送计费事件，请求 OCF 为用户所申请的网络资源进行授权。
  - ✓ 计费触发功能必须在获得 OCS 在线计费系统准许之前，延迟资源使用。
  - ✓ 在网络资源使用期间，计费触发功能须对所允许使用的资源配额进行监控。
  - ✓ 在未获得 OCS 在线计费系统准许或准许过期的情况下，计费触发功能能够中止用户使用网络资源。
- 在线计费功能（OCF）：在线计费功能由两个模块组成，基于会话的计费功能和基于事件的计费功能。基于会话的计费功能处理来自使用网络的会话资源请求并控制网络的会话，包括准许/拒绝会话、发起/终止/退出会话等。基于事件的计费功能处理来自网络的服务使用请求，并根据批价功能实体计算出的该服务的使用费判断准许或拒绝网络服务使用。
- 批价功能（RF）：批价功能是决定网络资源使用的费用。在线计费功能根据接收到的计费事件向批价功能实体提供必要的信息，批价功能计算之后通过Re接口返回相应的费用输出。
- 账户余额管理功能（ABMF）：ABMF主要包括下述功能。
  - ✓ 检查账户余额：为信控授权等进行用户账户余额的检查。
  - ✓ 账户余额预扣：获取预付费账户有效期，对账户余额进行预留，预留的部分不允许其他业务使用。

✓ 账户余额更新：根据业务使用情况更新账户余额，如果某部分预留没有被用户消费，则需要释放该部分的预留。

由上述分析可知，一个在线计费过程包括：采用与离线计费相似的方式来收集当前网络使用的计费信息，向在线计费功能提交相关信息请求对网络资源使用进行授权，批价功能对请求的资源进行费用预估，将预估的结果与用户账户余额进行比较，如果用户余额足够的话，则返回相应的授权配额，用户只有在获得在线计费功能的授权准许后才能使用相应的网络资源。

2. PCC 架构

3GPP 在 R7 版本中提出了策略和计费控制 PCC 架构，可以对用户和业务态 QoS 服务质量进行控制，为用户提供差异化的服务，并且能为用户提供业务流承载资源保障以及流计费策略，真正让运营商实现基于业务和用户分类的更精细化的业务控制和计费方式，以合理利用网络资源，创造最大利润。

PCC 架构由六个功能实体构成：策略和计费规则功能（PCRF）、策略和计费执行功能（PCEF）、应用功能（AF）、用户签约数据库（SPR）、在线计费系统（OCS）和离线计费系统（OFCS）。主要功能实体如图 4-1 所示。

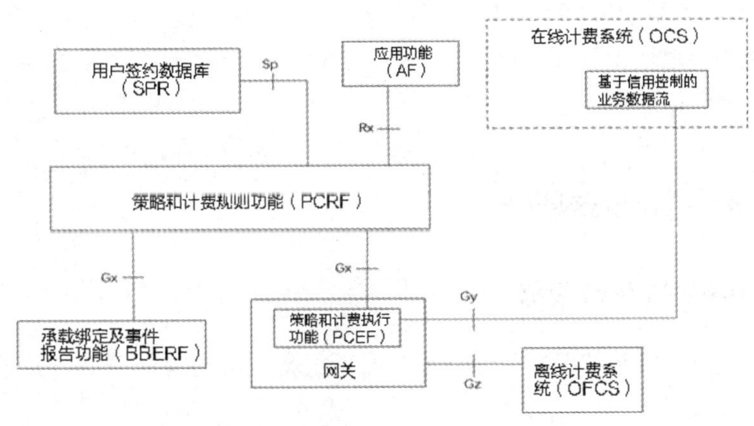

图 4-1　3GPP R7 规范的 PCC 计费架构

- 策略和计费规则功能：PCRF包含策略控制决策和基于流的计费控制功能，它对PCEF进行基于业务数据流的检测、门控、QoS授权以及基于流计费的网络控制。PCRF检查 AF提供的业务信息是否与运营商预定义的策略规则以及从SPR得到的用户签约信息一致，根据该信息生成相应的规则下发给PCEF。PCRF还要对AF提供的业务信息进行QoS授权。

- 策略和计费执行功能：PCEF主要包含业务数据流的检测、策略执行和基于流的计费功能。它位于网关，在GPRS的情况下位于GGSN，在WLAN的情况下位于PDG。它控制用户平面流量和QoS，提供业务数据流的检测和计量，同时与在线和离线计费系统交互。它具体执行PCC规则中对业务数据流定义的QoS、门控等信息，同时向PCRF上报相关业务数据流的改变。
- 应用功能：AF是提供应用的功能实体，这些应用需要对用户平面进行动态策略和计费控制。AF通过Rx接口为PCRF提供动态的应用会话信息，接收IP连接接入网的特定信息和IP连接接入网承载层事件的确认。
- 用户签约数据库：SPR逻辑实体包含与所有用户相关的签约信息，可以与运营商网络中的多个数据库关联。SPR提供的签约信息包括允许用户签约的业务、每个业务的优先权、签约用户的QoS信息、签约用户的类型、与业务相关的计费信息（如接入类型、位置信息和使用次数等）。
- 在线计费系统和离线计费系统前文已讲述，此处不再重复。

3GPP 在 R8、R9、R10、R11、R12 对 PCC 标准进行了进一步完善，有助于运营商的管道变得可管、可视、可控，让网络中的流量持续带来收入，达到智能管道的目标。

4.1.2 运营商规范的要求

1. 中国电信 BSS 规范

中国电信计费系统根据企业业务发展的要求，从 2004 年开始，共进行了 5 次模型规范编写。

2004 年 5 月，为了扭转计费系统对组合营销政策支撑能力不足的问题，缩小国内计费系统与国外套装软件之间的技术差距，弥补模型依据上的空白，中国电信公司启动编制《中国电信计费模型》（V1.0），从根本上控制入网计费系统的数据模型，为加强全网软件版本的管控打下坚实的基础，为即将来临的移动运营做好准备。

自《中国电信计费模型》（V1.0）发布以来，中国电信的业务需求和系统环境发生了很多变化，为积极准备移动业务、转型业务的发展要求，2007 年 4 月，中国电信公司开始编制《中国电信计费模型》（V2.0），增加业务系统监控内容，为支持三个“融合”（固网 / 移动业务的融合、话音 / 非话音业务的融合、预付 / 后付业务的融合）做好计费系统架构层面的规划。

为了适应经营移动业务以来出现的新计费模式、新行业应用的发展要求，2009 年 3 月，中国电信适时启动了《中国电信计费模型》（V3.0）编制工作。此次模型升级，一方面需统筹考虑固网业务与移动业务，处理好实时与融合的关系；另一方面《中国电信计费模型》（V3.0）要在新版计费系统的基础上，统筹考虑与其他计费类网元的关系。计费模型 3.0 主要有以下特点。

- 网络化部署的协议编制与落地，初步具备全网管理能力。
- 通过协议而不是信息点的层次来管理计费类系统。
- 提出内容计费概念及应对策略。
- 提出HAO架构概念。

随着移动互联网的快速发展，运营商管道化趋势不可避免，流量精细化运营成为电信运营商的必然选择。为此，2012 年 3 月，中国电信适时启动了《中国电信计费模型》（V4.0）编制工作。计费模型 4.0 有以下特点。

- 提升网络化能力，保证移动互联网的一点接入要求。
- 提升内容计费和电商业务等业务支撑能力，实现PCC内容计费、便捷短流程开通、便捷支付。
- 实现计费网元的HLA和BOL有效拆分，构建计费核心运营平台。
- 实现网管与网元的新型模式无缝衔接，提升消息运营能力。
- 对Petri流程、能力封装、网管监控进行地毯式覆盖。

2016 年，中国电信基于智能时代发展趋势的判断，提出推进企业转型升级 3.0 战略，着重推进网络智能化、业务生态化、运营智慧化，引领数字生态，做领先的综合智能信息服务运营商。

为助力转型升级 3.0 战略的实施，中国电信提出要重构计费系统，实现云化分布式架构，打造“智能网络计费、业务生态计费、智慧运营计费”三大能力。为此，2016 年 11 月，中国电信启动了新一代计费模型的编制工作，即《智慧运营 BSS 规范》（V1.0）。

新一代计费模型主要有以下特点。

- 架构敏捷：整体架构具有自动伸缩能力，可通过服务的灵活组装，实现业务的敏捷响应。
- 能力开放：通过能力开放平台，对外提供计费能力，参与业务生态化。
- 智慧运营：打造计费运营的“智慧大脑”，包括智慧预警、智慧调度、运营分析与决策，实现全网计费一体化运营体系。

2. 中国移动 BSS 规范

2000 年 4 月，当中国移动通信集团公司自中国电信分离成立之初，中国移动的业务支撑系统（BOSS）相当薄弱，系统是分散设计与建设的，水平参差不齐，支撑系统既不能提供全网范围的业务支撑，也难以发挥全网的优势。因此，中国移动将业务系统的集中化改造作为第一个目标，在全国范围启动 BOSS 系统集中化改造工程。如图 4-2 所示为中国移动业务支撑系统的发展历程。

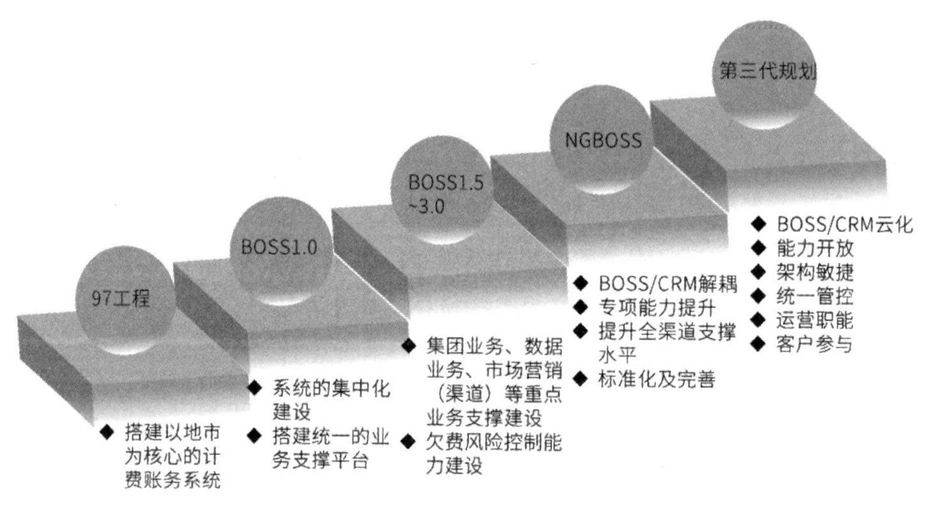

图 4-2　中国移动业务支撑系统的发展历程

2001 年 6 月，中国移动制定了《中国移动 BOSS 系统技术规范》，旨在通过统一完整的规范来指导 BOSS 系统的建设。BOSS 系统的规划与建设遵循“一体化、两级中心、三层结构和三户模型”的原则。

- 一体化：一体化是指将计费、结算、账务、客户服务及业务管理等功能进行统一规划和考虑，使BOSS成为真正一体化的、信息资源充分共享的支撑系统。BOSS中的客户服务模块包含了传统意义的客户服务和营业两部分的业务功能，体现出客户服务与营销渠道的一致性，在技术上为渠道整合奠定了基础。
- 两级中心：两级中心指BOSS系统分为集团公司级BOSS系统（全国中心）和省级BOSS系统（省中心）。集团公司负责建设一级业务支撑中心，主要实现省级BOSS系统之间的信息交互，并对集团公司级的业务进行支撑。省公司负责建设全省集中的BOSS系统，全面接管本省的计费、结算、营业、账务和客户服务等原有系统的功能。地市一级只是接入，不再存放数据和提供业务应用。
- 三层结构：三层结构是指BOSS系统在逻辑上分为数据核心层、业务逻辑层和接入层。中国移动BOSS系统的三层结构是针对应用的设计，数据核心层的建设打破了以往业务系统之间的界限，将包括服务使用记录、用户资料等信息在内的所有数据进行集中存储和管理。业务逻辑层扩大了传统意义上的应用层的含义，涵盖了所有的应用服务和业务处理，并强调业务逻辑层可以对BOSS数据核心层的所有数据进行加工处理。BOSS系统的接入层也是传统意义的表示层的扩展，它包括所有与客户产生连接和交互的手段，同时还包含与外部系统（如基础网络、企业内外其他IT系统等）的连接。接入层支持数据的双向流动，开放性强，客户通过不同的接入渠道和逻辑进入BOSS系统，共享业务逻辑与数据。三层结构的设计方案一方面解决了系统中数据的一致性问题，可以通过多种渠道给客户提供完整、规范的服务，用户无论在营业厅、银行，还是在网上自助服务，其享受的服务是完全一致的。另一方面，该设计避免了业务逻辑的重复开发，提高了系统的运行效率和灵活性，使业务支撑系统的技术水平和支撑能力上了一个新台阶。
- 三户模型：BOSS系统确立的以客户、用户、账户为核心的业务模型。在以往的电信业务与模型中，用户与服务是一对一的对应关系，用户和客户的定义和界限可以模糊。但随着电信改革的不断深入，业务种类逐渐丰富，而现有系统对于多种业务与服务的组合实现比较困难，不利于向用户提供个性化、全方位的服务。在新的业务模型中，一个客户对应多个用户或主体服务，即一个客户可以是一个同时拥有多项业务的用户，也可以是多个拥有同类业务的用户。而对于每个用户的服务使用记录都可以分成多个账目，账目与最终付费的账户是一对多的关系，这样就形成了用户与账户的多对多的对应关系。

例如，同属一个单位客户的两个用户，单位承担一部分话费，个人承担另一部分话费，在业务模型中就是两个用户对应三个账户。这种业务模型建立后，企业可以灵活地组合和包装各种业务，为客户提供个性化的服务。

随着传统电信业务的增长日益放缓，集团客户业务、新业务的收入逐渐成为运营商新的利润增长点。同时，“以客户为导向”的服务管理体系要求现有的业务支撑系统从以功能实现为目标，转向通过对客户的接触管理和服务请求管理来驱动整个服务支撑的过程。

在此背景下，中国移动启动了 BOSS 2.0 规范的编写和新系统的建设，BOSS 2.0 在 BOSS 1.0 规范的基础上按照统一规划、分步实施、应急先行的原则进行系统优化和流程优化，主要包括提升集团业务的支撑能力、提升新业务的支撑能力、加强营销资源管理、提升系统欠费风险控制能力、提升客户服务能力。其中集团业务支撑的目标是：

- 加强跨区集团业务的支撑。在完善省内跨区集团业务流程的基础上打通两级流程，实现跨省业务支撑。
- 加强对集团客户产品体系的管理，实现对行业应用的支撑。
- 完善合作伙伴的管理，提供对SI的合作管理和业务管理。
- 加强对客户经理的支撑。
- 完善账务功能，统一集团客户账务格式。
- 建立集团业务门户，为集团客户和合作伙伴提供统一的自助服务平台。

新业务支撑的目标如下：

- 按订购关系计算包月信息费。
- 完善新业务批价和灵活优惠处理能力。
- 实现基于业务属性的内容计费。
- 对产品模型进行扩展，实现自有产品、新业务合作伙伴产品的统一管理。

- 加强对合作伙伴的管理和服务能力。
- 完善对新业务的统一订购、退订、查询能力。
- BOSS和经分共同搭建营销管理平台，实现对营销活动闭环流程。

在进入 4G 时代后，中国移动的商业模式发生了巨大变化，在从话音经营向流量经营和数字化经营的转型过程中，原有的客户、渠道、产品、合作伙伴等商业要素内涵、外延均已不同，这些都要求建立第三代 BOSS 业务支撑系统以支撑全新数字化业务，构建数字化时代的核心竞争力。新的支撑系统需要加速向云化演进，调整和 IT 技术发展相对应的开发运维模式，充分利用各种新技术以匹配创新的商业运营模式。

中国移动第三代业务支撑系统具备以下五个特征。

（1）能力开放：开放 IT 能力，支持移动互联网生态系统。

中国移动第三代业务支撑系统能提供自有能力的对外开放，吸引合作伙伴共同开发创新的产品与服务，打造良好的生态环境，实现合作共赢；同时具有引入外部合作伙伴的广泛能力，拓展业务范围或提升业务功能。

业务支撑能力的对外开放是在安全管控要求的前提下，通过运营 OpenAPI 资产将业务支撑系统的应用能力逐步开放，实现能力对外部渠道 / 合作伙伴的共享，为上下游合作伙伴业务模式和产品创新提供服务，从而进一步拓展移动服务与产品的范围，助力业务持续创新。

同时通过能力对外开放，打破以往烟囱式的各个支撑子系统独自管控、协调困难、开发粒度不统一、缺乏统一标准等弊端，实现能力的统一管控和发布，支持营销、销售、服务等端到端的运营管理过程，能为营销、销售与服务渠道的广泛扩展，以及客户服务体验的互联网化提升提供有力支持。

（2）极致体验：全触点实时的个性化、社交化客户交互与体验。

第三代业务支撑系统能为客户提供各触点渠道一致的服务能力，并且结合渠道自身特点确保客户在各服务触点之间的无缝体验；通过合作与创新，为客户构建移动数字化生活圈，提供社交化互动与分享能力，进而支持客户的自传播等操作，增强客户的黏性。

同时，提供个性化、精细化的产品，提供个性化的精准营销、服务，并通过提升客户交互和响应的实时性，实现实时计费、实时提醒、实时营销、实时查询、实时订购等功能，进一步提升客户的体验感知。

（3）智能运营：实现基于大数据的客户洞察和智能管道策略。

第三代业务支撑系统集成了大数据的能力为客户洞察提供有力支撑，通过对客户使用行为、动作以及访问内容、位置等相关信息深入地分析，了解客户偏好和习惯，实时洞察客户需求的变化。根据特定客户的个性需要，实时精准推荐客户产品或服务，并在最适合的时机和渠道进行接触推荐，达到提升销售与服务效率和质量的目的。

另外，伴随流量业务的快速发展，第三代业务支撑系统能结合流量经营能力，构建基于策略运营的智能管道，实现策略分析、策略控制、策略计费，合理调配网络服务能力，为客户提供更高质量、更智能的服务支持，提升运营商管道价值。

（4）架构敏捷：构建敏捷、高效的云化系统架构。

第三代业务支撑系统构建了敏捷、高效的系统架构，采用高性能、可扩展、高可靠的云化系统，通过动态增加或减少节点应对不断变化的负载请求，支持可预测的性能扩展，最大限度地提高资源利用率，并且实现系统的快速部署与灵活调整，能满足短时海量大并发访问与处理的要求，满足架构的开放性、标准化与良好的可集成能力要求，支持系统快速低成本、平稳地升级、变更或扩容，同时能满足业务功能迅捷发布、业务承载能力平滑提升的要求。

（5）统一管控：统一 IT 管控，实现全网 IT 能力协同。

第三代业务支撑系统在敏捷快速响应客户需求和市场变化的同时，提升了 IT 运营管控能力，包括加强对 IT 的统一管控，助力全网 IT 的能力协同与一致；对需求、设计、交付方法进行集中管理；增强对支撑系统演进的统一规划，实现全网业务系统的集中化管控和业务支撑系统的标准化（包括功能、服务、接口、数据模型等）。

4.2 计费系统架构演进路径

三大运营商计费系统的演进过程是伴随 IT 技术不断发展和提升的过程，硬件资源历经小型机双机、集群、分布式计算几个阶段，而计费系统历经本地网计费、省集中计费、省融合计费以及全网集中计费这几个阶段。如图 4-3 所示为计费系统架构的演进路径。

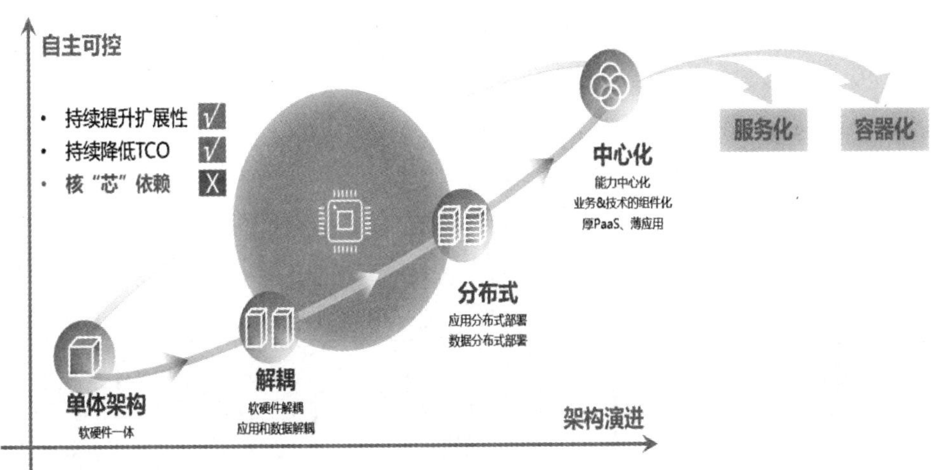

图 4-3　计费系统架构的演进路径

4.2.1　联机采集计费系统

中国移动通信起步于 20 世纪 80 年代末 90 年代初，刚开始是以地市为单位建设模拟移动电话系统。由于当时移动电话系统规模小，业务支撑系统也非常简单，许多系统都由电信局的员工进行设计，每月将交换机产生的计费磁带进行处理，以单机的方式完成早期的计费、营账等处理，计费处理周期长，而漫游话单的处理更要滞后，最快也需 2～3 个月用户才能收到漫游话单，一旦中间出现差错，话费的回收周期接近半年。因此，当时的邮电部移动通信局决定在全国范围内推广联机采集计费技术。

推广联机采集、建设联机计费系统的目标如下：

- 数据联机采集：计算机与交换机直接相连，采集交换机输出的计费信息（原始话单）通过网络传送到计费中心入库处理。根据需要，联机可以采用实时或定时方式，同时保留脱机读带接口备用。
- 实时计费处理：实时处理从交换机采集的计费数据和从上一级计费中心送来的漫游数据，即对原始话单实时检错、分拣和划价，形成计费话单，并按号码汇总，支持立即出账、缴费和查询。漫游结算数据可实时送到上一级计费结算中心。提供按小时、日、月所需的各种业务统计及账务报表。

- 多条件话单查询：系统能保存3个月的详细话单，供用户和系统维护人员查询。查询支持多种条件的组合，如按主叫、日期、被叫、区号等。

如图 4-4 所示是联机采集计费系统的整体模型。

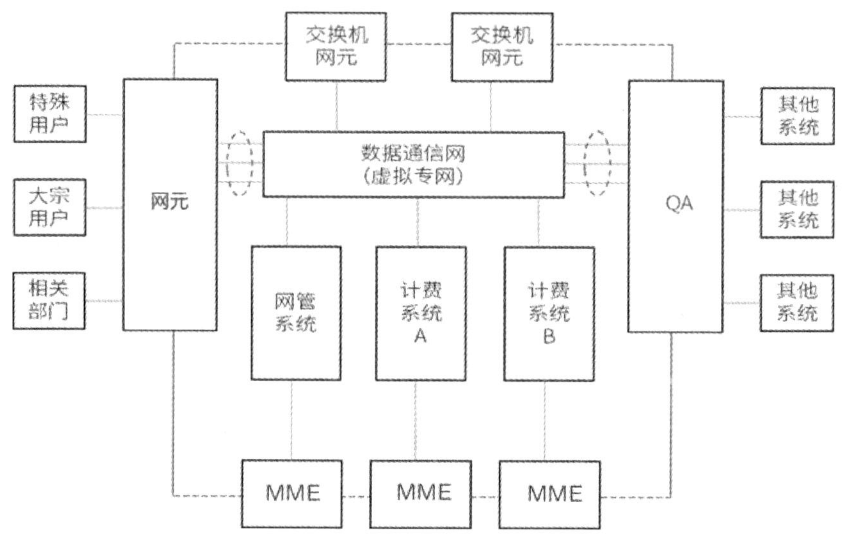

图 4-4　联机采集计费系统的整体模型

此模型结构的定义是，将电信网管理作为一种面向电信运营公司的业务，将计费作为电信网管理的一项基本功能，计费系统的数据源设备（如交换机）和营业系统均为管理对象，所有管理对象统一为标准化的网络单元，将对管理对象的数据操作统一为标准化的控制命令。图 4-4 中网元是网络单元；QA 为适配器；MME 为人机环境，提供本系统的综合人机界面，可以在本地，也可以在远端；交互方式可以是数据，也可以是语音等多媒体服务。其主要功能是接收并向系统传送各种运行命令和系统管理人员的各种管理命令，为各种专用通信业务提供支持。

联机采集计费系统通常会覆盖各移动交换点以及相关营业点，是一个含有远、近程节点且实时联机的广域网络平台。为保证整体系统的性能，联机计费系统选用 20 世纪 90 年代主流的客户机 / 服务器模式。在此模式中，服务器运行 DBMS 完成数据处理、存储管理和安全管理等后端任务，客户机运行数据库应用程序，完成屏幕交互和 I/O 处理等前端任务，从而将处理工作合理分布于服务器和客户机双方，实现网络协同处理及 CPU 资源共享，使得网络的信息流量大大减少，有效解决由数据传输产生的瓶颈。

联机采集计费系统作为需要 7×24 小时不停机的核心业务系统，对业务可用性的要求往往达到 99.9% 及以上水平，因此系统主机通常选用小型机或 RISC 工作站，而不是 x86 架构的服务器，主要考虑到小型机在处理能力、处理速度、数据存储等方面相对 x86 服务器有下面一系列优势。

- 高性能：性能通常考虑响应时间、批量运行时间、用户支持数量等。小型机采用RISC指令集，20%的指令能解决80%的负载，运行效率较高，比x86服务器的响应时间短。另外，RISC处理器采用多核多线程技术，适用于多并发用户、大数据量处理的场景，尽管PC服务器的性能提升很快，但限于操作系统对多核多线程的支持，小型机在并发多用户的场景中相较x86拥有绝对优势。
- 高性价比：计费系统需要7×24小时满负荷运行，若考虑软硬件日常维护与升级方面的支出，宕机所带来的风险成本比较高，因此采用稳定可靠的RISC服务器能极大地减少此类风险。同时，计费系统涉及多类商用软件，该类软件通常按处理器的核数收费，采用核数较少的小型机在软件许可方面的支出比x86有较大成本优势。
- 技术更成熟：服务器领域的许多技术都源自小型机，如虚拟化技术、关键部件冗余技术、故障侦测技术等，因此小型机的技术成熟度明显高于x86服务器。
- 高可靠性：一般而言，“RISC+UNIX”比“x86+Linux/Windows”更稳定。RISC服务器在硬件架构设计上与x86服务器有很大的差别，使用了多种冗余技术和高可用技术，如处理器降级使用、PCI槽热插拔等，保证了RISC服务器的高可靠性。X86服务器的硬件质量水平差异较大，由于一开始定位面向的是中低端市场，硬件做工稍差，同时在操作系统方面，UNIX的稳定性通常比Windows和Linux更高，如Windows在负载超过50%时，机器就进入不稳定状态，Linux在处理器负载超过75%时，机器也会处于不稳定的边缘，而UNIX在处理器负载处于100%的情况下，系统不仅不会崩溃，还依然能响应客户的请求。

- 软硬件一体化程度高：x86服务器是一种工业标准化产品，整机由CPU、内存、硬盘、板卡等第三方生产的标准部件组装而成，软件厂商也众多，需要进行大量的兼容性测试，软硬件的结合难免存在瑕疵。小型机厂商通常会提供软硬件整套解决方案，如Oracle从CPU、服务器整机、操作系统、中间件、数据库到上层应用软件均由其一家提供设计、研发、测试、生产、组装。后续服务也由其提供支持，许多用户之所以选择RISC小型机，很重要的一个因素就是厂家可以提供一站式的整套厂商级服务，小机厂商均拥有很强的技术支持队伍，用户系统出了问题直接找一家即可解决，而对“x86+Linux”用户而言，很多开源系统的服务是无法保证的。因此，选择小型机就是选择了一种整体性解决方案，这种软硬一体化的方案无疑对联机计费系统是很好的保障。

经过两年的努力，全国所有的计费系统陆续按照要求完成了联机采集计费的改造，计费系统的处理效率得到了显著提升。

4.2.2 分布式计费系统

自 20 世纪 90 年代移动电话普及开始，移动电话用户进入了快速增长的黄金时期，任何针对移动电话业务量的估算都是保守的，用户量以难以置信的速度飞速增长。中国移动公司在成立不到两年时间内就拥有了 1 亿多用户，于 2001 年 11 月成为全球用户规模最大的移动电信运营商。

随着移动用户的暴增，计费系统也在扩充规模以支撑业务的发展。由于小型机价格昂贵，每台成本近百万元，后续还有高额的维护费用，同时业务量增加后数据分库存储需要运营商进行更多投资。这种随业务增长不断追加投资的模式使得 TCO 居高不下，运营商未获取到用户增长的真正红利，迫切希望能在保证业务稳定的前提下以低成本的方式支撑业务的快速发展。在 4G 网络商用后，新业务和互联网营销活动不断涌现，催生了以用户为中心的新的数字化服务模式，传统集中式架构的计费系统在移动互联网生态下由于复杂度高，实现新业务新需求的周期长，显示出在敏捷性、灵活性等方面的不足。

为了响应客户的诉求，业界推出了新一代分布式计费系统，如图 4-5 所示。

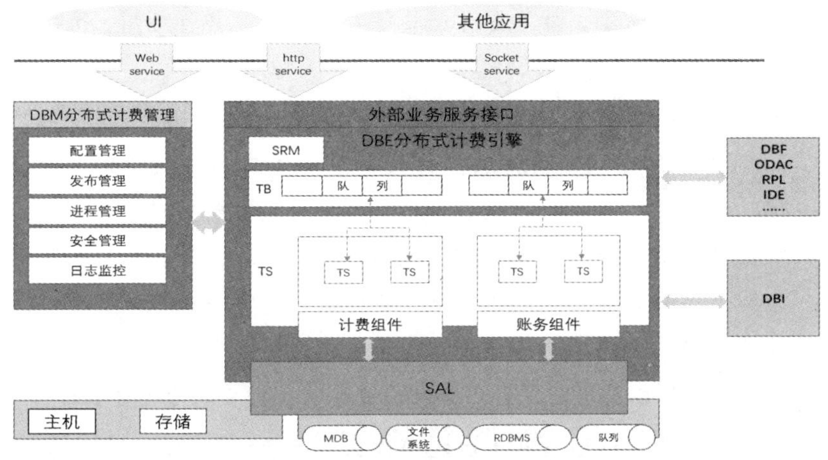

图 4-5　新一代分布式计费系统

分布式计费系统是面向互联网架构转型、充分使用先进新技术的大型系统，实现了从传统集中式小型机计算架构向分布式云化架构的革新式演进，在技术架构、业务能力等多个方面实现了重大突破，拥有高扩展的海量数据精确计算能力。分布式计费系统具备以下几个显著特点。

- x86架构：采用x86架构的通用服务器，相比小型机高昂的成本，不仅硬件投资低，且每年的维保费用相比小型机几乎可以忽略不计，能极大降低运营商的硬件成本。
- 分布式计费引擎：引入分布式计费引擎把计费系统各个处理环节如业务分析、批价、累账、优惠分账等作为一个任务来进行管理调度，从而实现计费、账务流程的高度灵活配置。
- 分布式管理：引入分布式管理功能实现对各个进程、组件在不同主机的发布、管理、监控和任务控制。
- 资源充分整合：资源整合包括硬件资源虚拟化整合、数据整合以及业务整合。硬件整合是数据整合的必要条件，以x86架构替代小型机，可以使原本处在不同小型机上的数据逐渐集合在一起，形成数据的资源池，实现省级甚至全国数据资料的一致性和互通性。在数据整合的基础上还可以实现业务整合，包括跨区跨省业务的整合。
- 解决性能瓶颈：在移动互联网时代，各类新业务呈随时爆发的态势，计费系统可能面临突如其来的系统瓶颈，通过x86架构服务器搭建集群式的IT云资源池，计算资源将具备无限扩展、弹性调用、随需而变的特性，这使得计费系统计算密集型业务不再产生瓶颈。

- 预后付费融合：分布式计费系统中，用户的OCS预付费计费和后付费计费属性没有明显的界限，它只是用户使用某种业务的一种计费属性，与用户使用的业务相关，而不是划分用户群的标准。用户使用某项业务，是适用于在线计费，还是适用于离线计费，完全取决于业务特性要求、用户使用的要求，运营商会将这一选择权完全释放给业务使用者。因此，新一代分布式计费系统具有预后付费深度融合的特点，用户可以灵活定制自己所使用业务的预付费或后付费属性。
- 管道智能化：IT域与网元域之间建立了大量的智能控制策略，广泛应用在有线和无线的网络访问与控制上。网元域提供的是业务使用的基础能力，IT域是使用业务基础能力的大脑，而分布式计费系统相当于大脑的核心控制系统，而策略控制系统相当于脑垂体。业务能力的策略控制一部分是运营商配置的基础控制策略，另一部分是开放给用户的自行定制控制策略。因此，分布式计费系统具备对基础网元能力的策略控制能力，利用现有的IT数据资源实现智能化策略控制能力。
- 全网集约运营：全网集约运营的支撑最主要就是拥有一套完备的云管控平台支撑能力，实现从硬件资源管理、应用服务监控、日常运营维护以及测试等一系列的功能，最终确保计费服务的稳定运营。具体地说，分布式计费系统的运营网络要有足够的能力实现文件、消息的快速、完整转发，能够实现网络动态扩展、网络负载均衡、网络资源不足告警等。一个高效、快速、可靠的运营网络是分布式计费系统的基础。

4.2.3 5G网络对计费系统的影响

通信网络技术作为数字世界的底座，为推动社会的数字化转型发挥了关键的基础性作用。5G 作为新一代的通信技术已成为当下各国政府关注的热点，自 2019 年开始，全球电信运营商的 5G 商用化进程在不断提速。

在 5G“大带宽、超链接、低时延”的网络特征下，移动和信息技术的快速发展正在推动互联网从消费级向产业级演进，从而引发了各行各业在“4G

改变生活，5G 改变社会”的愿景下重塑行业的无限想象。在万物互联的 5G 时代，运营商的客户运营策略将发生明显的变化，对于 ToC 客户，更加关注用户存量维系、收入挖掘、体验提升；对于 B 端客户，更加注重拓展应用场景、提升应用规模、实现服务溢价。以用户为中心、赋能垂直行业的 5G 新网络架构和新协议，即将重新定义计费系统。如图 4-6 所示为 5G 网络新架构。

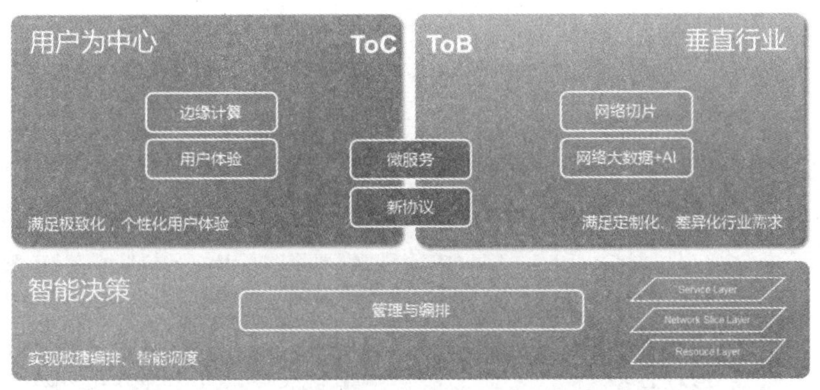

图 4-6　赋能垂直行业的 5G 网络新架构

5G 技术是万物互联的技术基础和手段，BSS 系统是 5G 变现的关键能力。未来的计费结算对象会随着垂直行业的渗透而变得更加丰富，例如人、汽车、传感器、智能设备等都可能是计费的对象。计费对象会以场景为基准，计费的支撑模型将面临极大的挑战，最终对所依赖的计费核心资源也有了一系列新的要求。

- 5G催生的新生态会带来更加细分的计费对象，如图4-7所示，从ToC转向ToB、ToH、ToI、ToP、ToD等，使得计费规则和计费策略更加复杂。

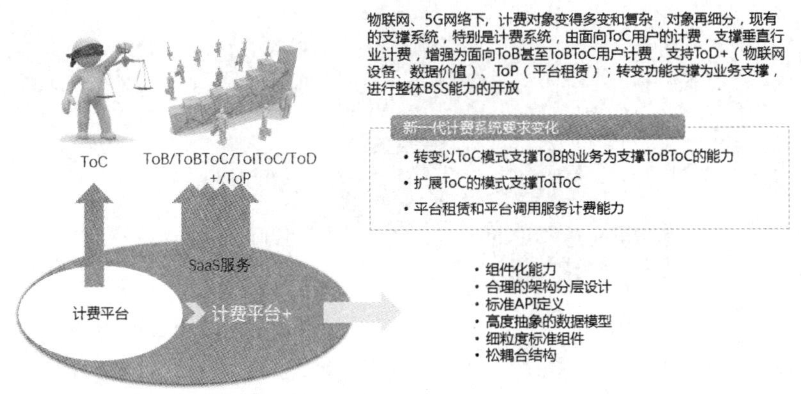

图 4-7　5G 新生态促进计费对象细分

- 5G的网络特征使得计费从支持单一量纲到多量纲，使得可计费的要素更加多样和灵活，计费系统需要支持基于QBC类量纲计费（速率/时延/精度等）、基于FBC类量纲计费（广告内容标识/App内容标识/位置）、基于切片类量纲计费（切片类型/切片容量设备连接数/SLA服务等级）、基于能力开放类量纲计费（API/云资源等），如图4-8所示。

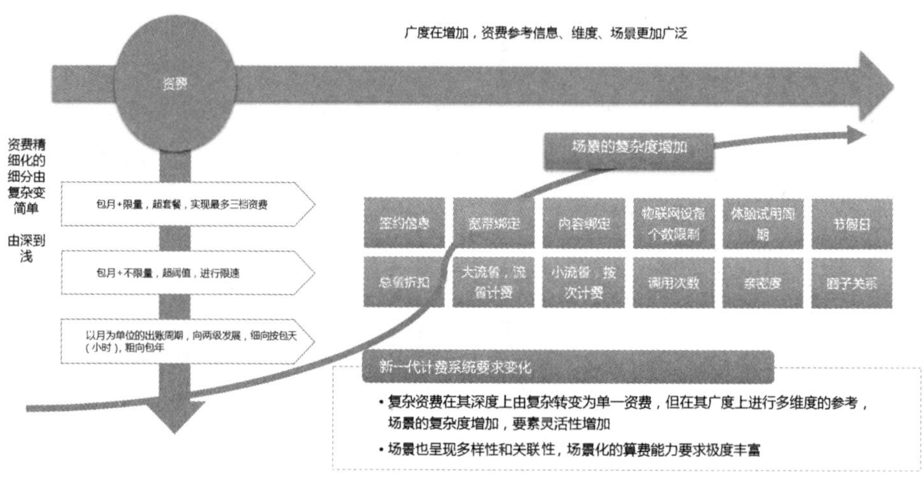

图 4-8　5G 计费场景与计费要素复杂多样

- 5G微服务架构和网络切片的新能力使计费的场景更加碎片化，更加丰富了用户消费行为的场景，计量体系会发生变化。定价能力由静态定价发展到二次议价、行业询价，更进一步会要求支持智能定价，如图4-9所示。

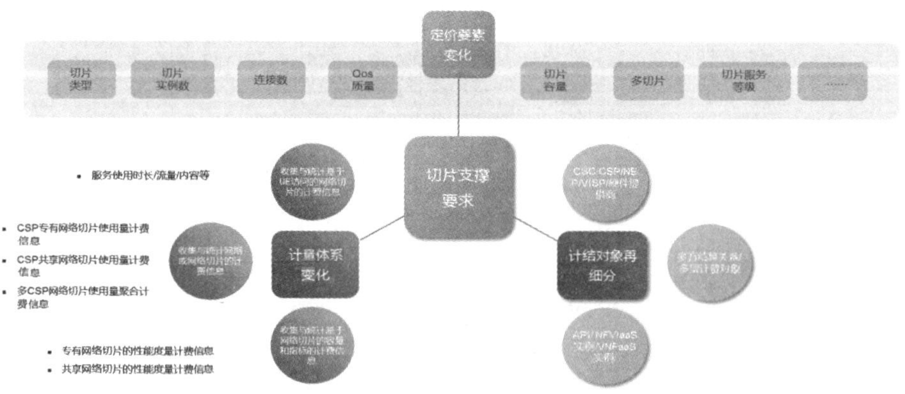

图 4-9　5G 网络切片催生计量与定价体系的变化

- 5G新网络架构采用新的服务化协议，使得在O域和B域的信息交互更加透明和无损，计费成为连接O域和B域的关键节点，计费定位发生变化，成为O域和B域的连接中心，其能力也由费用、信用控制增强为连接、状态、内容、位置等控制，支撑能力向多维生态化延伸，如图4-10所示。

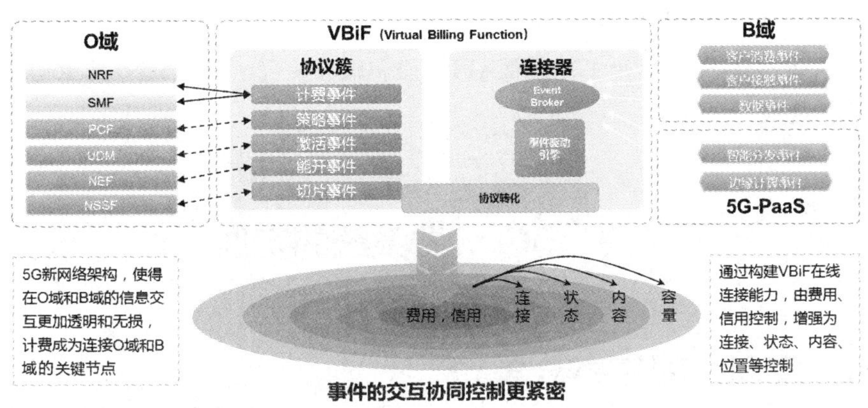

图 4-10　计费系统成为连接 O 域和 B 域的关键节点

- 计费系统需支持在互联网中广泛使用的OpenAPI3.0、JSON、RESTful、HTTP/2等新协议的解析与适配，如图4-11所示。

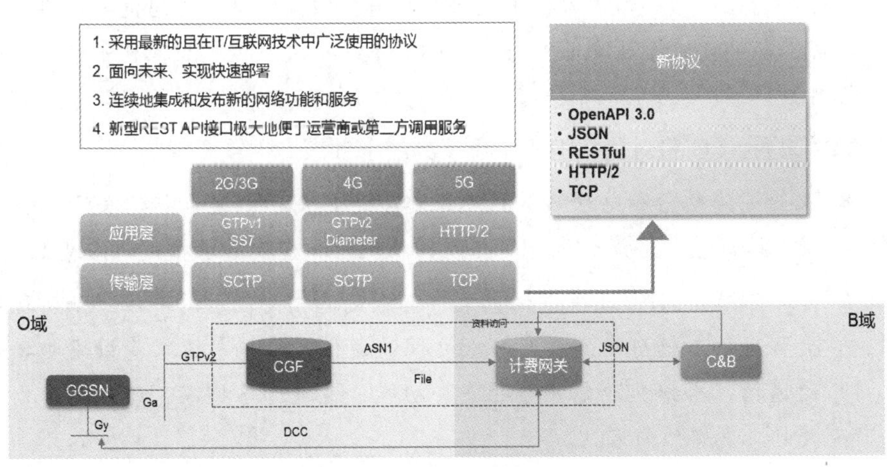

图 4-11　5G 网络新协议

为适应5G生态的发展，现有计费系统需要从架构和支撑能力上进行升级，打造一个面向万物智联时代的全新的计费系统，能无缝衔接电信行业未来的发展趋势。因此，5G 时代计费系统的能力需在以下四个方向持续演化。

- 面向通信行业，成为接通O域和B域的连接中心，实现O域和B域的计费结算。
- 面向垂直行业，成为一个智能定价工具，为垂直行业的价值变现赋能。
- 面向云计算市场，提供私有云计量计价，赋能业务中台，成为云计算平台价值变现的支撑者。
- 面向5G生态的开发，提供API订阅和服务变现，促进5G产业生态圈的发展。

4.3 5G 计费系统的实现

4.3.1 5G计费系统架构总览

5G 通信系统设计的主要目标是满足不同的移动业务的需要，支撑人与人、人与物、物与物之间的广泛连接，推动物联网和边缘计算等概念走向落地，并把来自不同工业经济领域的需求映射到信息系统中。同时基于连接设备产生的海量数据，通过机器学习等分析手段进一步进行数据挖掘和信息提取，推动社会各领域的智能化，不断降低业务交付的成本，实现人类生产率和生产活动能力的提升。

总体来看，5G 将对包括但不限于下列经济领域产生重要影响。

- 农业：传感器和电动装置被越来越多地应用于测量和传输关于土壤质量、降雨量、温度和风速等与农作物生长和畜牧活动相关的信息上。
- 汽车制造：5G已经获得大量来自智能交通相关应用的关注，如实现更大程度的车辆自动驾驶、车辆之间的通信、车辆与道路基础设施之间的通信、感知和避免碰撞的安全功能、规避道路拥塞，还包括车内应用的各类媒体内容。
- 建筑/建筑物：建筑物在建设过程中安装不同用途的传感器、电气装置、内置天线和监视设备，可以用于节能、安防、建筑使用状态和财产跟踪等。

- 能源/电力：智能电网价值链的各个环节都将受到影响，例如电机、发电和产能、交易、检测、负载控制、故障容错和电力消耗。
- 金融/银行：与贸易、银行业和零售业相关的金融活动越来越多地通过无线上网完成，同时银行转账的安全、欺诈检测和分析变得越来越重要，这些服务由于5G无线连接能力的提升将得到更多的使用。
- 健康：5G能被应用于简单的或复杂的健康应用中，包括运动监控、实时用户健康感知、医疗提示和健康监视，以及医院对病人的远程监视、远程健康服务，甚至实现远程手术等。
- 生产制造：由于5G的应用，不同的工程任务和流程控制可以变得更为高效、可靠和准确。5G超高可靠性和极低时延能力对于工厂自动化极为重要，同时海量的机器连接会进一步提高无线通信在工业制造机器人和自控设备中的应用，RFID和低功耗无线通信也可以用于生产资产管理中。
- 媒体：视频是推动大流量消费的主要动力，5G可以提供大量优异的3D和4K用户体验。

为支撑 5G 在更多行业中落地，同时应对新业务、新模式以及海量数据的冲击，计费系统通过采用各类新技术，对系统架构进行了质的升级。如图 4-12 所示为 5G 计费系统总体架构。

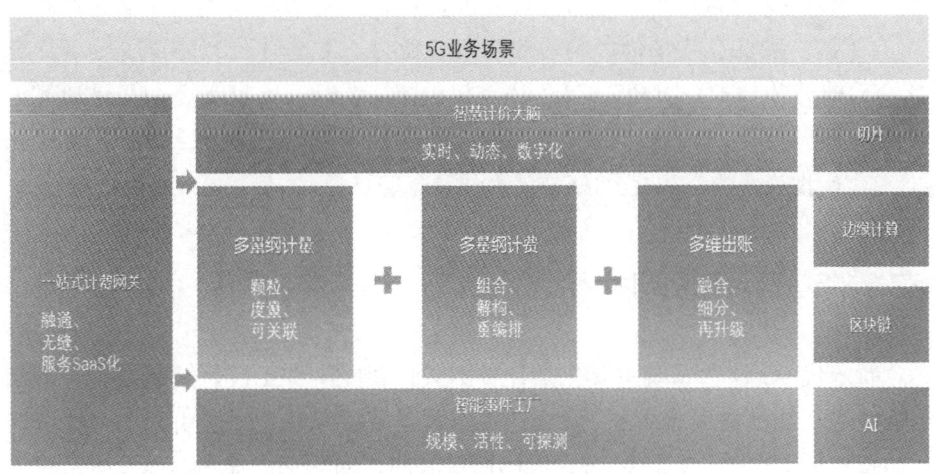

图 4-12　5G 计费系统总体架构

5G 计费系统的关键功能如下。

- 一站式计费网关：5G技术特征以及边缘感知和网络切片更加丰富了用户消费行为，带来更多连接和对象、更多内容和场景，导致O域和B域通信交互频繁，信息交换更多。通过构建一站式计费网关，统一收敛B域和O域之间的通道，强化B域和O域的柔性互联互通能力，快速实现网络大区集中化对接。
- 多量纲计费：根据5G差异化业务场景，构建速率计费、QBC策略计费、移动云计费、能开计费、切片计费、边缘计费、API计费和DICT计费，实现5G全业务计费支撑。
- 多维出账：基于多量纲计量引擎，增强多量纲计费引擎和融合出账引擎，内聚通用的“计量+计费+出账组件”能力，实现快速的场景计费能力编排和协同支撑。
- 智能事件工厂：事件工厂支撑计费系统的在线连接能力，连接通过事件驱动进行消息流转，连接B域、O域、PaaS服务，让计费系统由费用、信用控制变为连接、状态控制。智能事件工厂在后台对接大数据及AI，强化在5G网络架构下用户行为触点，增强用户使用服务的体验与感知。
- 智慧计价大脑：5G时代产品与能力呈现多样化趋势，需构建全渠道在线报价能力和多量纲计价能力，以便更好地结合客户需求和产品特征，实现产品报价结构的智慧运营能力。智慧计价大脑以多量纲计费能力为核心，打通B域和O域之间的通道，结合大数据和AI提供的策略控制能力，构建计价模型，满足动态扩展的计价场景，为客户提供在线报价功能，实现5G计价策略智慧运营。

4.3.2 5G融合计费网关

新一代 5G 计费系统主要包括计费网关、智能事件工厂、智慧定价、多量纲计费等功能模块，其中 5G 融合计费网关是关键模块之一。引入融合计费网关的背景是，相比 4G 来说，5G 网络侧核心网、网络和支撑的界面发生了重大变化，3GPP TS32.240 规范对于 5G 计费提出了融合计费架构（CCS）的规范，要求支撑侧与网络侧通过服务化的接口协议融合处理离线、在线计费处理流程，如图 4-13 所示。5G 融合计费架构有以下几个特征。

- 计费架构融合：原4G离线计费和在线计费分离部署，5G采用服务化融合计费架构。
- 计费功能融合：原部署在核心网网元侧的CDF和CGF，5G架构下统一在CCS中承载。其中OCF、CDF功能融合为CHF。
- 计费接口融合：原离线采用Rf接口协议，在线采用Ro接口协议，5G架构下统一通过Nchf服务化接口，和网元CTF进行对接。
- 计费流程融合：原针对离线计费和在线计费，计费处理流程差异大，分开部署，5G架构下计费处理流程融合，统一处理。

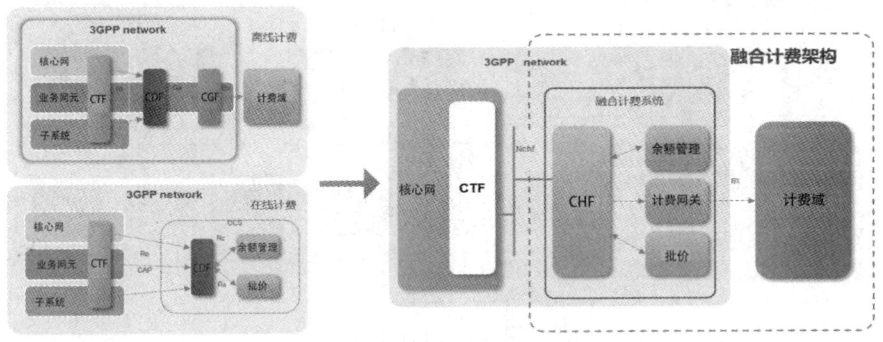

图 4-13　5G 融合计费架构

如图 4-14 描述了 5G 融合计费网关，该网关可作为独立系统进行部署，其采用分布式计算框架和流式计算引擎，具备流程编排能力，能快速接入新的业务流程。通过分布式计算框架调度引擎与混合容器管理平台的联动，具备“容器接入 + 集群管理”能力，实现系统应用及资源的扩缩容。整体来看，融合计费网关分为面向底层容器部分、面向上层应用技术组件支持部分，以及上层应用本身，具备完善的前后端管理能力。

- 通过引入混合容器管理平台，实现对应用资源的二次分配，对不同IaaS资源管理平台能力对接与差异屏蔽，确保上层集成平台、应用无感知。
- 通过分布式计算总线、内存数据库等技术功能组件，搭建CHF应用中间层公共基础能力，以方便应用的快速构建与生产使用。
- 上层应用包含八大功能域模块：CHF_SG服务网关（Service

Gateway）、CHF_CG计费网关（Charing Gateway）、网关CG MDB、网关导出 CDR Gen、日志管理、告警管理、统计分析、监控监测功能。

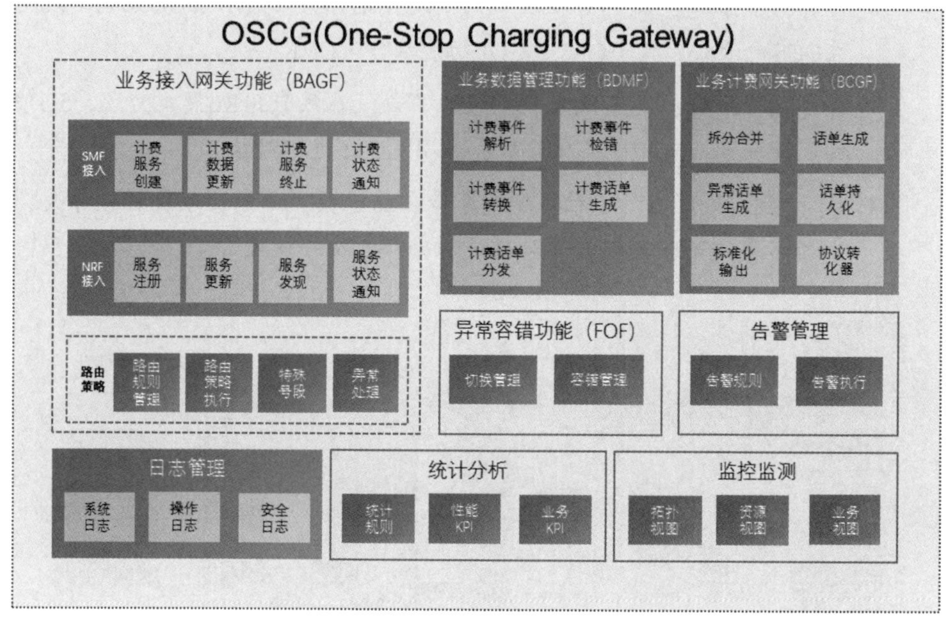

图 4-14　5G 融合计费网关

第5章 5G计费运用的技术

计费系统中计算框架的演进方向与过程，和软件产业的发展历程相似，在早期的计费系统中，计费复杂度较低，计算数据量不算太大，对处理能力的扩展性及弹性并无刚性需求，单体式应用可以在一定时期内满足计费系统的日常运维需求。

随着 2G、3G、4G 及 5G 的发展，计费支撑系统中需要处理的业务量与日俱增，多数省份计费话单量已达到每日几十亿的量级，这对计费支撑系统在计算能力的弹性扩展、容错能力及容灾恢复等方面提出了新的要求。与此同时，在软件产业迅速发展的过程中，大量新技术如雨后春笋般涌出，并逐渐成熟具备生产条件，如虚拟化、容器化、服务化、批 / 流式计算等。因此，越来越多的新技术在计费系统中引入落地，这给计费系统带来了全新的能力及想象空间。

5.1 分布式计算框架

5.1.1 远程过程调用与服务化

1. 远程过程调用

远程过程调用（RPC）是指一个程序遵循一定的协议，通过网络向位于另一台计算机上的程序发起服务请求的过程。由于调用发起者本身无须了解底层网络的实现细节，因此发起远程调用的方式与本地调用过程类似。

RPC 通常使用“客户端—服务端”的架构模式。发起请求的一端称为“客户端”，处理请求的一端称为“服务端”。类似于普通的本地函数过程调用，

RPC 也可以是一个同步的操作，即发出请求后挂起等待直至结果返回。但是，通过对多线程技术的使用，RPC 也可以实现多路并发异步操作。

5G 计费系统采用 SDL 服务过程定义模块与 S-RPC 面向服务的 RPC 通信模块，5G 计费业务过程在执行服务调用时，无须关注底层通信细节，同时可以实现同步 / 异步调用。

2. 面向服务与微服务集成架构

面向服务的架构，指通过定义服务接口实现软件组件模块可重用目标的方式。这些服务接口利用相互通用的通信标准，使得各个服务模块能随时迅速在一个应用中协同运作，而不必深度集成在一起。每个服务实体是包含完整执行相关业务功能所需的代码和数据的聚合体，而其提供的服务接口则是松散耦合的，意味着服务接口的调用者，无须了解服务内部的代码和数据是如何实现的。服务接口通常使用通用的协议对外开放，如 SOAP/HTTP、JSON/HTTP 等。开放发布的服务让调用者迅速发现、使用并整合到相关应用中。

微服务架构是应用级别的概念，它试图将一个应用在内部拆分成若干独立的逻辑服务实体，这些逻辑服务实体可以独立修改、独立扩充处理能力、独立运维管理。微服务架构是伴随着虚拟化、云计算、敏捷开发、DevOps 等技术的发展而兴起的。

在应用架构上，5G 计费系统采用面向服务的架构和微服务架构的服务化集成方案。在系统边界的面向外部的服务接口处采用面向服务架构，利用公共开放的协议（如 JSON/HTTP 等）向外界开放 5G 计费能力，如 5G-CHF 计费网关。在系统内部，基于 S-RPC 远程服务访问与通信模块、SRD 服务注册与发现模块、TG/TP 等服务运行控制模块，将单一应用根据负载需求，拆分成若干可独立管控和伸缩的逻辑服务模块，并实现负载均衡与服务路由等功能。

5.1.2 批处理计算引擎

批处理计算大量应用于多种数据处理场景中，比如一个组织每天产生大量的交易或日志记录数据，这些数据存于文件或其他存储中，需要在一天结束后的规定时间内进行清洗并分析，显然这些文件的处理需要花费大量时间。当处理任务实时性要求不高，同时数据的准确性和全面性更为重要时，批处理计算则能更好地满足要求。

批处理计算指一种处理大量作业数据的计算方法，通常需要在一定时间内完成对已收集数据的处理，当前批次数据处理完毕后才得到可用结果或流转到下一个计算环节。尽管可以随时执行批处理，但它特别适合于周期结束处理，例如在一天结束时处理报表或生成每月或每两周账单等。

通过批处理，用户可以收集和存储数据，然后在称为“批处理窗口”的事件期间处理数据。批处理窗口可以是“一段时间的低强度在线活动”，如今，随着 7×24 可用性需求越来越普遍，批处理窗口在不断减小。

为了确保高速处理，批处理应用程序通常与网格计算解决方案集成在一起，在大量处理器上划分批处理作业，尽管这样做对系统和应用程序体系结构提出了特别高的要求，同时也需要具有强大的输入 / 输出性能、垂直可伸缩性、大容量处理所需的容错能力等。批处理计算体系也通过设置处理优先级并在最有意义的时间完成数据作业来提高效率。

现代化的批处理计算引擎已经实现完全自动化，在满足特定的时间条件时自动触发。当一些任务完成时，其他任务可以马上实时启动执行。批处理计算引擎通常支持各类监控程序，以便对任务处理状况进行定期或实时监控，如果处理过程有任何问题，将基于异常管理或告警通知相应的人员，这为运维人员节省了日常工作和其他紧迫任务的时间，而无须监督批处理系统。

批处理计算的数据集具有以下特征。

- 有限数据流：批处理数据集通常为有限数据集合。
- 持久化：批处理数据集通常存储在某种持久化类型的存储介质中。
- 海量：批处理数据集通常是海量的。

在 5G 计费支撑系统的离线计费等场景中，多以话单文件处理为主，时间敏感度相对较低，适宜运用批处理计算技术。

5G 计费系统将数据操纵和数据处理进行抽象拆分，将负责数据读取及分发的服务定义为 TG（Task Generator），将负责数据处理工作的服务定义为 TP（Task Processor），如图 5-1 所示。在常见的离线话单处理场景中，具象化出话单文件操纵服务 FileTG，单个离线话单文件作为批处理的一个有限数据集，话单文件在经过 FileTG 读取后，将文件中话单拆分出一个个任务分发给 TP 进行处理（Map 过程），TP 的处理结果返回后，FileTG 再合并成结果话单文件

（Reduce 过程），文件合并时，可根据地市、话单类型、错单类型等归并写入到不同的结果话单文件中，结果话单文件则可以被后续的执行阶段接续处理。

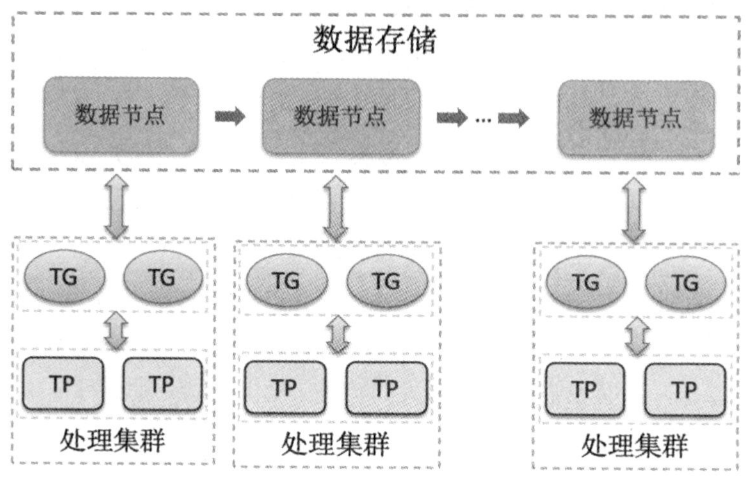

图 5-1　批处理计算引擎

5G 计费系统中的批处理引擎，基于服务化的思想关联 TG 的任务分发及 TP 的服务提供，TP 将处理能力以服务的方式开放暴露，TG 则使用服务发现组件获取 TP 服务元数据及服务地址。TG 对 TP 的任务分发交互基于远程过程调用思想（RPC）构建高性能的网络信讯模型，分发控制使用异步 RPC 机制，使得 TG 可以实现对任务的快速分发及结果的快速汇集。基于远程过程调用及服务化思想的 5G 计费批处理计算引擎，在保证高性能的前提下，兼顾了集群的负载均衡、灵活扩展、高效容错等特性。

5.1.3　流式计算引擎

流式计算是一种对无边界数据集进行连续不断分析处理的技术，它会对进入系统的数据进行实时计算。流式计算一般借助分布式的架构来实时处理海量数据流，以提高数据摄取、数据处理和数据显示效果，保障分析的效率和可靠性。

如果无须先存储整个数据集、无须针对整个数据集执行操作，而是对通过系统传输的每个数据项直接进行数据计算，实时性要求严格，单次计算涉及数据量相对较小，在这样的应用场景下，流式计算具有明显优势。对于先存储后计算，实时性要求不高，同时数据规模大、计算模型复杂的应用场景，更适合使用批处理计算。

流式计算更注重对持续进入的数据的实时分析，数据以流的方式进入，携带了大量信息，对数据进行分析提取（如关联、聚合、筛选和取样）以获取数据的价值。流式处理模型被广泛地应用在在线推荐、在线分析、业务监控等时效性高且低时延的场景中。

流式计算处理系统是满足以下场景的有效解决方案：最小的延迟、用于处理不完善数据的内置功能、对数据流的 SQL 查询以构建广泛的运算符、保证生成可预测和可重复结果、存储流式数据的集成能力、容错功能、保证数据安全性和可用性、以最小的开销实现实时响应的能力、用于大容量数据流的能力，以及在多个处理器和节点之间自动扩展应用程序的能力。

流式计算的数据有如下特征。

- 无限数据流：数据通常由数据源持续生成并快速到达，无明显的数据边界。
- 多数据源：数据来源众多，格式复杂。
- 有限持久性：原始数据处理后，通常只有计算结果和部分中间数据在有限时间内被保存或向后传递。
- 价值衰减：随着时间的流逝，数据中所蕴含的价值不断衰减。

流处理通常需要对传入的一系列数据（“数据流”）执行多个任务，这些任务可以串行、并行或同时执行。此工作流程称为流处理管道，其中包括数据的生成、数据的处理以及数据到最终位置的传递。

流处理对数据采取的操作包括聚合（例如求和、均值、标准差之类的计算）、分析（例如基于数据中的模式预测未来事件）、转换（例如将数字更改为日期格式）、充实（例如将数据点与其他数据源组合以创建更多上下文和含义）和提取（例如将数据插入数据库）。

在 5G 计费系统中，同样存在一些需要实时、低延迟处理的场景，如处理来自外部 SMF 网元消息等在线计费场景，处理外部中心发布到 MQ 的信控或告警请求消息场景等，在这些场景中计费系统均使用了基于事件的流式计算技术。

在流式计算场景中，Task Generator（TG）具象化为处理实时消息的 MQTG 或者 NetTG，TG 会实时接收外部调用数据或从 MQ 中拉取数据，之后将数据转送到下一个处理环节执行，根据业务特性，处理环节可以为多个，形成一个有向无环图处理流。处理中的数据通常为单条消息或者单个记录，系统利用有限或不完整的数据信息进行持续性的数据分析与加工，处理完毕后的有价值的信息可以存储在 DB 或其他持久化介质中，如图 5-2 所示。

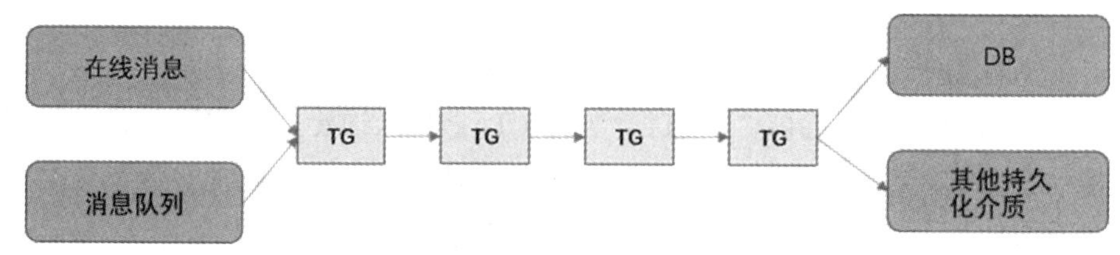

图 5-2　流式计算引擎

为能完备处理所有消息或记录，系统具有专门设计的状态管理、容错及告警机制，当处理过程中出现处理节点异常情况时，系统基于状态及记录时效控制确定对任务的容错，并同时记录告警信息，以便运维人员观测或进一步验证。

5.2　数据分片与路由

5.2.1　数据分片与路由概述

数据分片主要是为了解决超大容量 5G 计费系统的支撑问题，当系统的容量达到一定规模后（如 2000 万用户），考虑到数据库的性能和内存数据库并发访问的性能，尽量降低系统的单点故障，以及提升异常情况下系统的恢复效率等，将系统按逻辑划分成几个处理中心，以实现系统的动态线性扩展的能力。

多个处理分中心使得数据具有局部的特性，一部分数据在一个中心，而另一部分数据在另一个中心。考虑到应用中心在物理上可能在不同的地点，在做系统设计的时候，需要尽可能地减少跨中心的服务调用和数据访问。按照一个中心内不再拆库和拆分内存数据库的设计，应用路由和数据路由可以统一成系统的中心路由。

由于不同的应用系统外部接口有不同的划分维度，会使这个问题变得复杂。在线话单计费处理时，入口的维度一般以用户归属的 SCP 做应用划分，为了减少跨中心访问的约束，需要将归属相同 SCP 的用户划分到一个中心。离线话单计费处理时，如果以 SCP 话单为计费话单的话，则和在线计费能够对应；如果以交换机话单为计费话单的话，则和 SCP 无法对应，因为交换机是用户当前漫游所在的交换机，所以和用户归属 SCP 无法对应。

基于以上分析，关于应用路由和数据路由的划分，不同的系统之间无法统一为相同的划分维度，以保证尽可能少的跨中心操作。为了解决此问题，需要在四层交换底下（即接入层）支持根据数据路由将不同交易对象路由到其他中心，因此路由服务应运而生。接入层根据路由表将各个任务按一定的策略分发到不同的中心，使得任务需要访问的数据就在这个中心上，基本消除跨中心的数据访问。路由服务通常使用支持高性能、高可用、大数据量处理的内存数据库作为后台存储，实现对路由表进行增删改查的操作。

路由服务由路由规则和实际的路由表构成，如图 5-3 所示。路由服务的功能就是根据路由规则和路由数据建立路由表，提供对任意维度的查询并快速地返回目标点。路由规则是前台配置的一张或几张表，说明了如何根据路由数据的主维度得到目标点。路由表则存放了各个维度到目标点的映射，通过查询路由表，可以快速地根据任意维度得到数据的目标点。因为路由表的数据量很大，通常把它放在分布式的内存数据库存储中。

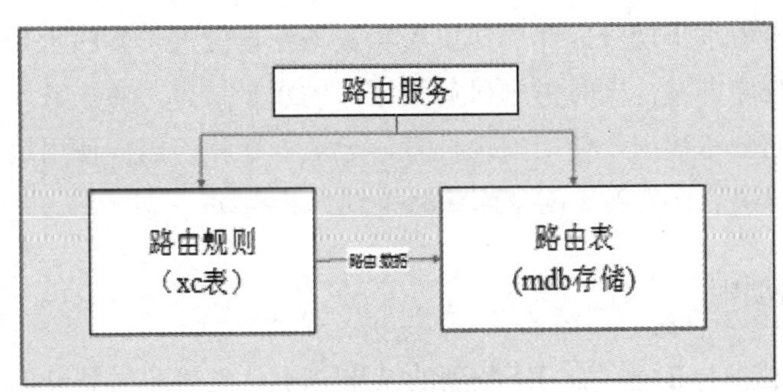

图 5-3　路由服务

5.2.2　高可扩展性数据分片与路由策略

1. 内存数据库分片

内存数据库分片要求对路由模块做进一步的调整，才能满足分片后的路由功能以及相关的一些非功能性需求，如性能和可靠性。

如图 5-4 所示为内存数据库分片后的数据节点。

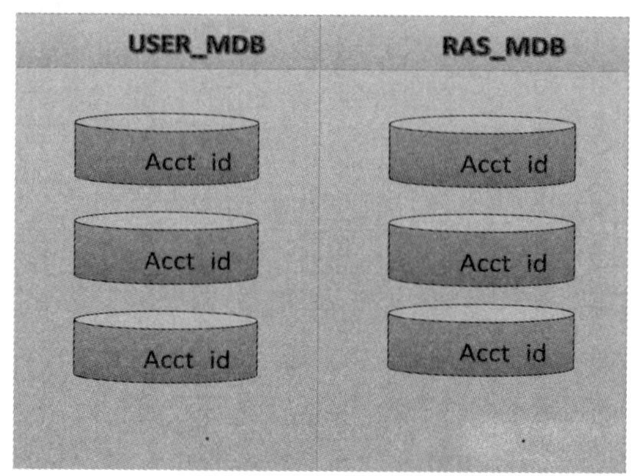

图 5-4　内存数据库分片后的数据节点

2. 切分数据库

切分数据库包括垂直切分数据库数据和水平切分数据库数据，以便解决单一数据库的容量和性能问题，为以后的数据库水平扩展建立基础。首先把数据库垂直切分成计费详单库、账务库、基础数据库（产品等数据），对于基础数据库可以不再做水平切分，计费详单库和账务库再做进一步的水平切分。结合之前的路由分库方案，同时考虑日后数据库的水平扩容，对账务库使用“先全局按增量区间分布数据，使用增量扩容，无数据迁移，局部使用散列方式分散数据读写，解决热点问题”的分库策略来划分数据库。

3. 路由规则

路由规则基于 ID 散列，ID 散列的结果并不是直接映射到分库上，而是映射到一个虚拟 VID，虚拟 VID 再映射到具体分库上。这种方案带来的好处是可以均匀地分布数据，扩容时也可以只进行部分数据迁移。但是当发生数据扩容时，这部分的数据迁移也很麻烦。因为当扩容时会修改原 VID 的映射关系，把部分 VID 重新映射到新的扩容节点上，这就要求把这部分数据从原来的分库上迁移到新的节点，同时对每张表的每条数据按旧规则执行路由后得到 VID，再根据该 VID 来决定是否迁移到新的节点上。这种级别的数据迁移方式效率很低，因此需要改进该模型以便能快速地筛选出需要迁移的数据并执行迁移工作，或者不进行数据迁移。

为了避免数据迁移，可以使用增量区间与散列相结合的方式，即全局数据按增量区间分布，但是每个增量区间并不是按照某个 Sharding 的存储规模划分，而是根据一组 Sharding 的存储总量来确定，我们把这样的一组 Sharding 称为一个 ShardingGroup。在局部一个 ShardingGroup 内，记录会再按散列方式均匀分布到组内各 Sharding 上。这样一条数据的路由会先根据其主维度所处的区间确定 ShardingGroup，然后再通过散列命中 ShardingGroup 内的某个目标 Sharding。在每次扩容时，会引入一组新的 Sharding 组成一个新的 ShardingGroup，为其分配增量区间，于是新生数据就会写入新的 ShardingGroup，旧有数据不需要迁移。同时，在 ShardingGroup 内部各 Sharding 之间再使用散列方式分布数据读写，进而又避免了“热点”问题。在扩容时，为避免新增的 ShardingGroup 因起初数据量小而出现服务器利用率低的问题，可以把新增的 ShardingGroup 内的 Sharding 和已存在的 ShardingGroup 内的 Sharding 数据库实例混合部署在不同的机器上，以达到服务器资源利用的平衡。

4. 路由维度

分库之后，对应用应该保持透明，那么就需要路由层来决定目标分库。那路由层该如何决定目标数据库呢？要定位到一个具体的分库需要三个维度：垂直维度、水平分库组维度和水平维度，例如（BILLING_DB，GROUP1，0）表示垂直域为 BILLING_DB、所在分库组为 GROUP1 且组内为 0 编号的分库。下面就按这三个维度进行说明。

- 垂直维度：数据库垂直切分后，需要根据当前操作的表名来决定具体的垂直库（域），因此对于垂直切分需要定义一种映射规则，据此把表映射到垂直域上，可以把数据库中的每个表和垂直域建立映射关系，但5G计费系统的表很多，为每个表进行配置过于烦琐，而且万一少配置了一张表，那么这张表的路由就无法确定具体的库。此外5G计费系统已经按照业务功能对使用的表按域（为每个域定义了schema）进行划分，把相关的表划分到相同的域（schema）下，每个表只属于一个schema。因此直接把schema映射到垂直域，考虑到某些表可能跟所在的schema映射到的垂直域会不同，允许对这些特殊的表进行重新定义映射并优先采用。这种使用特殊的覆盖通用的映射策略，既可以减少配置数据又不失灵活性。

- 水平分库组维度：考虑以后数据库水平扩容的需求，并且在扩容时尽量避免迁移数据，因此在进行水平分库时可以先按主维度（主键ID）的增量区间对水平库进行分组，组维度在实际应用中也可以选择不使用。
- 水平维度：对于水平分库目前比较通用的做法是按某主键ID散列的方式把数据分散到分库中。我们对此做了进一步的改进，在ID散列的结果和具体分库之间增加了虚拟VID做映射。例如按ID主键对10取模后，可以根据实际需要把1～6映射到分库1，7～9映射到分库2。这种方案的好处是可以按数据库服务器的承载量或者在数据实际分布不均时做出调整，以便均匀分布数据，在调整数据分布或扩容时也可以只进行部分数据迁移。垂直分库需要把直接或间接相关的表分在一起，以便按照某主键ID散列做进一步的水平分库，这就要求垂直域中各表中的数据都需要和这个主键ID相关，否则这个表就需要移到另外一个垂直域中，通过允许为每个垂直域定义不同的水平分库规则（即使用不同的主键）可以避免出现这个问题。5G计费系统根据电信行业业务的特点，基本上所有的表都与其三户模型（客户、账户、用户）相关。绝大部分的业务操作上下文都知道账户ID，因此可以选择其作为路由水平主维度，即基于账户ID把数据散列到多个水平分库上。对于那些上下文中不知道账户ID的业务，需要通过三户模型关系把其他ID转换为账户ID，为此定义一些辅助维度，如客户ID、用户ID、手机号码等，这些辅助维度都可以转换成主维度账户ID，最终可以只根据主维度账户ID来计算出虚拟VID。

5.3 HTTP/2 协议

早期版本的 HTTP 协议的设计初衷主要是实现要简单，HTTP/0.9 只用一行协议就启动了万维网，HTTP/1.0 则是对流行的 HTTP/0.9 扩展的一个正式说明，HTTP/1.1 则是 IETF 的一份官方标准。因此，HTTP/0.9 ～ HTTP/1.x 实现了让

HTTP 成为应用最广泛、采用最多的一个互联网应用协议的目的。

然而，实现简单是以牺牲应用性能为代价的，HTTP/1.x 客户端需要使用多个连接才能实现并发和缩短延迟，HTTP/1.x 不会压缩请求和响应标头，同时大量重复的请求和响应标头在一个会话中的多次请求里被重复传输，从而产生不必要的网络流量。另外 HTTP/1.x 的请求和响应标头都是 TEXT 明文，不但如上所述增加了传输的流量，同时也增加协议解析的困难，且性能不佳。最后 HTTP/1.x 不支持有效的资源优先级，致使底层 TCP 连接的利用率低下。

这些限制并不是致命的，但随着网络应用的范围、复杂性以及在日常生活中的重要性不断增大，它们对网络开发者和用户都造成了巨大负担。以上这些问题正是 HTTP/2 要致力于解决的。

5.3.1　HTTP/2协议概述

1. 前生——SPDY

HTTP/2 协议的前身是 SPDY，是由 Google 开发的一个实验性协议，它于 2009 年年中发布，主要目标是通过解决 HTTP/1.1 中广为人知的一些性能限制，来减少网页的加载延迟。具体来说，这个项目设定的目标如下。

- 页面加载时间（PLT）减少50%。
- 无须网站作者修改任何内容。
- 将部署复杂性降至最低，无须变更网络基础设施。
- 与开源社区合作开发这个新协议。
- 收集真实性能数据，验证实验性协议是否有效。

为了达到减少 50% 页面加载时间的目标，SPDY 引入一个新的二进制分帧层，以实现请求和响应复用、优先级和标头压缩，目的是更有效地利用底层 TCP 连接。在 2012 年，这个新的实验性协议得到 Chrome、Firefox 和 Opera 的支持，而且越来越多的大型网站（如 Google、Twitter、Facebook）和小型网站开始在其基础设施内部署 SPDY。事实上，在被行业越来越多地采用之后，SPDY 已经具备了成为一个标准的条件。

观察到这一趋势后，HTTP 工作组（HTTP-WG）将这一工作提上议事日程，吸取 SPDY 的经验教训，并在此基础上制定了官方标准。

2. 走向 HTTP/2

SPDY 是 HTTP/2 的催化剂，但 SPDY 并非 HTTP/2。2012 年年初，W3C 向社会征集 HTTP/2 的建议，HTTP-WG 经过内部讨论，决定将 SPDY 规范作为制定标准的基础。

在接下来几年中，SPDY 和 HTTP/2 继续共同演化，其中 SPDY 作为实验性分支，用于为 HTTP/2 标准测试新功能和建议。理论不一定适合实践（反之亦然），SPDY 提供一个测试和评估路线，可以对要纳入 HTTP/2 标准中的每条建议进行测试和评估。最终，这个过程持续了三年，2015 年年初，IESG 审阅了新的 HTTP/2 标准并批准发布。之后不久，Google Chrome 团队公布了他们为 TLS 弃用 SPDY 和 NPN 扩展的时间表：

与 HTTP/1.1 相比，HTTP/2 的主要变化在于性能提升。一些主要功能（如复用、标头压缩、优先级和协议协商）演化自之前开放但不标准的协议（SPDY）。Chrome 自 Chrome 6 开始就支持 SPDY，但由于大部分优点都集中在 HTTP/2 中，是时候向 SPDY 说再见了。我们计划于 2016 年年初停止对 SPDY 的支持，还会停止对 TLS 的 NPN 扩展的支持，转而在 Chrome 中使用 ALPN。强烈建议服务器开发者迁移到 HTTP/2 和 ALPN。我们很高兴参与最终催生了 HTTP/2 的开放式标准的制定过程，并且考虑到整个行业在标准化和实现过程中的参与热情，我们希望对这一标准的采纳越来越多。

SPDY 与 HTTP/2 的共同演化让服务器、浏览器和网站开发者可以在新协议制定过程中获得真实体验。因此，HTTP/2 标准自诞生之日起就成为最好并经过大量测试的标准之一，到 HTTP/2 被 IESG 批准时，已经有很多经过完全测试并且可以立即投入生产的客户端与服务器。事实上，在最终协议被批准的几周后，由于多款热门浏览器（和许多网站）都部署了完整的 HTTP/2 支持，大量用户都体会到了新协议的好处。

HTTP/2 的主要目标是通过支持完整的请求与响应复用来减少延迟，通过有效压缩 HTTP 标头字段将协议开销降至最低，同时增加对请求优先级和服务器推送的支持。为达成这些目标，HTTP/2 还带来了大量其他协议层面的辅助实现，例如新的流控制、错误处理和升级机制等。上述几种机制虽然不是全部，但却是最重要的，每一位网络开发者都应该理解并在自己的应用中加以利用。

HTTP/2 没有改动 HTTP 的应用语义。HTTP 方法、状态代码、URI 和标头字段等核心概念一如既往。因此，HTTP/2 仍是对之前 HTTP 标准的扩展而非替代。不过，HTTP/2 修改了数据格式化（分帧）以及在客户端与服务器间传输的方式。这两点统率全局，通过新的分帧层向应用隐藏了所有复杂性。因此，所有现有的应用都可以不必修改而在新协议下运行。

然而 HTTP/2 引入了一个新的二进制分帧层，该层无法与之前的 HTTP/1.x 服务器和客户端兼容，因此协议的主版本提升到 HTTP/2，而不是 HTTP/1.2。

即便如此，除非你在实现网络服务器（或自定义客户端）时需要使用原始的 TCP 套接字，否则你很可能注意不到任何区别：所有新的低级分帧由客户端和服务器执行。可观察到的唯一区别将是性能的提升和请求优先级、流控制与服务器推送等新功能的出现。

3. 二进制分帧层

HTTP/2 所有性能增强的核心在于新的二进制分帧层，如图 5-5 所示，它定义了如何封装 HTTP 消息并在客户端与服务器之间传输。

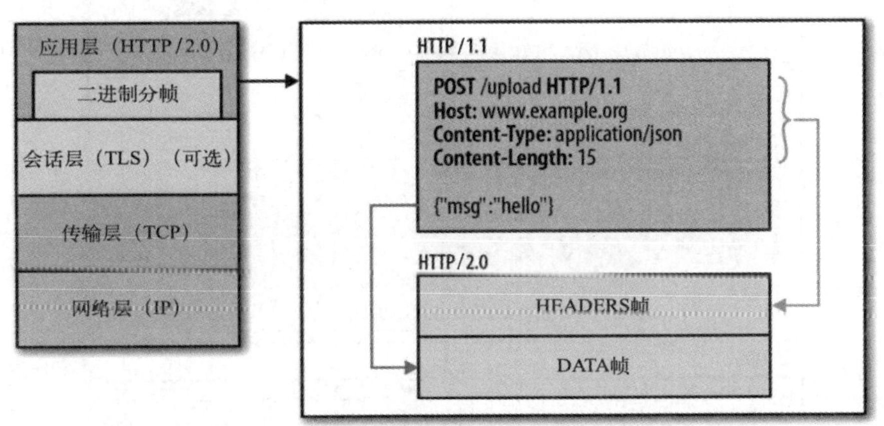

图 5-5　HTTP/2 协议的二进制分帧

这里所谓的“层”，指的是位于套接字接口与应用可见的高层 HTTP API 之间的一个新机制：HTTP 的语义包括各种动词、方法、首部等，都不受影响，不同的是传输期间对它们的编码方式变了。HTTP/1.x 以换行符作为纯文本的分隔符，而 HTTP/2 将所有传输的信息分割为更小的消息和帧，并对它们采用二进制格式的编码。因此，客户端和服务器为了相互理解，必须都使用新的二进制编码机制：HTTP/1.x 客户端无法理解只支持 HTTP/2 的服务器，反之亦然。不过，现有的应用不必担心这些变化，因为客户端和服务器会替它们完成必要的分帧工作。

4. 数据流、消息和帧

新的二进制分帧机制改变了客户端与服务器之间交互数据的方式，如图 5-6 所示。为了说明这个过程，需要了解 HTTP/2 的几个新概念。

- 流：已建立的连接上的双向字节流。
- 消息：与逻辑消息对应的完整的一系列数据帧。
- 帧：HTTP/2通信的最小单位，每个帧包含帧首部，至少也会标识出当前帧所属的流。

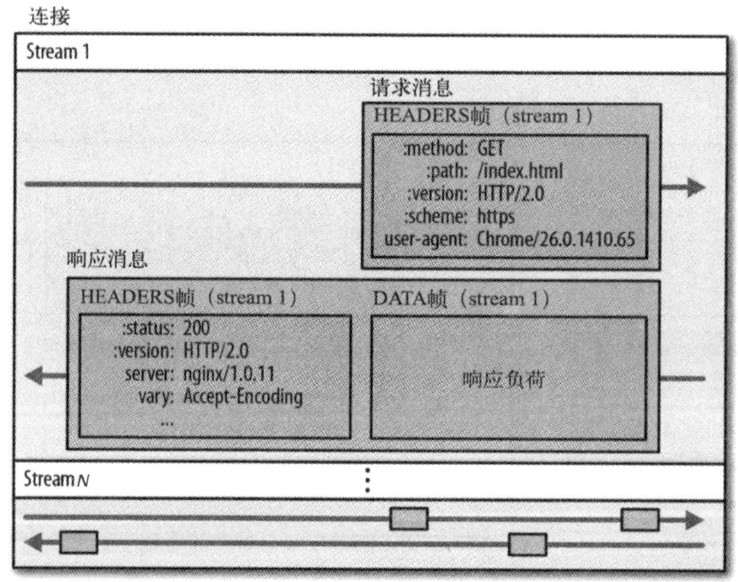

图 5-6　客户端与服务器的数据交互

所有 HTTP/2 通信都在一个连接上完成，这个连接可以承载任意数量的双向数据流。相应地，每个数据流以消息的形式发送，而消息由一个或多个帧组成，这些帧可以乱序发送，然后再根据每个帧首部的流标识符重新组装。这里简单的几句话浓缩了大量的信息，要理解 HTTP/2，就要着重理解流、消息和帧这几个基本概念。

- 所有通信都在一个TCP连接上完成。
- 流是连接中的一个虚拟信道，可以承载双向的消息；每个流都有一个唯一的整数标识符（1，2，…，N），其中0一般用作流控制。
- 消息是指逻辑上的HTTP消息，比如请求、响应等，由一个或多个帧组成。
- 帧是最小的通信单位，承载着特定类型的数据，如HTTP首部、负荷等。

简而言之，HTTP/2 把 HTTP 协议通信的基本单位缩小为一个一个的帧，这些帧对应着逻辑流中的消息。相应地，很多流可以并行地在同一个 TCP 连接上交换消息，这就是 HTTP/2 引入的多路复用，它极大地减少了延迟，提升了整个通信的效率。

5. 多路复用

在 HTTP/1.x 中，如果客户端想发送多个并行的请求以及改进性能，那么必须使用多个 TCP 连接，这是 HTTP/1.x 交付模型的直接结果，该模型会保证每个连接每次只交付一个响应（多个响应必须排队）。更糟糕的是，这种模型也会导致队首阻塞，从而造成底层 TCP 连接的效率低下。

然而 HTTP/2 中新的二进制分帧层突破了这些限制，实现了多向请求和响应：客户端和服务器可以把 HTTP 消息分解为互不依赖的帧，然后乱序发送，最后再在另一端把它们重新组合起来，如图 5-7 所示。

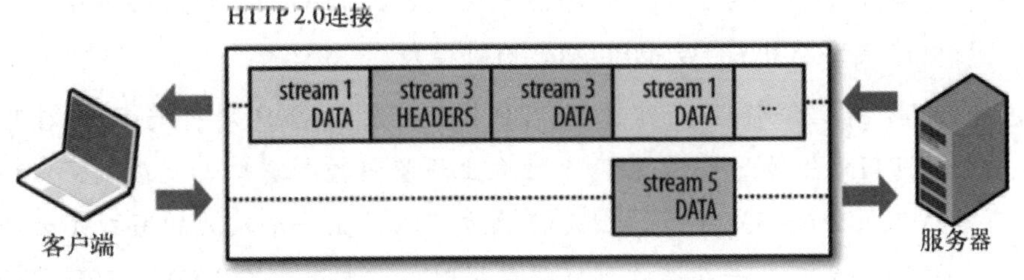

图 5-7　HTTP/2 协议多路复用技术

把 HTTP 消息分解为独立的帧，交错发送，然后在另一端重新组装是 HTTP/2 最重要的一项增强。事实上，这个机制会在整个 Web 技术栈中引发一系列连锁反应，从而带来巨大的性能提升，主要因为以下几点。

- 可以并行交错地发送请求，请求之间互不影响。
- 可以并行交错地发送响应，响应之间互不干扰。
- 只使用一个连接即可并行发送多个请求和响应。
- 消除不必要的延迟，从而减少页面加载的时间。
- 不必再为绕过HTTP/1.x限制而多做很多工作。

总之，HTTP/2 的二进制分帧机制解决了 HTTP/1.x 中存在的队首阻塞问题，也消除了并行处理和发送请求及响应时对多个连接的依赖，带来的好处是应用速度更快、开发更简单、部署成本更低。

6. 流控制

流控制是一种阻止发送方向接收方发送大量数据的机制，以免超出后者的需求或处理能力。发送方可能非常繁忙、处于较高的负载之下，也可能仅仅希望为特定数据流分配固定量的资源。

由于 HTTP/2 数据流在一个 TCP 连接内复用，TCP 流控制既不够精细，也无法提供必要的应用级 API 来调节各个数据流的传输。为了解决这一问题，HTTP/2 提供了一组简单的构建块，这些构建块允许客户端和服务器实现自己控制数据流和连接级流。

- 流控制具有方向性：每个接收方都可以根据自身需要选择为每个数据流和整个连接设置任意的窗口大小。
- 流控制基于信用：每个接收方都可以公布其初始连接和数据流流控制窗口（以字节为单位），每当发送方发出 DATA 帧时都会减小，在接收方发出 WINDOW_UPDATE 帧时增大。
- 流控制无法停用：建立HTTP/2连接后，客户端将与服务器交换 SETTINGS 帧，这会在两个方向上设置流控制窗口。流控制窗口的默认值设为65 535字节，但是接收方可以设置一个较大的窗口（大小为 $2^{31}-1$字节），并在接收到任意数据时通过发送 WINDOW_UPDATE 帧来维持这一大小。
- 流控制为逐跃点控制，而非端到端控制，即可信中介可以使用它来控制资源使用，以及基于自身条件和启发式算法实现资源分配机制。

HTTP/2 未指定任何特定算法来实现流控制，不过它提供了简单的构建块并推迟了客户端和服务器实现，可以实现自定义策略来调节资源使用和分配，以及实现新传输能力，同时提升网页应用的实际性能和感知性能。

7. 首部压缩

每个 HTTP 传输都承载一组标头，这些标头说明了传输的资源及其属性。在 HTTP/1.x 中，元数据始终以纯文本形式出现，通常会给每个传输增加 500 ～ 800 字节的开销，如果使用 HTTPCookie，增加的开销有时会达到上千字节。为了减少此开销和提升性能，HTTP/2 使用 HPACK 压缩格式压缩请求和响应标头元数据。

- HTTP/2在客户端和服务器端使用“首部表”来跟踪和存储之前发送的键—值对，对于相同的数据不再通过每次请求和响应发送。
- 首部表在HTTP/2的连接存续期内始终存在，由客户端和服务器共同渐进地更新。
- 每个新的首部键—值对要么被追加到当前表的末尾，要么替换表中之前的值。

在图 5-8 所示的例子中，第二个请求只需要发送变化了的路径首部（:path），其他首部没有变化则不用再发送，这样就可以避免传输冗余的首部，明显减少每个请求的开销。

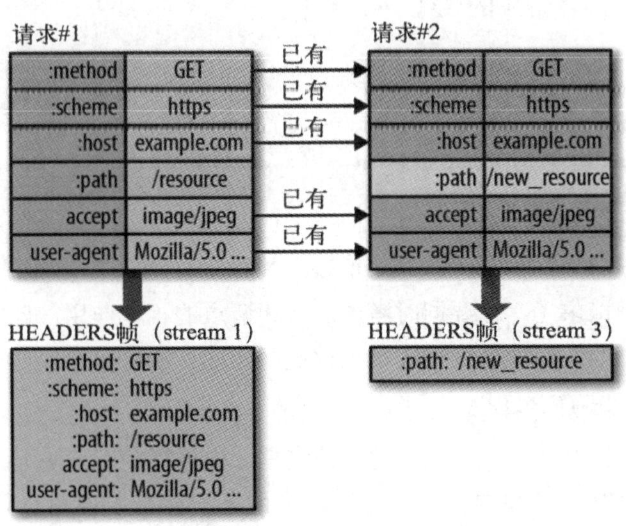

图 5-8　HTTP/2 协议的首部压缩

通信期间几乎不会改变的通用键－值对（用户代理、可接受的媒体类型等），只需发送一次。事实上，如果请求中不包含首部（如对同一资源的轮询请求），那么首部开销就是零字节，此时所有首部都自动使用之前请求发送的。

5.3.2 高性能HTTP/2服务端

1. 我们的选择

在 HTTP 领域，当人们提起 HTTP 服务端，一定有很多人想到 Nginx，Nginx 的性能高、可扩展性强，但是 5G 计费系统未选用 Nginx 作为 HTTP 服务器。在既有的计费领域，内部系统通信有自定义的 RPC 协议，网络通信上也有已经形成编程框架的异步通信网络库。在这种情况下，整合现有通信协议到 Nginx 就变得非常微妙，毫无疑问，Nginx 是高性能的 HTTP 服务器，并且经受住了实践考验，但是其编程梯度非常陡峭，也许将它简单用于服务网关是勉强可以接受的（市面上有不少基于 Nginx 的服务网关产品）。

所以 5G 计费系统选择寻找一个 C++ 多线程编程框架下的 HTTP 服务端，可惜随着 HTTP/2 带来的升级，给 HTTP 编程模式带来了质的改变，许多原有基于 HTTP/1.1 的开发接口已经无法适用。同时大多 HTTP 服务端 C++ 编程库并没有充分考虑 HTTP/2 和多线程编程两者结合的问题。

2. HTTP/2 带来的变化

HTTP/2 的升级，对 HTTP/1.x 来说最大的编程思路变化是一个 TCP 连接上可以交互多个请求和响应。试想一下，当一个 TCP 连接上接收到一个请求时，如果是 HTTP/1.x，这个请求可以和这个 TCP 连接做一一衍射对应，所以可以通过管理连接来管理请求。

但是在 HTTP/2 下，一个 TCP 连接上并行接收到多个请求，此时无法直接通过连接管理请求了，需要同时考虑连接和请求的相互作用，但同时考虑这两者是非常麻烦的，对业务开发人员来说更是如此。所以可以退而求其次，只考虑请求而不考虑 TCP 连接。

这样说起来有点奇怪，准确地讲是这里分内外视角：业务开发是外视角，只需考虑 HTTP 请求和响应，而相应 C++ 服务端库是内视角，需考虑 TCP 连接管理和 HTTP 请求的关联问题。如此就合理规避了 HTTP/2 对 5G 计费系统的研发过程带来的变化，业务人员可以聚焦注重业务处理逻辑，而不是连接管理、连接异常、网络接收上的多请求等问题。

3. 多线程编程的影响

再来看多线程问题，众所周知，单线程编程是让人非常舒服的，大多数情况下，开发人员只希望在关键性能出现问题的时候再来关心多线程以提高性能。但多线程往往会带来线程安全问题、锁问题，同时 HTTP/2 的一个 TCP 连接支持多请求又带来了新变数，一个 TCP 连接能被多个线程共享吗？多个请求能分发到多个线程吗？一个请求和响应能跨越多个线程吗？如果不解决这些问题，对业务开发的影响将非常大。

考虑到不管在 HTTP/1.x 还是在 HTTP/2，一个请求一定和一个响应一一对应，一个请求出现后一直到做出响应，它其实是空悬状态，一个请求也不会有两个响应，那么可以利用这一点规避多线程的线程安全问题。首先一个 TCP 连接只能被分配到某一个线程处理，然后对于这个 TCP 连接上的所有请求响应做一个归属权绑定，当做出业务响应时，提供跨线程预提交功能，也就是说实际响应对象将先进入相应 TCP 连接处理队列中，最终积压的多个响应合并到一起，统一批量发送到外部客户端。

另外，在 HTTP/2 协议下还存在服务端推送问题，一个客户端请求可能导致服务端多次推送，通过将推送和触发的请求绑定，推送可以升级到 TCP 连接的绑定，从而实现在任意的请求上绑定而不一定是触发的请求绑定，和触发的请求绑定是虚绑定。实际上，它和 TCP 连接的绑定是任意请求上都可以做推送，每次推送都可以看成一次特殊的响应。

以上描述的是实现的内视角，如果从业务开发人员的外视角去看，他们看到的只是有了新的请求到来时执行实际的业务处理并做出响应，在整个过程中业务开发人员对多线程是无感知的。

4. 事件驱动架构

在网络处理上，由于 HTTP/2 的多路复用和二进制帧的引入，自然是异步事件架构更合适。对于 TCP 建立连接事件、TCP 连接可读、TCP 连接可写、HTTP 请求数据接收、HTTP 响应数据发送、TCP 连接关闭等，全部由后台工作线程负责。在一个 HTTP 请求没有接收完以前，上层无感知，只有在一个请求接收完整后才会通知上层的业务开发。

这种设计使得网络性能、用户感知的请求时延都得到了提升，每个用户的请求所产生的事件会及时响应，整个服务器的网络吞吐量都会由于事件的及时响应而增大。同时从上层业务开发人员的视角来看，每个事件消费者都未阻塞，他们看到的只有一个个 HTTP 事件，新的请求到来后何时做出响应，这是业务逻辑产生的事件，至于在上层业务做出响应动作后，随后的连接事件、连接可写、响应发送进度，他们都不必理会。

当然，为了异常的情况能被业务所记录，在响应发起后会提供一个发送响应过程是否发生异常和异常原因的事件。

5. 性能等指标的重要性

定制服务端其实并不是从零开始，HTTP/1.x 协议解析上有 http-parser，HTTP/2 协议解析有开源的 nghttp，异步网络编程上也有 libev、asio 等框架，但有了优质编程库，将它们有效设计与整合并不一定会产生一个性能卓越的 HTTP 服务器，关键性的调试日志、性能指标统计等依旧至关重要。

对于性能的定位，性能指标是至关重要的，但如果时刻开启性能指标统计，无疑对性能毫无益处。5G 计费系统选择了一个可以在需要的时候动态开启的性能指标统计，它主要用来定位问题，同时对性能影响非常小，以至于可以长时间开启，甚至当监控使用。性能指标统计分两部分：一部分是长时间开启，它对性能影响不大，主要包括连接数、请求数、异常连接数等；另一部分是支持动态开启的，它详细到每个请求的数据接收情况、每次 TCP 接收情况、实际业务处理时间等，这些指标经过优化后对性能影响不大，但最好动态开启使用。同时 RESTAPI 可以在线获取性能指标数据、开关详细性能指标数据统计。

在实际落地过程中，这些性能指标统计和调试日志可以让业务开发人员清晰地看到系统运行后各内部模块的运行状态，对定位问题帮助很大。

6. 设计总览

对使用广泛的 JSON 通信数据格式，支持直接发送 JSON 对象的请求，支持将响应数据转换到 JSON 对象。5G 计费系统还支持通用的压缩算法（如 gzip），同时默认自动解压响应数据，减少开发人员关心实际的数据压缩问题。

在开发接口开箱即用的前提下，在有异步 IO 带来的高性能情况下，支持多线程可扩展，并且各个线程的负载相对均衡。同时支持输出较多性能统计指标，并且整个性能指标统计过程对性能影响很小。

总而言之，易集成，易使用，兼顾高性能与通用性的平衡，保持业务开发人员既有的开发习惯，同时和原有的计费系统易于整合，这些理念是贯串新一代 5G 计费系统研发过程的主线。

5.4　高性能 RPC 框架

5.4.1　高性能通信模型

RPC 通信是采用基于网络的通信模型，通信模型的选型隐含了对性能、错误检测、健壮性、通信事务处理等特性的要求。不过，在分布式应用系统中并没有可以适配所有应用场景的“万能模型”，不同的通信模型是为不同的应用场景而生，通信模型的采用需要与应用领域和应用场景相适配才能发挥预期的作用。

网络通信模型通常包含三种主要类型：点对点（Point-to-Point）、客户机 / 服务器（Client/Server）、订阅 - 发布（Subscribe/Publish）。其中点对点模型是最简单的通信模型，通信两端只能建立一对一的通信连接，一旦连接建立后，两端将不再接收其他通信连接，直到当前通信连接断开。最常见的点对点模式如语音电话。客户端 / 服务器模型是在点对点模型的基础上，因应可扩展性的需求而发展的。客户端 / 服务器可以实现一对多的通信。在客户端 / 服务器模式下，一个特定的服务端节点可以同时处理多个客户端的连接。订阅 / 发布模型提供了多对多的通信模型，其优势在于高效传输大量的数据。订阅 / 发布模型具体的应用实例包括文件传输和远程方法调用。

5G 计费系统的高性能 S-RPC 采用了多对多订阅 / 发布模型，同时支持客户端 / 服务器模型，集成了多线程技术、异步非阻塞 Socket 通信、多路复用等技术，能实现 RPC 通信的高性能、高吞吐量、高扩展性等要求。

5.4.2　高性能可扩展通信协议

通信协议是指在网络通信过程中相互交换的消息的格式以及规则的正规性描述。通信协议涵盖身份验证、错误检测和修正、内容和信号传递等功能，另外还包括语法、语义等方面的描述。

目前，最常用的通信协议包括 TCP/IP、FTP、HTTP、POP3、SMTP 等。其中 TCP/IP 是目前互联网络最基础的通信协议之一，TCP 表示传输控制协议，IP 表示网际互联协议。TCP 定义了如何建立和维护一个网络会话，以便应用在这个会话基础上互相传递数据。TCP 基于 IP 实现，IP 则定义了计算机如何将消息分组发送到对方。TCP 是面向连接、基于流的通信协议，它提供了可靠的通信方式。为了满足这些特定要求，TCP 采用了数据分片与重组、到达确认、超时重发、滑动窗口、失序 / 重复处理、数据校验等多重手段。

5G 计费系统采用的 S-RPC 通信协议是基于 TCP/IP 协议的，在应用层根据设计业务需求和系统特点充分定制化，在确保可靠性传输的基础上，具备有效性校验、应用层身份验证、超时控制、消息路由、错误校验等多种功能。

5.4.3 高性能语言对象序列化协议

对象序列化是指将一个程序对象实例转换为字节流，并将其存储到内存、文件、数据库等介质的过程。对象序列化的目的是持久化保存对象实例的当前状态，并在需要的时候可以重建该对象实例。序列化后的对象可以跨语言重建以实现互操作性。对象序列化的反向过程称为反序列化。

对象序列化协议格式通常有 JSON、XML 或其他自定义二进制格式。5G 计费系统的 SDL 对象序列化协议格式根据不同业务场景的设计需求，可支持多种序列化格式，包括开放的 JSON 和自定义的 SJSON、SCDR 等，并支持后续自定义扩展，以便在不同的应用场景下实现性能与通用性的最佳组合。

目前 5G 计费系统的 SDL 对象序列化支持 C++ 和 Java 实现，即 C++ 对象序列化后可以传递给 Java 程序重建对象，提升了系统的互操作性。

5.4.4 服务注册与发现

在微服务架构下，微服务客户端通常在初始时不知道目标服务的确切地址，因此在客户端发起服务请求之前，需要有一种机制让客户端能够获取到目标服务的地址，这个机制就是“服务注册与发现”。如果没有服务注册和发现机制，那么服务客户端与其目标服务需要绑定在一起，比如将服务端的地址通过静态初始配置告知客户端，如此服务端将不能改变其服务地址（包括重启后），这会让系统变得耦合度高且难以维护。

微服务架构的目标是各个服务模块能够独立部署和扩展，因此随着系统中服务实例越来越多，如在手动、自动伸缩或者持续交付的过程中，服务实例的启停变得更频繁，服务地址的变更也越来越频繁。于是，必然需要一种动态配置机制取代静态配置。

微服务架构中的服务注册与发现就是一种动态配置机制。服务端启动后将当前服务地址自动注册到目标服务注册表，服务停止后其地址记录则从服务注册表中删除。客户端通过定时查询或者接收服务注册表的主动推送来获取和删除目标服务地址。

5G 计费系统架构中的服务注册与发现由两部分组成：5G 对外服务接口注册发现和内部 S-RPC 服务注册发现。5G 计费系统对外 CHF 网关接口采用符合 5G-NRF 规范的服务注册和发现机制。内部 S-RPC 服务注册发现则采用业界广泛使用的 Zookeeper 作为服务注册表，同时采用定时查询和主动推送两种方式，让服务客户端及时获取服务端实例的变更情况。

5G 计费系统 S-RPC 服务注册与发现模块采用抽象化 API 接口和服务注册表实现提供者模式实现，在有需要时可以基于不同的存储介质扩展服务注册表的实现。

5.5　百万级并发服务网关

5.5.1　服务网关概述

API 服务网关的观念其实和当前流行的 SOA 架构和微服务架构模式有关。在传统大型企业比较流行的 SOA 架构中，有一个企业服务总线（ESB）的概念，在 ESB 中融合了管理、注册、中介、编排、治理等功能，是一个访问高度频繁、功能高度集中的地方，因此常常也是性能瓶颈所在。在微服务架构中，伴随着去中心化的理念，几乎已没有 ESB 的概念，分布式服务架构技术不再依赖具体的服务中心容器技术，而是将服务寻址和调用完全分开，这样就不需要通过容器作为服务代理，在运行期间实现最高效的直连调用。

API 服务网关是一个处于应用程序或服务（提供 REST API 接口服务）之前的系统，用来管理授权、访问控制和流量限制等，这样 REST API 接口服务就被 API 网关保护起来，对所有的调用者透明。因此，隐藏在 API 服务网关后面的业务系统就可以专注于创建和管理服务，而不用去处理这些策略性的基础设施。

通俗地说，API 服务网关就是做一些通用的基础设施功能，类似 AOP 中的横切关注点概念，把业务系统中涉及的一些通用功能（日志分析、鉴权、路由等）抽取到 API 网关中统一管理。API 服务网关不是一个典型的业务系统，而是一个为了让业务系统更专注于业务服务本身，给 API 服务提供更多附加能力的中间层。

面对复杂的业务系统，基本可以将 API 网关分成两类：流量网关和业务网关。

- 流量网关：和具体的后端业务系统和服务完全无关，包括安全策略、全局性流控策略、流量分发策略等。流量网关的功能与Web应用防火墙（WAF）非常类似，WAF一般是基于Nginx/OpenResty的Nginx_lua模块开发的Web应用防火墙。
- 业务网关：针对具体的后端业务系统，或者是服务和业务有一定关联性的部分，并且一般被直接部署在业务服务的前面。业务网关一般部署在流量网关之后，业务系统之前，比流量网关更靠近系统。大部分情况下人们所说的API服务网关，狭义上指的就是业务网关，如果系统的规模不大，通常也会将两者合而为一，使用一个网关来处理所有的工作。

5G 计费系统的服务网关同时兼顾流量网关和业务网关的部分能力，它的主要工作包括多协议的转换、多策略服务路由、服务负载均衡、容错及流量控制。

5.5.2 多协议的转换

5G 计费系统使用的通信协议是自定义的 SDL 协议，提供了相应的异步 RPC 机制，因此服务网关需要做相应的协议转换。具体的流程是当客户端进来的 HTTP 服务请求数据时，将在服务网关被校验，然后根据具体的服务类型转换相应的 HTTP 请求数据到后端计费服务的 SDL 结构表示的 RPC 请求，将其异步发送到后端计费服务，再异步等待相应的 RPC 响应，最后将相应的 RPC 响应翻译成 HTTP 可以理解的带状态码的响应内容，并异步发送到客户端。

5.5.3 多策略服务路由

计费系统中的服务网关和后端计费服务系统之间是通过服务发现连接在一起的。具体来说，后端计费服务在正常启动起来后，会在计费 Zookeeper 系统中注册相应的服务类型、服务地址等，而每个服务网关会通过 Zookeeper 系统动态地发现在线的后端计费服务。这样后台计费服务节点动态扩容，或发生故障而无法访问时，服务网关都能及时被告知，从而做出相应负载策略调整。

当客户端发起一个计费请求时，首先到达的是计费服务网关，计费服务网关会根据相应的 HTTP 请求内容（如 URL）检索出目前计费系统中存在的相应服务节点列表，再调用相应的路由策略，将计费请求发送合适的计费节点。

目前 5G 计费系统主要提供了一般性的 HTTP 条件路由策略，而实际路由策略是可以被 Lua 脚本扩展的，需要调整时使用 Lua 编写新的策略即可。

5.5.4 服务负载均衡

当客户端发起一个计费请求时，首先到达的是计费服务网关，然后计费服务网关会根据相应的 HTTP 请求内容，检索出目前计费系统中存在的相应服务节点列表，再权衡各个节点目前的负载情况，将计费请求发送到负载最小的节点处理。那么负载情况如何确定呢？毫无疑问，如果所有的负载情况都汇报到 Zookeeper 系统，并通过它来做负载均衡决策，看起来更加实时。不过这种方案的缺点是造成 Zookeeper 系统压力过大，不利于系统的整体性能。

因此，在 5G 计费系统中服务负载均衡策略做了优化调整，某一个后端服务节点的负载情况将取决于它的数据积压（如有多少 RPC 请求还未返回响应）和单个请求处理平均时长。虽然计费系统中存在多个服务网关，并且每个服务网关对后端服务节点负载情况信息看起来相互隔离，但随着系统长时间运行，需要基于每个服务网关相应的请求处理延迟和数据积压程度，总体上把握各个节点负载情况，才能真正实现系统负载均衡的目的。

5.5.5 容错及流量控制

在现实生产环境中，经常会遇到某个服务突然停止了工作，然后返回了大量的错误。如上所述，服务网关会发现这种情况，一部分信息来自 Zookeeper 节点保活信息，另一部分则来自计费请求实际发送和响应，在这段时间里服务网关可以实现断路器的能力。比如对于失联的节点，如果超时越过了指定的阈值，服务网关就会停止发送计费请求到那些失败的服务，转而发送计费请求到其他存活的节点上处理。

服务网关通过简单的断开流量的方式，就不会有新的请求到达那些有问题的实例，同时它将相关的异常信息反馈到监控系统，运维人员就有相对充分的时间来修复和解决问题。断路是分布式系统的关键组件，尽快失败以及尽快将压力反馈给下游，基本上都会卓有成效。服务网格支持多种类型的完全分布式（非协调的）断路。

- 集群最大挂起请求数：在等待就绪连接池连接时将要排队的最大请求数。
- 集群最大请求数：在任何给定时间内，集群中所有主机可以处理的最大请求数。
- 集群最大活动重试次数：在任何给定时间内，集群中所有主机节点可以执行的最大重试次数。一般而言，建议积极进行断路重试，以便做零星故障重试而又不会爆炸式地增加整体重试数量从而导致大规模级联故障。

而对不同计费主机节点，服务网关会根据计费节点的请求和响应延迟情况，动态地调整请求排队积压。如果后端计费系统所有节点处理能力均达到了瓶颈，将对前端的 HTTP 请求进行流量控制，对超过负载的 HTTP 请求返回限流响应，比如返回 429（TooManyRequests）的 HTTP 响应。

5.6　分布式调度引擎

5.6.1　应用调度引擎

应用调度引擎包含应用启停执行系统和运行时管理系统。应用启停执行系统负责应用启停调度，通过编排任务操作、执行分布式事务以及可能存在的回滚操作实现应用启动和停止的过程管理。运行时管理系统通过主机数据同步监控各节点应用状态，并在各主机节点保证进程的业务状态正常高可用，在集群上通过进程自动迁移保证业务高可用。

1．应用启停调度

1）编排任务操作

业务启停的模型是一组进程，其中包括一种到多种业务应用的不同数目的进程，不同业务应用间可存在顺序依赖，最终参考主机资源及算法部署到分散的主机上。编排任务操作就是从一个业务启动模型计算出一个完整事务应包含的操作列表，同时该操作列表存在优先级、资源算法上的区别，如图 5-9 所示。

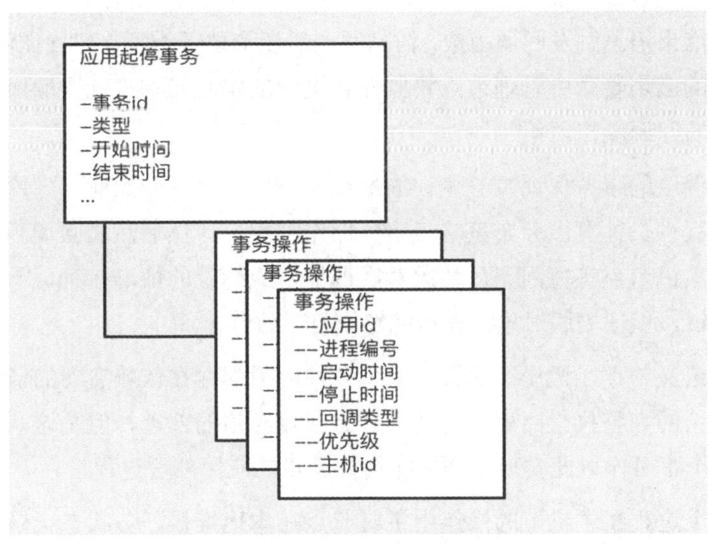

图 5-9　任务操作的编排

任务操作列表是管理节点通过业务资源配置、当前集群资源状态、资源部署算法三项输入计算出来的，算法支持随机、平均、资源权重策略并可扩展，如图 5-10 所示。

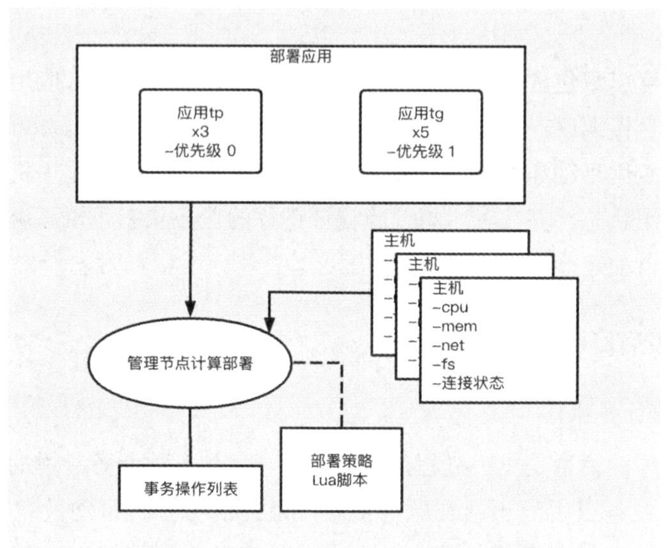

图 5-10　任务操作列表的生成流程

2）创建分布式事务

事务创建包含一套任务操作列表，管理节点向各主机节点分发任务，等待任务执行结果消息触发回调函数，消息回调后查询事务类型决定回调函数策略，在有状态的应用管理中管理节点将监控各进程的实时状态按既定顺序完成不同业务进程的回调操作。

应用调度的事务保证事务执行的最终一致性。事务开始前首先探测各主机节点可执行性，计算出分布策略（事务操作列表），然后注册回调函数并分发任务到各主机节点等待回调，最后对回调异常或超时的情况在管理节点进行定时协调逻辑，保证失联对象重连后能够恢复一致性。

事务定义中存在优先级配置，用于多种应用间存在依赖启动的情况，保证被依赖应用的完整执行回调正常后再开始依赖应用的部署，但是这两种角色整体仍是一个事务，以此实现一个拓扑结构逻辑的应用部署过程。

每一个进程在主机上的操作由主机节点在本地维护任务状态记录文件夹，其中包含任务类型、任务对象、当前状态、业务参数、守护设置。主机节点定期将所有业务进程的任务状态记录汇总上报给管理节点，作为业务进程状态被动改变的回报机制。同时，主机节点在本地对业务进程进行的守护、校验、自愈操作都将记录在状态记录文件夹，如图 5-11 所示。

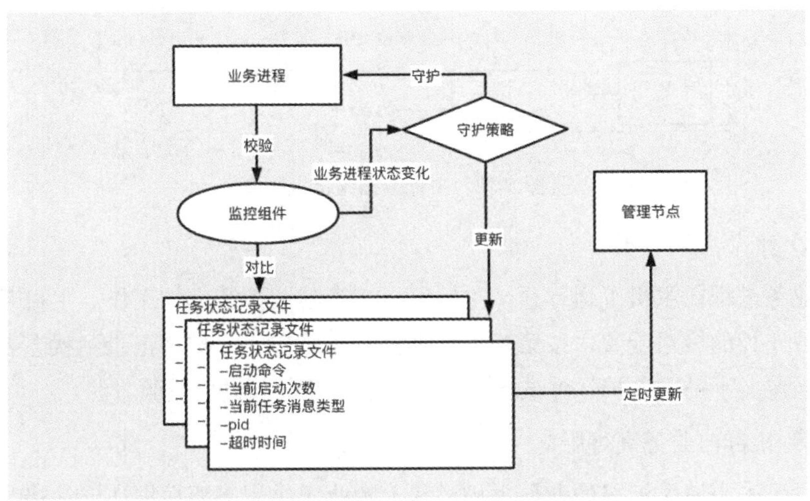

图 5-11　业务进程状态记录与管理流程

3）事务回滚

事务操作中有一条失败则进行整个事务的回滚。启动失败、启动超时则进行强停回滚。对于网络连接中断导致的主机节点失联而不能立即回滚的操作，管理节点在数据记录上先做回滚记录，待主机连接后首先进行主机进程同步，保证回滚操作贯彻落地后再执行其他任务。

2. 运行时管理

1）主机数据同步

业务主机定时向管理节点发送数据包，包含主机资源状态和业务进程状态。主机资源状态包含 CPU、内存、磁盘挂载点、网卡的统计数据，业务进程状态是汇总了任务状态记录的列表。

主机资源数据读取自 Linux 的系统文件，如 /proc/cpuinfo、/proc/net/dev，采用定时采集、计算、统计各种资源的绝对数值和使用率的方式，在采集资源数据后实时采集当前业务进程的状态记录文件，然后发送到管理节点。管理节点维护数据缓存和定期更新到数据库的持久化机制，管理节点做事务编排、主机资源监控都依据缓存的最新数据。主机数据同步机制如图 5-12 所示。

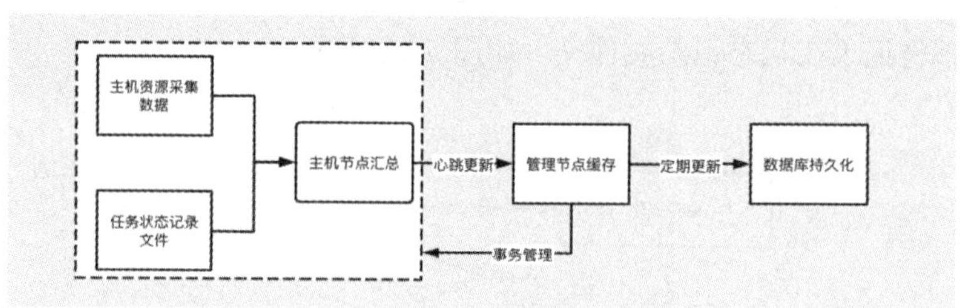

图 5-12　主机数据同步机制

2）单节点高可用

业务进程在主机上运行后，主机节点接管其监控和守护工作。主机节点具备业务守护的策略配置，按策略自行维护业务监控、守护并记录到状态表。守护策略定义了是否守护、重试次数、不同类型业务的健康校验方法。

3）集群内业务高可用

对于失去消息汇报的业务主机，其上的业务进程需要根据认定策略判定是否认定业务进程作废进而重新部署一份进程到其他主机。这里的认定策略会根据网络连通状态、业务类型进行判定，比如某些主机用于离线应用，对其他业务上下游无影响，则不必实时进行业务迁移，反之则需进行迁移。某些类型的业务，比如数据库在本机的高速缓存只服务于本机，没有迁移的意义，也不必迁移。

迁移时间由管理节点协调，通过 keepalive 认定连接断开后，辅以配置的时间策略，开始进行业务迁移。业务迁移实际是查找到受影响业务进程，对其创建新的独立事务单独部署到目标主机，之后原失联业务进程在管理节点的记录将被更新成新的进程分布数据，待原主机重新发消息注册连接时，管理节点的记录重新变更为旧的可能活着的业务进程。

5.6.2　作业调度引擎

1. 作业功能设计

作业的定义是一组业务应用的流水线，以有向无环图的形式展开，存储为邻接表。图 5-13 中的每个顶点是一个业务步骤，即 step，步骤间按有向无环图定义组织运行顺序，步骤内是若干并发运行的业务应用。

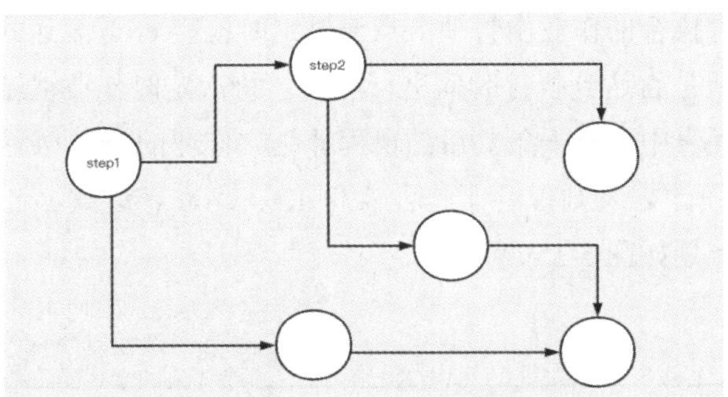

图 5-13 作业的定义

作业允许从入口开始第一个 step 运行，也可以定制作业运行，即勾选 step 图的子集创建一个临时作业实例来运行。作业允许手动执行和定时执行，同时对每一个 step 均提供开始、暂停、继续、跳过功能，跳过表示当作业运行到该节点时，根据邻接表判定上下依赖直接视其为完成状态。

2. 作业数据模型

作业由 step 组成，step 是若干应用的集合。管理节点在手动执行一个作业和定义一个定期循环执行的作业时，在数据库中创建一个作业实例，包含了一条作业实例记录、作业实例下的每个 step 记录、每个 step 下各个应用实例的记录。step 下的应用实例记录实际是一个待部署应用的映射，应用实体仍在应用表，复用应用启停调度进行管理。作业数据模型如图 5-14 所示。

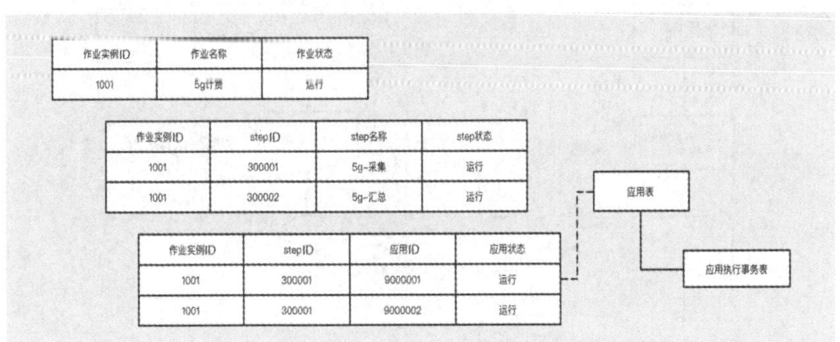

作业实例ID	作业名称	作业状态
1001	5g计费	运行

作业实例ID	stepID	step名称	step状态
1001	300001	5g-采集	运行
1001	300002	5g-汇总	运行

作业实例ID	stepID	应用ID	应用状态
1001	300001	9000001	运行
1001	300001	9000002	运行

图 5-14 作业数据模型

3. 作业调度流程

作业调度的起点是前端发起的手动执行作业命令或前端定义好的作业定时

执行策略。定时执行的作业由管理节点通过定时检查 cron 表达式并解析成未来日程计划，判断是否达到执行时间进行触发。每次定时作业被触发都将抹去该次日程并在日程表中补充一条其后的日程计划。作业的 cron 表达式定义在作业实例表中，日程计划表则保存了作业实例 ID、cron 表达式、计划执行时间。作业定时执行计划如图 5-15 所示。

作业实例 ID	cron	启动计划时间
1001	0 0 10 1 * ? *	2020-09-01 10:00:00
1001	0 0 10 1 * ? *	2020-10-01 10:00:00
1001	0 0 10 1 * ? *	2020-11-01 10:00:00

图 5-15　作业定时执行计划

作业启动后首先校验作业实例相关表的状态，找到头节点 step，对 step 内的各应用操作复用应用调度引擎的逻辑，在应用操作回调完成后再校验同 step 的其他应用事务完成度，若应用全部完成则 step 完成。同理，若应用事务失败、超时、异常等也将判定 step 为失败状态。作业的操作是以作业→ step →应用事务→进程操作开始，并以进程回调函数→应用回调函数→ step →作业的顺序向上层传递状态并抛出异常。作业调度流程如图 5-16 所示。

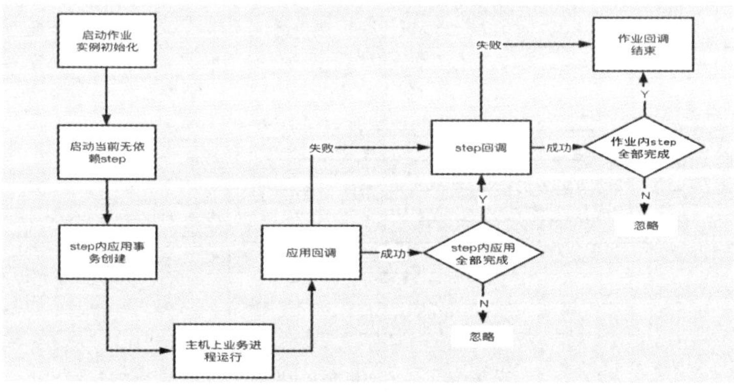

图 5-16　作业调度流程

作业由 5G 计费应用管理平台（ACAM）的管理页面配置并发起启动或指定定时计划，管理节点进行启动操作和运行管理。作业运行管理除了按拓扑顺序管理 step 的运行，还对逐层上报的异常情况提供了重启处理。作业配置管理流程如图 5-17 所示。

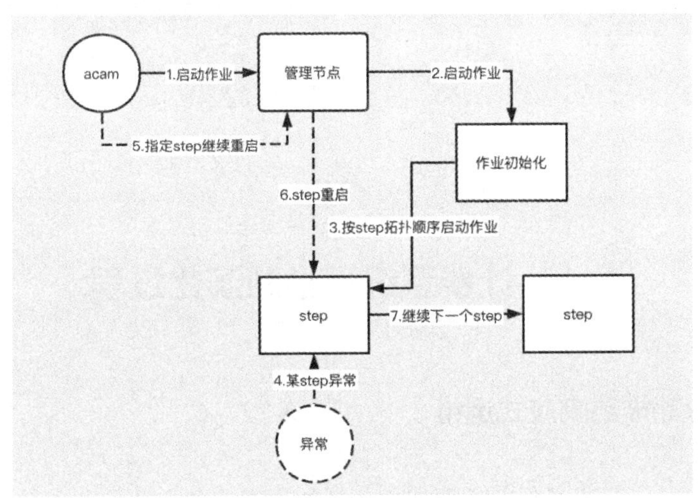

图 5-17　作业配置管理流程

5.7　数据抽象访问技术

在高性能的分布式应用系统中，往往需要访问多种存储，如本地文件系统、分布式文件系统、内存数据库、数据库、作为数据存取的 socket 或者 Web Service 接口等。在系统的设计阶段，并不能确定部署时采用哪种存储类型，否则这种“设计阶段指定物理部署”的做法就牺牲了系统的灵活性。以访问用户资料的接口为例，如果应用只绑定于内存数据库，那么当采用廉价的开源数据库方案时，就不得不面对要么修改代码进行适配（有时代码的修改是颠覆性的），要么放弃廉价优势的尴尬局面。

此外，一些通用的设计技术（如 cache、数据路由等），无论采用什么存储类型，对应用而言都是非常必要的。比如访问产品信息这个功能，无论产品信息是保存在本地文件系统、内存数据库、数据库还是 Web Service 中，均应可以对这类数据实施缓存策略，同时又能保持对应用的透明性。

因此，在 5G 计费系统设计过程中，为了兼顾高性能、可配置性、可扩展性等设计约束，采用了存储抽象层（SAL）这样一个全新的软件架构模式。

第6章 5G计费系统的运维

6.1 计费系统运维的演化过程

6.1.1 早期被动响应式运维

早期的电信运营商收入主要依靠传统的语音业务、短信业务及SP增值业务，计费系统运行的峰谷时间明显，按天来看早8点到晚8点系统吞吐量较高，部分业务如短信业务在春节期间有几倍甚至十几倍的话单井喷现象。业务高峰时期人工值守，遇到问题及时处理成为主要的保障方式。

当时的计费系统主要运行在UNIX小型机上，设备规模极为有限，往往只需要几台主机设备就能搞定全套计费系统。UNIX小型机厂商IBM、HP、SUN各自提供自带的操作系统AIX、HP-UNIX、Solaris，编写代码时需要考虑小型机操作系统的兼容性问题，在AIX系统上正常运行的代码可能在Solaris系统上会出现异常。操作系统命令和Shell版本的差异也给运维脚本编写增加了复杂度，运维人员在异构软硬件环境里操作需要较高的技术门槛。

为了快速满足业务发展的需要，电信运营商在建设初期短平快地上马了各种信息化系统，各个系统之间承载目的不同、承建厂商不同、内部技术架构不同，现在看来就是一个个独立的信息孤岛。当故障发生时定位问题就十分困难，往往需要根据业务流程从末端往前端逐个系统依次排查，这势必增加了故障的定位时间，故障短时间不能排除又会对生产系统产生次生故障及损失。

同时，早期的计费系统建设讲究业务需求优先，非功能性需求次之。日积月累后计费系统内部模块之间关联性高，接口之间高度耦合，添加新功能实现后的版本升级往往需要重启几个组件才能完成上线动作。系统本身在易用性层面的考虑不足，比如大多数的高可用能力虽然具备，但在异常恢复过程中需要手工操作，动作烦琐且有长时间的业务中断，其他诸如运维数据输出等能力也差强人意。

总体来看，早期的计费系统由于自身复杂度、主机环境、系统架构及欠缺非功能性需求投入等原因导致系统运维缺乏整体思路和方法，主要靠人为保障。早期计费系统的运维人员不但要有一技之长，还需要随时待命，常常披星戴月，面对纷乱如麻的投诉及报障，得有抽丝剥茧的手艺定位故障，妙手回春的医术修复系统，矫正错误数据，需要十八般武艺样样精通才可应对。

6.1.2　定制化的监控脚本

一直以来，电信运营商的核心支撑系统主要使用小型机、高端磁阵及大型商业数据库。系统横向扩展难、资源综合利用率低、维护成本高等矛盾日益突出。随着 x86 服务器处理性能的日益提升以及“去 IOE”技术的日益成熟，跟随运营商 IT 系统去 IOE 的脚步，计费系统演变为分布式计费系统。以 x86 服务器为主，管理机器规模从几十台到几百台不等。

随着移动网络从 2G 到 3G、4G 再到 5G，网络下载速度越来越快，而由于网速越来越快，视频，手游，随时随地的视频通话，随手的扫一扫，分享生活中的点点滴滴，直播等应用越来越多，改变我们生活的同时，也极大地考验着计费系统的处理能力。

而随着在线计费系统的引入，系统实时性要求更高，内部性能极易引起“性能雪崩”。如图 6-1 所示，如果 Service A 的流量波动很大，流量经常会突然性增加，那么在这种情况下，就算 Service A 能扛得住请求，Service B 和 Service C 未必能扛得住这突发的请求。此时，如果 Service C 因为扛不住请求变得不可用，那么 Service B 的请求也会阻塞，慢慢耗尽 Service B 的线程资源，Service B 就会变得不可用。紧接着，Service A 也变得会不可用。

图 6-1　服务性能雪崩

因此这就要求计费系统具有强大的数据处理能力、完备的高可用能力以及全面的系统监控能力。

目前计费已有的监控工具涉及计费系统多个要点检查，实现按时间间隔配置自动收集信息、自动分析、自动告警、自动生成报表，且具有横向扩展能力。

- 能多线程循环调度系统各功能模块。
- 支持各功能点是否需要判断初始化操作。
- 支持各功能模块调用时间间隔。
- 支持记录各功能模块最近一次启动时间。
- 支持各功能点数据收集及分析。
- 支持各功能点异常事件告警。

计费监控工具按照功能点分为环境检查类、基础平台类、主机状态类、业务统计类、业务运行类。

- 环境检查类：主要检查各主机参数、环境变量配置、主机处理器和内存信息、数据库基础配置信息是否满足要求。
- 基础平台类：主要是主备内存数据库状态监控，包括数据量异常增大时内存数据库的自动扩表监控。
- 主机状态类：跟踪和监控主机处理器、内存、存储空间、磁盘IO、接口连接数等的使用率的变化。
- 业务统计类：监控各业务类型各时间段的波动，包括错单量、话单量、话单费用等，基于监控数据的统计分析，能为后续新业务的开展和新产品的投放提供依据。
- 业务运行类：包括话单积压监控和主机宕机信息监控等，基于监控数据，运维人员能及时处理业务运行产生的各类小隐患，避免其累积引发大事故，保证计费系统的长期稳定运行。

随着 5G 应用场景接入更多终端，车辆、工业设备、医疗设备、家居等硬件产生的数据通过 BOSS 接口汇总，计费系统的业务会更复杂、需要的数据处理能力更庞大，要保证系统的正常运行，系统监控能力还需要不断地研究和完善。

6.2　5G 计费系统运维新要求

运营商无法预知 5G 业务流量的爆炸式增长，以及随时可能面临突如其来的系统瓶颈。通过 x86 架构服务器搭建集群式的 IT 云资源池之后，计算资源将具备无限扩展、弹性调用、随需而变的特性，这也将使得以计费系统为首的核心计算密集型业务领域不再产生瓶颈，随之而来在运维层面也带来了新的挑战和要求。

随着 5G 时代来临，产品中所嵌入的系统正在逐步向智能、互联演变，这将从根本上重塑企业的竞争力。智能互联产品能够将它们的行为、位置还有环境信息传递给它们的制造者，也可以联机更新，从而提高它们的性能或者避免事故的发生。随着智能、互联技术的发展，厂商产品与使用者之间的关系会变得更加持久、更加开放，运维需要更加自动化、智能化，同时要具备快速扩容以及服务容错的能力。

6.2.1　自动化运维

自动化是通过脚本、工具、平台等一系列措施，对已知状态做监控，设置一定的异常标准，当触发时则主动告警，及时处理解决。运维流程自动化能够提高流程的可控性、透明度，同时可以减少人为干预，达到降本增效的目的。自动化运维是基于系统的自动化监控与管理平台来落地执行的，它的模式、平台管理以及实现方式，如图 6-2 和图 6-3 所示。

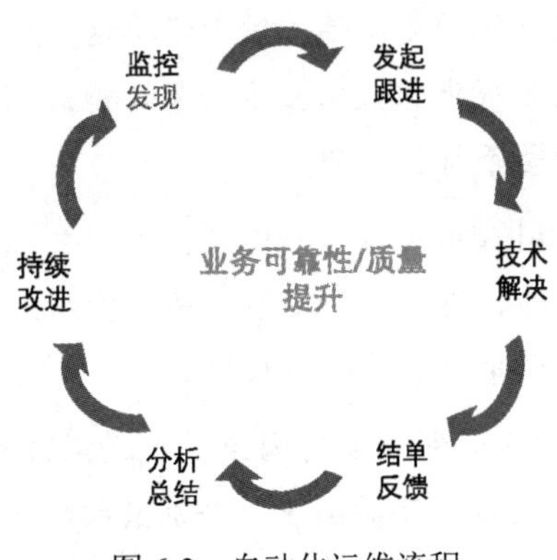

图 6-2　自动化运维流程

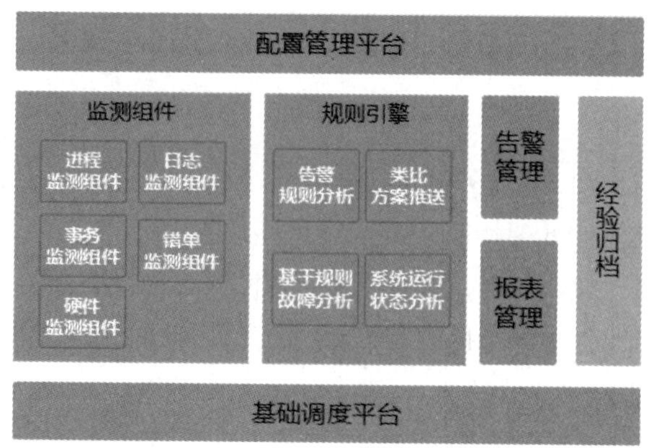

图 6-3　自动化运维的监控与管理平台

当然，自动化运维还需要依托如下几项重要指标特性。

- 数据可视化。
  - ✓ 话单吞吐量：面对日益增长的话单量，尤其是数据业务的爆炸式增长，对于主机的数量、性能的要求也随之提高，一旦监控不及时，将带来比较多的话单积压、处理滞后等异常情况，因此监控已知、预测未来变得尤为重要，通过取样日话单量的数据进行分析，绘制成波动图，及时监控业务的波动情况，发现数据有增长趋势时，需要及时评估并做适当的扩容，做到防患于未然。
  - ✓ 日账月账收入：收入是运营商最关注的数据，因此日账、月账的数据显得必不可少，在数据可视的同时，需要对数据进行经营分析，当有波动且比较大时，需要及时发出告警。
  - ✓ 错单数量：系统各个模块都会打各种错单，而且部分错单的量级非常大，加之系统的复杂性，对于错单这一块需要引入智能风控的概念，即通过可视化的数据展示以及分析，能够主动告知错单是否正常，错单量是否符合预期。
  - ✓ 系统参数：引入系统体检的概念，对于主机的系统参数、核心模块的系统参数等，进行定期巡检，将巡检结果与预期结果进行比对，将差异点主动推送告警运维人员。
- 预警自动化：指标达到预设的阈值，自动触发短信息提醒，告知运维人员，能够及时发现、及时解决，告别最初的人为检查的落后模式。

6.2.2　智能化运维

相比自动化运维来说，智能化运维要求更高，它的最终目的就是取代人的干预，在无人干预或者很少人干预的情况下，确保系统 24 小时高效稳定运行。当然想达到这一目的，绝非易事，需要对它不断的学习和知识的积累，并对知识加以理解和预判。一般来说我们把智能化运维分为三块：风险的预测与预防、问题快速定位以及事后复盘总结。当然，智能化运维是很大的一个课题，需要不断地探索和完善。智能化运维的策略如图 6-4 所示。

自发现配置管理	决策告警规则判定	智能规则故障分析
通过自动爬虫技术，自动发现系统监控点增减，形成自动配置脚本并提交审核人决策。减少人工配置工作，并保留人工审批干预能力	通过监测组件生成的各种数据，预设决策规则给予不同权重。基于时间相关性、面积权重等算法，将告警筛选分类，发掘有价值的告警，过滤关联告警中的次级告警	通过智能分析规则引擎，解决简单固定类告警信息的自动原因分析及分析结果展示。减少固定模式的人工分析过程，缩短分析时间避免次生灾害
错单及事务量智能监测	**经验归档及方案推送**	**日志关键词分析**
通过3Σ 算法，选取三十天内同一时间段内数据分析，自动标识波峰区间，提示异常数据。有效分析数据趋势	通过关键词拆分及问题相似度分析算法等处理日常处理方案归档。通过告警规则分析及关键词映射，自动从知识库推送相关主题故障处理预案及专家建议	通过机器学习及关键词频率分布算法，自动分析核心关键词，提供人工决策

图 6-4　智能化运维的策略

1）风险的预测与预防

图 6-5 所示为风险预测与预防流程。

图 6-5　风险预测与预防流程

- 监控与数据采集：监控当前系统是否运行正常以及相关数据的采集。
- 信息汇总比对：统计历史数据信息，辅助系统综合管理。
- 数据分析：分析历史数据及当前数据，辅助根源问题分析。
- 风险预防：对于系统中存在的漏洞、bug、配置错误等异常现象进行捕捉，然后智能化分析统计，将结果推送给运维人员。

- 趋势预测：根据可视化的数据，进行数据的经营分析，预测未来的数据变化。比如话单量，5G时代想了解未来3年的增长趋势，那么就需要对现有的数据进行详细的分析，得到一定的公式，进而计算得出未来的话单量，以便提前做好未来的规划。对于收入，也是如此，需要做经营分析，最终可以预测到未来几年的收入情况。当然趋势预测，对于短期也是意义重大，直接关乎系统及时扩容以及预防重大故障的一个重要指标参考。

2）问题快速定位

智能化运维平台应该能够帮助运维人员快速定位问题，确保在最短时间内帮助运维人员恢复业务，减少故障所带来的负面影响。那么通过不断的学习、不断的积累、不断的驯化，智能化运维能够比较精准地定位出问题。图 6-6 所示为运维问题的分类。

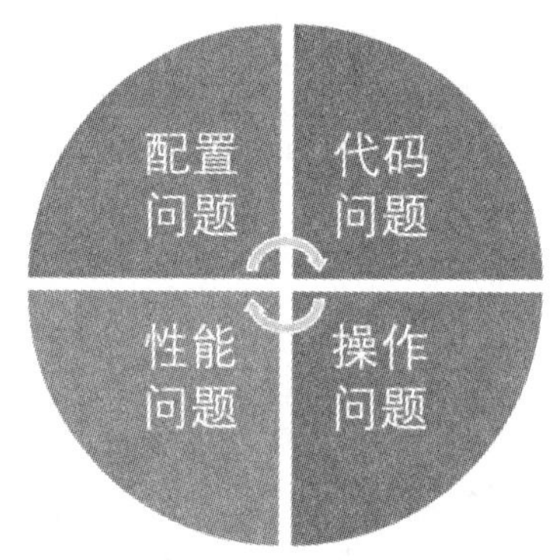

图 6-6 运维问题的分类

3）事后复盘总结

智能化运维平台能够记录故障发生时，故障资源及其相关联资源状态信息，并利用这些信息进行分析、决策，然后将决策结果录入到决策系统中，为事前预警提供决策支持，避免故障的二次发生。

6.2.3 快速扩容及服务保障

除了主动的自动化运维、智能化运维之外，面对 5G 时代如此庞大的业务量，必须具备快速扩容的能力，同时对于业务侧的处理要具备一定的容错能力，以避免由于某个模块的瓶颈带来整个服务的瘫痪。

1）扩容轻量

随着 5G 时代的逐步发展，现有系统可能不足以支撑未来的业务增长，那么此时就需要进行扩容。传统的扩容模式以增加机器、流程为主，这个动作是非常复杂的且对系统运行的中断时间比较长，那么未来的模式肯定是往轻量级、业务无中断的模式发展和演进，这里就要引入云的概念，一切在云端，流程根据系统的负载均衡，飘在云端的主机，当需要扩容时，直接在云端部署，业务在不重启的情况下，可以自动线性扩展和运行。

2）服务隔离

服务隔离的目的就是避免服务之间相互影响。如果不做隔离，会出现什么影响呢？一旦某个服务出现了问题，可能整个系统都会瘫痪。因此，服务隔离是很有必要的。那么，如何做到服务隔离？这里就不得不提 Docker 了，早在 2013 年，Docker 就已经发行，但当时了解的人非常少，如今 Docker 已经被广泛运用。Docker 即容器，它是一种轻量级、可移植、自包含的软件打包技术，使应用程序可以在几乎任何地方以相同的方式运行，容器之间共享同一套操作系统资源。那么，使用 Docker 有哪些好处呢？

- 隔离性强：它可以将我们的应用程序打包封装到一个容器中，该容器包含了应用程序的代码、运行环境、依赖库、配置文件等必需的资源。容器之间达到进程级别的隔离，在容器中的操作，不会影响宿主机和其他容器。
- 可移植性强：可以实现开发、测试和生产环境的统一化和标准化。镜像作为标准的交付件，可在开发、测试和生产环境上以容器来运行，最终实现三套环境上的应用以及运行所依赖内容的完全一致。
- 轻量和高效：容器仅需要封装应用和应用需要的依赖文件，实现轻量的应用运行环境，且拥有比虚拟机更高的硬件资源利用率。

3）服务降级与熔断

首先我们要了解服务雪崩的概念。所谓服务雪崩，可用一个具体的例子来说明：比如 Service A → Service B → Service C，当服务 C 由于某种原因或者压力导致负荷过重，最终无法向 B 提供服务，B 由于 C 的异常导致自己的线程阻塞，最终 B 会因资源耗尽而崩溃，那么 A 由于 B 的崩溃最终也会不可用。一个服务失败，导致整条链路的服务都失败的情形，我们称为服务雪崩。引入服务降级和服务熔断的概念就是为了避免服务雪崩的发生。

- 服务熔断：当下游的服务因为某种原因突然变得不可用或响应过慢时，上游服务为了保证自己整体服务的可用性，不再继续调用目标服务，而是直接返回，快速释放资源。如果目标服务情况好转，则恢复调用。

- 服务降级：当下游的服务因为某种原因响应过慢时，下游服务主动停掉一些不太重要的业务，释放出服务器资源，增加响应速度。当下游的服务因为某种原因不可用时，上游主动调用本地的一些降级逻辑，避免卡顿，迅速返回给用户。

上述概念介绍完之后，那么为了防止服务雪崩的出现，一般建议如下。

- 简化执行流程：梳理出核心业务流程和非核心业务流程。在非核心业务流程上加上开关，一旦发现系统性能不足，关掉开关，结束次要流程。
- 关闭次要功能：区分出主要功能和次要功能。次要功能加上开关，需要降级的时候，关闭次要功能。
- 降低一致性：将核心业务流程的同步改为异步，将强一致性改为最终一致性。

6.3 5G 计费系统运维管理

6.3.1 基础配置管理

5G 计费应用管理平台（ACAM）提供云化计算框架应用管理，以可视化方式为分布式计算框架提供应用的配置、编排及调度等管理能力，增强系统的运维管理能力与操作简易性。ACAM 支持常驻业务处理流与定时作业处理流的编排与调度，其分布式调度引擎支持基于物理机 / 虚拟机与基于 DCOS 的等异构资源池的混合任务调度。

1）计费系统资源管理

计费系统支撑资源通常包括数据库（如图 6-7 所示）、主机资源（如图 6-8 所示）、基础服务（如图 6-9 所示）等，计费系统资源管理主要是指对支撑计费系统正常运行的数据库和主机等资源的添加录入、检索查询、已有资源的编辑、删除现有资源等，每种配置操作生效的范围可以限定为指定的服务、特定域中的流程、计费系统中的所有流程。

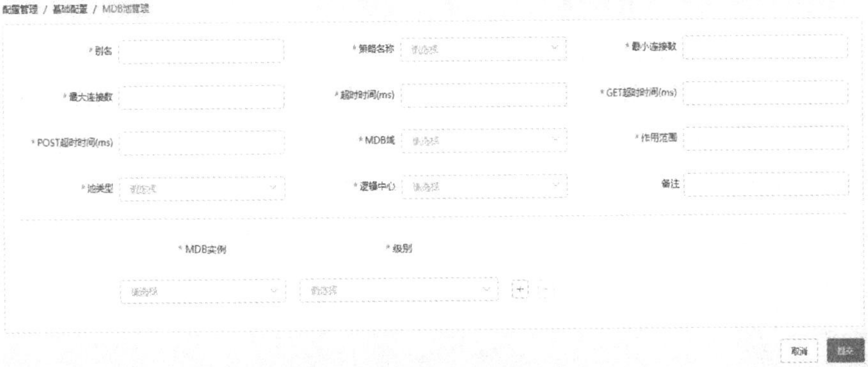

图 6-7　数据库资源管理

图 6-8　主机资源管理

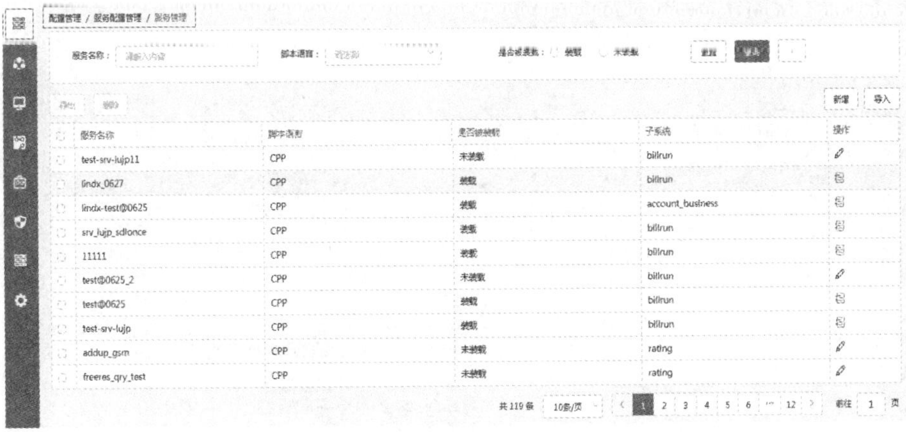

图 6-9　基础服务资源管理

2）计费应用调度管理

计费应用调度管理（如图 6-10 所示）依赖于任务处理服务（TP）和任务生成服务（TG），其中 TG 在 5G 计费应用管理平台中是用于产生任务的模块，TP 是主要的任务处理组件，TP 可通过任务流方式为 TG 服务提供处理能力，或通过同步调用方式为其他 TP 提供调用服务。TP 本质上是一个服务能力容器，通过配置的方式将业务应用进行装载或组合，然后与服务名称进行映射后发布。

云应用管理平台 admin

应用调度管理 / 应用管理 / 应用管理

应用名称： 应用类型： 起始时间： 至 重置 查询

新增 批量新增 刷新

应用名称	应用类型	生命周期	状态	功能类型	实例数	模板名称	起始时间	操作
sh-java-test-docker	单应用	Deployed	未启动	billrun	0	sh-java-test		
sh-java-test	单应用	Deployed	停止	billrun	0	sh-java-test	2018-06-28 13:32:39	
sh-shell-3rd-60s-docker	单应用	Deployed	停止	shell	0	sh-shell-3rd-60s-template	2018-06-28 12:57:14	
sh-shell-3rd-long-docker	单应用	Deployed	停止	shell	0	sh-shell-3rd-long-template	2018-06-28 12:54:01	
sh-shell-3rd-60s	单应用	Deployed	停止	shell	0	sh-shell-3rd-60s-template	2018-06-28 13:23:14	

图 6-10 计费应用调度管理

3）计费系统的任务调度管理

计费系统的任务调度管理（如图 6-11 所示）能实现对任务的集中调度，支持多任务的批处理，有三个显著优势：对任务的集中控制及调度，基于 BizFlow 设计任务，灵活的进度设置。

图 6-11 计费系统的任务调度管理

6.3.2　计费系统健康体检

在 5G 时代，业务呈现多样化的趋势，为进一步强化对 5G 计费系统的集中管控，需要从计费健康度的角度重新定义系统运维的新思路，建立和丰富运维指标，实现对关键指标的实时监测，以形象化的拓扑图展示业务全景和系统的运行状况。通过对监测数据的分析，及时获得生产系统的瓶颈和潜在的风险，把运维处置能力从事后提前到事中或事前，预防重大故障，为平台和业务平稳运行保驾护航。

5G 计费系统健康卫士定位于计费高度专业化的工作环节，集中提炼业务流的表现视图，让计费过程立体化，摆脱传统黑盒作业的方式，提升运维人员的全局把控能力，同时支持对新业务、新场景、新指标的灵活配置，建立全方位的计费健康运行保障体系，如图 6-12 所示。

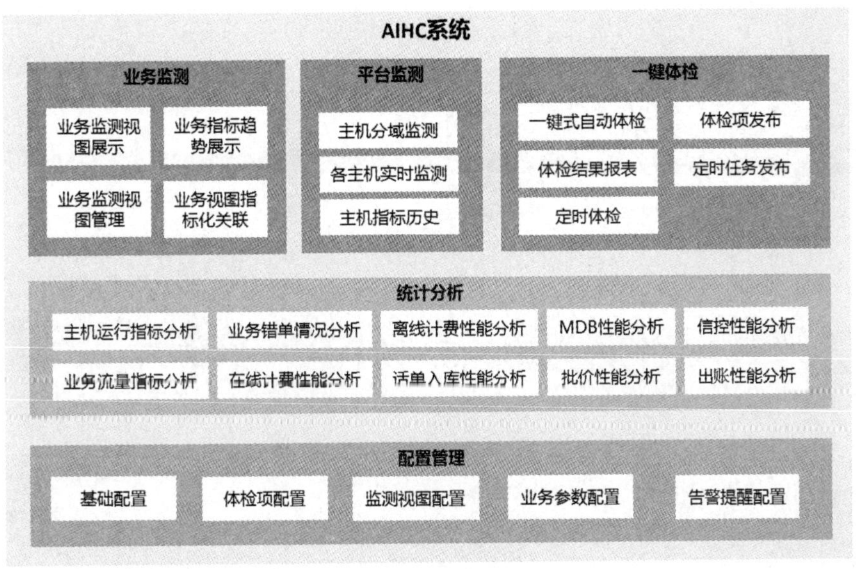

图 6-12　5G 计费系统健康卫士

5G 计费系统健康卫士具有以下特点。

- 多维度指标KPI：提供数字化KPI指标，建立多维度分析能力，提供告警、提醒、主被动探测工具等功能，监控发现业务系统的健康性和正确性问题，并产生告警提醒相应人员处理。
- 端到端监控与分析：改变传统以事后分析为主的模式，结合监控、预测、分析等能力，一线串接运维全过程，提供从事前到事后的端到端系统分析，为决策者提供完整的决策依据。

- 自动化巡检：构建计费系统全面健康度体检中心，通过对业务运行环境的检查，采集并分析各业务时段的健康数据，通过对检查项预设分值和权重，生成全面直观的健康度分数，形成巡检报告。
- 可视化运维视图：构建计费系统业务监控平台，通过挖掘“运营指标”分析计费系统运行情况，建立可视化运营视图，实现对计费系统可管可控的目标，支撑5G业务不断拓展。

第 7 章　5G 计费场景实验室

对于 5G 场景下计费解决方案，我们希望能抽象成一个 5G 场景计费实验室平台，致力于“5G+X”应用延展与价值变现。以用户为中心，赋能垂直行业，立足“5G+X+ 场景”方法论，运用多量纲定义、业务模式创新、AICDE 结合等赋能行业，聚焦“5G+X”应用场景延展，实现价值变现；场景计费实验室对相关技术、标准和能力进行探索和研究，助力“5G+X”生态快速成熟。

在 5G 计费解决方案中，我们坚持使用场景方法论，如图 7-1 所示。以场景串接产品与业务 / 流程，通过量纲定义实现场景下的要素分析，更进一步，把要素进行资产化，抽象业务场景模式，实现 5G 的价值变现。

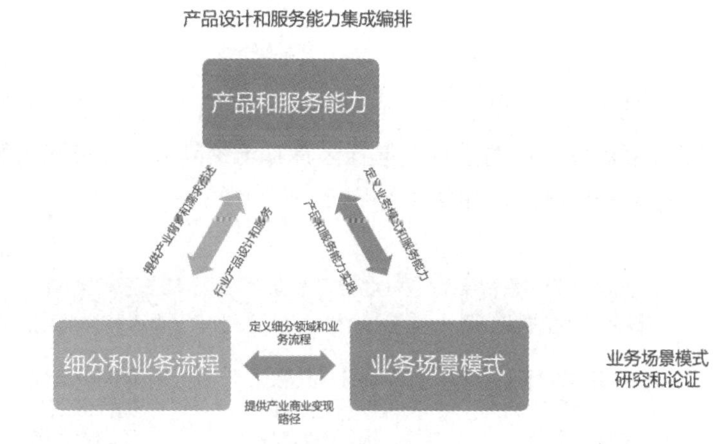

图 7-1　5G 场景方法论

在 5G 场景计费实验室中，结合场景的方法论，我们需要把场景建立成为一个实验室的卡片，在研究场景的过程中，我们希望建立一个链条：从场景描述开始，经过需求分析、重点技术影响、量纲要素映射，最终达到新的计费模式。用一个卡片的方式来具象场景的能力支撑，如图 7-2 所示。

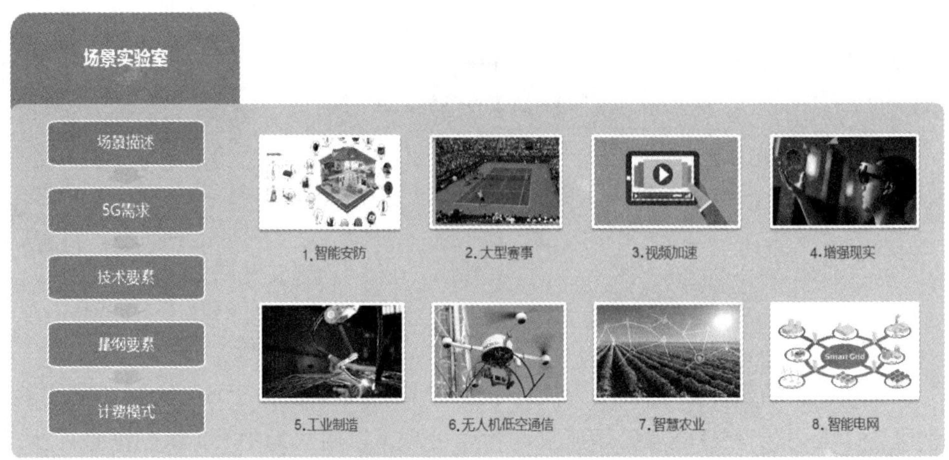

图 7-2　场景计费实验室卡片

为了更好地理解 5G 场景的应用，通过场景方法论和场景实验室卡片，我们选择了以下的五个场景进行分析和研究：智慧社区安防、大型赛事、智慧工厂、远程会诊和智慧农业。

7.1　智慧社区安防

社区是城市的“细胞”，作为居民日常工作、生活的主要场所，保障社区安全是社会治安工作的重点，但社区具有场景复杂、人员冗杂等特性，会为安防工作带来一定挑战，如图 7-3 所示。

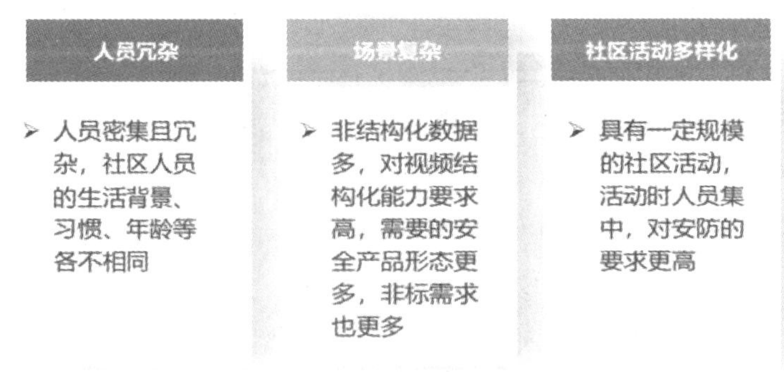

图 7-3　社区安防面临的挑战

在社区安防领域，需要通过视频监控、车辆卡口、门禁等系统，编织立体化防控网络，对社区数据进行有效利用以便从所分析的数据中得出潜在信息。图 7-4 所示为典型的社区安防体系包含的系统。

图 7-4　社区安防体系

虽然国家大力提倡智慧社区建设，但目前社区安防建设仍处于初级阶段。目前已有部分社区采用监控摄像头、车辆卡口、人脸卡口、智能门禁等科技手段，但多主体下的产品开发，仍然难以实现标准化且互相兼容，最终无法形成有效的全面防控体系。

当前，社区安防市场主要有以下两大发展趋势。

- 二、三、四线市场发力，规模持续扩大。安防建设是智慧城市建设的主要领域，截至2019年年底，所有副省级以上城市，95%以上地级市都提出建设智慧城市，而仅有50%以上县级市提出建设智慧城市，由此可以看出三四线及以下城市仍有巨大发展空间。可资佐证的是，从城市摄像头布局看，据公开资料，与一线城市相比，二三线城市平均每1000人的摄像头配备数量分别仅为5台和2台，不到北京、上海等一线城市的十分之一。
- 基于安防视频监控体系的智能物联转型升级。在大数据、人工智能等技术的驱动下，“AI+安防”正在逐步成为安防行业的主要发展模式。而在技术驱动下安防行业边界不断模糊，安防的应用范围不再局限于传统的安全防护领域，逐渐应用到泛安防领域，在视频监控体系的基础上不断衍生出物联网增值服务（如大数据分析、客流统计、精准营销等）。因此安防体系的升级改造成为泛安防行业未来的需求增长点，视频监控、人像识别、出入控制等前端设备将迎来大规模发展空间。以视频监控为例，当前安防行业正处于网络高清阶段尾声和智能阶段的起点，据统计，目前市场上智能摄像机的占比不足3%。而未来几年，随着新技术可得性不断提高，技术的使用成本下降，智能摄像机的迭代更新将成为安防行业的主要增长点。根据Omdia推测，2024年AI摄像头（部署深度学习算法）的出货量将占网络摄像头出货量的63%。

7.1.1 智慧社区安防应用场景分析

智慧社区企业向运营商订购 5G 专属网络切片服务。智慧社区网络切片具有低时延、高带宽的网络特性，用于传输高清视频以及实时发送控制相关传感器设备指令。智慧社区需要借助两个网络切片实现，一个是低时延高可靠的网络切片用于控制中心传输控制指令，另一个是超高带宽的网络切片用于传输 4K 高清监视视频，如图 7-5 所示。运营商向智慧社区企业基于切片的差异化服务进行定价，实时动态地根据价格变动进行计费，如图 7-6 所示。

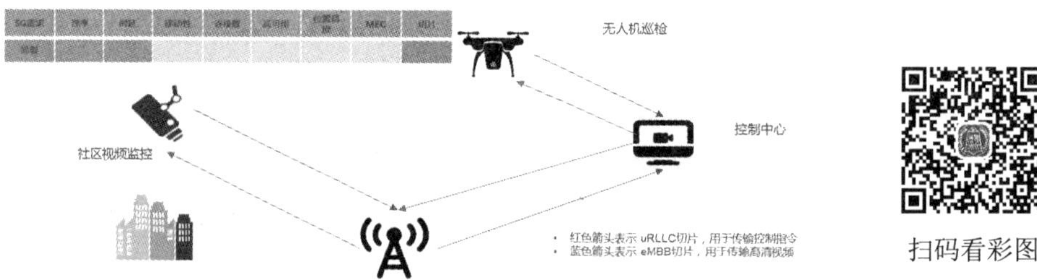

扫码看彩图

图 7-5　云边端协同的智慧社区安防

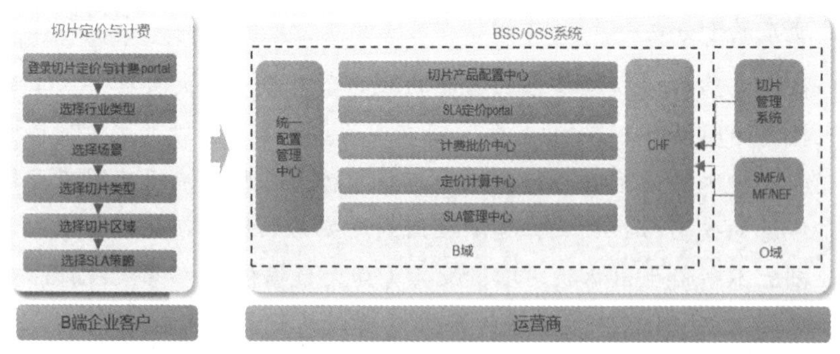

图 7-6　智慧安防应用场景计费

在整体的支撑上，主体的功能描述如下。

- 统一切片产品配置中心负责统一管理与切片产品相关的定价、计费模式相关的产品。
- SLA定价portal为企业客户提供友好的界面操作，包括SLA策略、切片特征选择以及定价和计费模式选择等。
- SLA管理配置中心负责SLA相关信息的管理与配置。
- 计费批价中心负责统一的定价计算与费用计算。
- CHF负责与O域的相关系统对接，例如切片管理系统、SMF等。

定价模式包括：

- 4K视频与8K视频差异定价。
- 时延阶梯定价：1~5ms、5~10ms、10~50ms等。
- 专有切片、共享切片差异定价。
- 白天、夜晚时段差异定价。

计费模式包括：

- 按区域面积、固定网络带宽、实际使用带宽、使用时间、终端数量等要素计费。
- 按视频、图片的存储容量计费。
- 按视频、图片的分析次数、内容计费。
- 按无人机位置查询调用次数计费。
- 按天、按月计费。

7.1.2　智慧社区无人机巡检计费场景

智慧社区虽然有比较完善的监控覆盖，但监控对象更多的是社会活动区域内的居民或外来人员，除了人员监控，智慧社区安全的另一重要组成部分，是对物业安全的监控，如电线、管道、墙外立面等。

无人机可实现高空间、大面积巡检，也可实现低空间较小范围精确监测，通过多光谱分析，得到大面积测区的各项检测数据。无人机搭载的摄像装备其影像分辨率可以达到厘米级别，数据采集和处理精准、快速，其采集和处理能力是人工检测采集的数十倍。采用高性能自动处理技术，可完成数据的预处理、精加工及镶嵌和高效数据生成，整体数据费用低。无人机巡检能够很好地代替人工巡检，尤其在一些人工不方便巡检的地方，可以避免巡检的漏洞。同时，与传统人工巡检相比，无人机一个起降所巡检的管道或线路可以代替几十个巡线工的工作时间，节省巡检时间的同时也提高了巡检效率。

无人机巡检涉及多媒体数据采集、格式处理、数据传输、影音数据分析、生成报告等多个环节，需要对视频、音频、图片、空间等数据进行全方位的分析和整合，结合可视化的展现手段，才能实现高效的无人机巡检。无人机巡检需要解决以下三大问题。

- 查看管理难：巡检数据要求能自动管理，可根据空间、时间等维度，自动将采集到的数据进行命名和排序，并提供数据管理平台，直观地呈现采集数据。
- 排查问题难：能准确识别问题数据并分类标志，支持问题数据创建人工审核工单，并与OA系统对接，对于问题数据或区域，可以方便地调取历史数据，以便人工排查。
- 分享汇报难：可以自动生产巡检报告，明确巡检的时间、位置、问题统计、问题清单等，实际工作中，无人机巡检数据常常需要多人、多单位共享，需要巡检报告可通过网页、二维码等方式实现快速的获取和分享。

7.1.3 智慧社区低时延计费场景

除了视频监控、无人机巡检等主动型的监控手段，智慧社区还有门禁、物流收发等被动型安全管控措施。从数据获取的角度来看，视频等主动监控手段更多的是单向的数据采集与传输，而门禁等被动型安全管控，则是双向的数据交易与事务控制。两者的需求差异，体现在数据传输层面，主要是时延的差异。

对于低时延网络的诉求，最为人所熟知的，或许是网络游戏。在部分对战类游戏中，时延对游戏体验有非常大的影响。如今，电子竞技市场已经越来越成熟，竞争也越来越激烈，很多参加电子竞技的选手，都会采用更优质的低时延高可靠网络来保障游戏过程的顺畅。

但是，相比于工业制造对于低时延网络有稳定的需求，游戏类的低时延网络需求往往是碎片化的。所以，只有在需要的时候使用高品质的低时延网络，从而降低网络服务使用成本，是此类场景中非常重要的方案组成部分。而要满足客户物美价廉的需求，运营商必须考虑引入更多的量纲来降低用户的服务使用成本，从而激发用户更多地使用业务，带来更多的整体收入。

在图 7-7 所示的示例中，单一用户对服务的使用是间断、无规律的，用户只想为自己使用服务的部分时间买单，如用户需要保证 500Mb/s 的带宽；但对于运营商而言，要满足多个用户（如 100 个）整合在一起的需求，并不需要提供 100×500Mb/s 的总带宽，而是根据用户行为分析，提供一个业务高峰期相对冗余的总带宽就能满足所有用户的需求，因为对于所有用户而言，其整体的服务使用是连续、可预期的，可以平摊服务的使用成本。

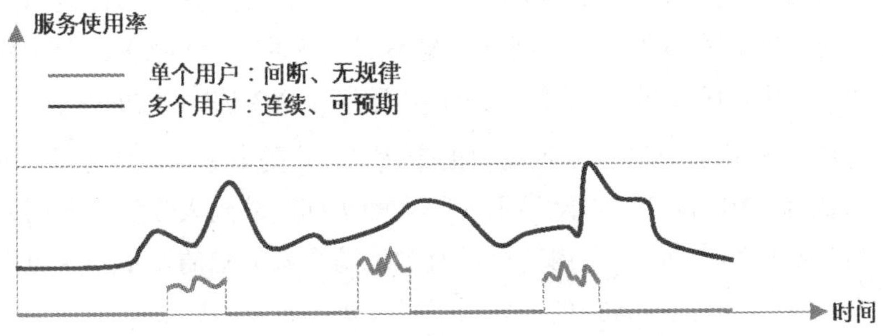

图 7-7　单用户与多用户使用服务的区别

5G 场景下，多量纲计费成了解决问题的关键。在 5G 之前，原先的计费和定价方式，几乎只有流量这一个量纲，所有用户只根据流量使用的多少来进行区别计费和定价。但在这个案例中，速率 / 时延等要素，成了第二维度的定价量纲。如果只考虑速率量纲，对用户而言过于昂贵，而一旦结合了流量量纲，则能很好地满足用户按需使用、按需付费的实际需求。

7.2　体育赛事 AR/VR 视频直播

AR（Augmented Reality，增强现实）技术，是一种实时地计算摄影机影像的位置及角度并加上相应图像的技术，是一种将真实世界信息和虚拟世界信息“无缝”集成的技术，可以在屏幕上把虚拟世界套在现实世界并进行互动。

VR（Virtual Reality，虚拟现实）技术，具体是指借助计算机及最新传感器技术创造的一种崭新的人机交互手段，利用计算机模拟产生一个三维空间的虚拟世界，提供使用者关于视觉、听觉、触觉等感官的模拟。

AR/VR 视频直播技术，是将 AR/VR 技术与直播技术相结合，可以让使用者身临其境地感知直播现场。

传统的电视和网络直播方式解决了因时间、成本、交通等众多因素导致用户无法现场观看赛事的问题，但仍存在观看方式单一、现场体验感不强、观看视角受限等问题。

在 2015 年，AR/VR 直播行业巨头 NextVR 对 NBA 赛事进行了全球首次 AR/VR 直播。此后，越来越多的现场直播采用了 AR/VR 技术，包括里约奥运会、俄罗斯世界杯、平昌冬奥会、演唱会、央视春晚等。通过 AR/VR 技术，为用户带来了更好的观看体验，但是网络带宽不足、延时大、卡顿多、分辨率低、画面不清晰、用户眩晕感等问题也很突出，限制了 AR/VR 直播的发展。

与传统直播相比，VR 直播所需要的带宽更大，码率更高，时延要求更短。业界普遍认为，VR 设备动作至显示（即人的头部转动到人眼所见的图像发生变化）的时延控制在 20ms 之内，可以有效地防止晕动症的发生，避免用户产生眩晕感。对于 VR 视频直播的主要网络指标要求如表 7-1 所示。

表 7-1　VR 视频直播的网络指标要求

终端分辨率	阶段	典型码率	带宽要求	时延要求
2K VR	起步阶段	40Mbps	≥ 60Mbps	≤ 20ms
4K VR	舒适体验	90Mbps	≥ 140Mbps	≤ 15ms
8K VR	理想体验	290Mbps	≥ 440Mbps	≤ 8ms

截至 2020 年 6 月，我国网络直播（包括电商直播、体育直播、演唱会直播等）用户规模达 5.62 亿，占网民整体的 59.8%。在 5G 领域，截至 2020 年 6 月底，5G 终端连接数已超过 6600 万，三家基础电信企业已开通 5G 基站超过 40 万个，建设速度和规模超出预期。体育赛事直播拥有广泛的用户基础，5G 基础设施建设也在如火如荼地推进中。

随着 5G 规模化部署时代的到来，5G 网络在传输速率及网络延时方面的性能均得到了大幅的改善，如图 7-8 所示。5G 技术拥有的超大带宽、高速率、低时延特点与 AR/VR 直播的结合，将极大推动 AR/VR 直播行业的发展。通过头戴式 VR 设备（以及手机、平板电脑等移动终端），将为用户带来绝佳的沉浸式视频直播观看体验。

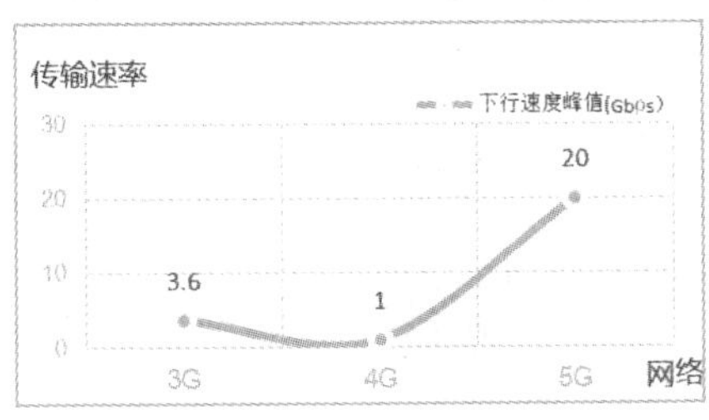

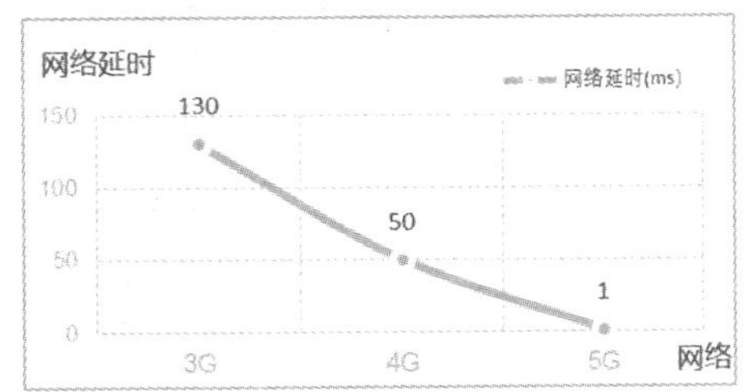

图 7-8　传输速率及网络延时图

“5G+AR/VR”沉浸式视频直播场景用户对象主要分为个人用户（ToC）、家庭用户（ToH）、行业用户（ToB）三大类。

- 对于个人用户，开通5G套餐，通过手机、平板电脑、头戴式VR设备连接5G网络，即可体验“5G+AR/VR”视频直播。
- 对于家庭用户，为了获得更好的体验，建议用户开通千兆家庭宽带，用户在家里室内通过连接千兆宽带进行AR/VR直播观看。
- 对于AR/VR体验店、AR/VR影院等行业用户，在网络上可以开通宽带专线或者定制化行业5G计费，消费者通过其提供的头戴式VR设备来体验AR/VR视频直播。

7.2.1　体育赛事AR/VR视频直播应用场景分析

在大型赛事现场，举办方向运营商购买专有 5G 网络切片服务，该切片具有超大连接，支持高密度访问连接的特性。已经购买了门票的现场观众通过手机（5G 手机）注册便可以在会场体验可靠的、稳定的、高速的 5G 通信服务，运营商不直接向观众收取额外的费用而是向举办方收取 5G 切片服务费用，如图 7-9 所示。

在整体的支撑上，定价模式包括：

- 专有切片、共享切片差异定价。
- 带宽差异定价。
- 用户密度差异定价：50 UE/平方米、100UE/平方米等。

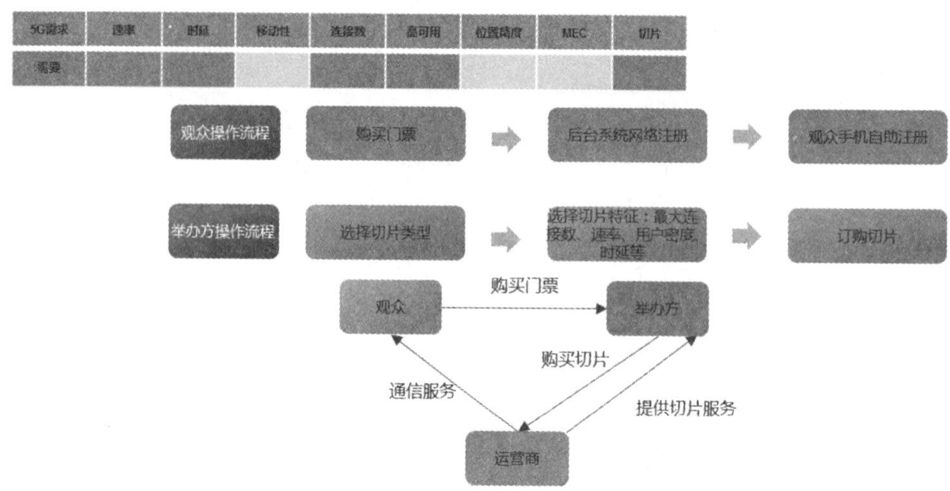

图 7-9　大型赛事切片服务

计费模式包括：

- 按用户连接数计费。
- 按切片使用小时计费、按天计费。

7.2.2　AR/VR边缘计算视频加速服务计费场景

在 AR/VR 场景中，涉及大量的数据交互，如动作捕捉、触觉反馈、眼球追踪等，这些交互涉及不同的数据处理技术，有的通过按钮，有的则是震动反馈或者光学跟踪，等等。技术不同，数据对象往往也存在相应的差异，对计算的需求也有很大的差别。而很多 AR/VR 的数据处理，大部分可能在边缘侧计算，意味着边缘计算需要充分考虑数据交互差异带来的计算和存储量差异，并设计针对性的资费和服务规则。

- API：提供AR/VR场景中需要的某些数据交互服务能力，可以根据调用次数、数据量、业务类型等进行定价和收费。
- 存储量：提供对象的存储和数据管理能力，基于容量进行收费。
- 带宽：提供数据采集传输保障，包含边缘侧的带宽以及边缘到中心的数据传输带宽；针对某些特定的建模类需求场景，5G还可以支持在指定的时段进行数据传输，以避开网络业务高峰，提高传输效率并且利用闲时网络降低数据传输成本。

- 计算量（CPU/GPU）：对采集的数据进行压缩、加解密等计算操作，可根据业务需要定制CPU/GPU核数进行收费。

7.3　5G 智慧工厂

为推动“5G+ 工业互联网”512 工程加速落地，高质量推进 5G 与工业互联网融合创新，2019 年 11 月 19 日，工业和信息化部印发了《“5G+ 工业互联网”512 工程推进方案》。提出到 2022 年，打造 5 个产业公共服务平台，内网建设改造覆盖 10 个重点行业，形成至少 20 大典型工业应用场景。培育形成 5G 与工业互联网融合叠加、互促共进、倍增发展的创新态势，促进制造业数字化、网络化、智能化升级，推动经济高质量发展。

在工业生产中，5G 网络的低时延、高带宽、广连接的特性可以很好地满足其数据实时采集、稳定传输、可靠控制、快速响应等要求。一方面，5G 网络高通量、低延时的特点可以满足海量现场实时采集工业生产数据高速传输的要求。5G 技术实现了网络毫秒级的超低延时，在网络传输的稳定性上也具有极高的保障，确保工业现场实时数据采集和远程控制的网络要求。另一方面，通过网络切片技术能够实现按需定义网络能力特点，满足不同数据连接和采集传输的应用场景需求。通过 5G 的赋能，实现工业企业从“制造”向“智造”的升级，为制造业智能转型、高质量发展和创新提供强大的动力。

随着 5G 网络建设的不断深入，电信运营商、工业企业、设备厂商等各方均在 5G 智慧工厂场景进行了相应的研究和应用落地。本节主要从 XR 远程协助场景、传感器事件提醒场景、机器与货物运动轨迹跟踪提醒场景和工业制造边缘计费实现进行说明。

7.3.1　5G智慧工厂应用场景分析

在工业制造场景下，通信运营商可以提供多种多样的 5G 技术通信服务，如图 7-10 所示。通信运营商可以针对控制中心办公室与工厂车间之间的数据传输、位置变化信息、传感设备连接数、传感设备网络切片连接与管理事件计费，计费模式如图 7-11 所示。

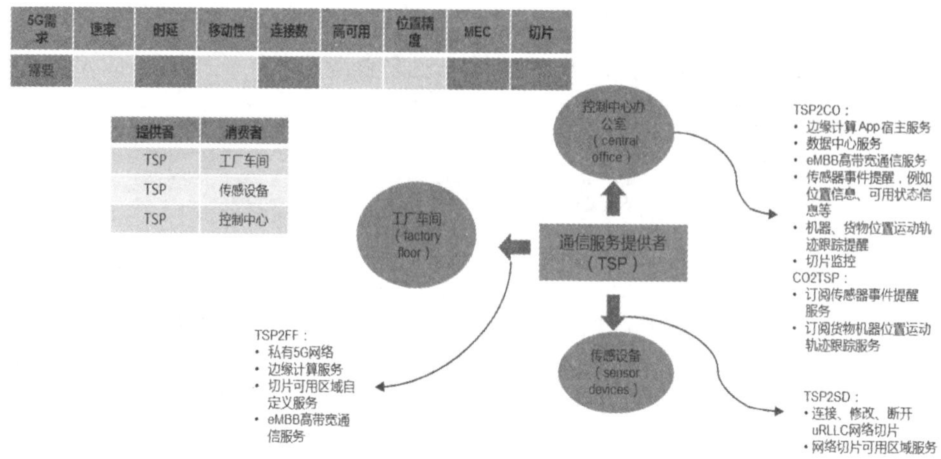

图 7-10　工业制造 5G 切片服务

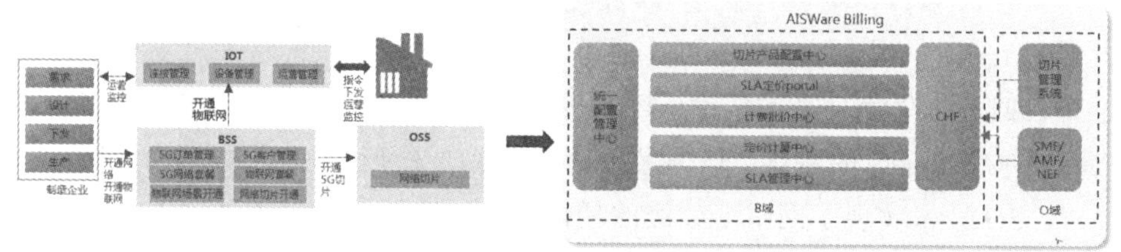

图 7-11　工业制造 5G 切片场景计费

在整体的支撑上，主体的功能描述为：工业制造场景下，通信运营商可以针对控制中心办公室与工厂车间之间的数据传输、位置变化信息、传感设备连接数、传感设备网络切片连接与管理事件计费。计费系统从 AMF、SMF、NEF 以及切片管理系统获取传感设备的接入管理事件、通信流量以及切片使用时长等可计费信息。

- 统一切片产品配置中心负责统一管理切片产品相关的定价、计费模式相关的产品。
- SLA定价portal为企业客户提供友好的界面操作，其中包括SLA策略、切片特征选择以及定价和计费模式选择等。
- SLA管理配置中心负责SLA相关信息的管理与配置。
- 计费批价中心负责统一的定价计算与费用计算。
- CHF负责与O域的相关系统对接，例如切片管理系统、SMF等。

定价模式包括：

- 根据工业制造专有切片功能差异定价。
- 根据专有切片的时延等级差异定价。
- 根据传感设备的容量差异定价。
- 根据传感设备的速率等级定价。

计费模式包括：

- 专有切片包月、包年计费。
- 传感设备连接数计费。
- 传感设备接入、断开等事件量计费。
- 智能设备位置变化次数计费。

7.3.2 XR远程协助计费场景

XR（Extended Reality，扩展现实）是指 AR、VR、MR（Mixed Reality，混合现实）等技术的一种统称。

在智慧工厂“5G+XR”远程协助应用场景中，复杂设备现场检修或出现故障维修时，现场工人佩戴 AR 眼镜，通过眼镜上的摄像头，将现场视频画面通过 5G 无线网络实时发送给远程厂家的设备专家，设备专家通过 XR 头戴式设备或者手机、平板可以查看现场实时画面，设备专家还可以通过头戴式设备或移动终端直接语音与现场工人进行沟通，并辅以发送辅导视频，对画面进行实时标注等方式远程指导现场工人进行检修、装配操作，达到沉浸式交互沟通的效果。

XR 远程协助大大缩短了设备故障维修、装配的周期，设备专家可以及时响应设备检修维护远程协助需求，相较之前需要设备专家到企业现场指导，减少了人力和时间成本投入，极大地提高了工作效率；同时，厂家售后服务由“永远在线”升级为“永远在场”，提升了用户的满意度。

7.3.3 传感器事件提醒计费场景

在智慧工厂建设中，需要将企业现场海量的传感器实时数据上传，连接数量多、数据量大。目前在传统工业制造企业中，由于工业生产现场安装连接了大量的传感器、执行器和控制器，其对时延、安全性、可靠性的高要求，大多数情况下都是采用诸如工业以太网技术、现场总线技术等有线通信技术实现工业现场传感器数据的采集传输与执行器、控制器操作指令的下发。

在4G通信网络中，现场传感器数据采集传输和操作指令下发在数据时延、传输带宽、安全可靠性等方面均有相应的短板，无法很好地满足工业级应用的需求。

随着5G网络的逐步建设和5G在智慧工厂中的成功试点，低延时、广连接、高可靠的5G网络可以实现智慧工厂中的物联网设备的实时互联，为企业生产监控、流程优化、调度调控等智慧工厂应用提供可靠的网络支持。5G网络的使用，可以实现工业传感器数据上行传输速率的大幅提升，降低数据传输的时延，减少信号衰减和干扰。同时，使用5G网络替代传统有线组网的方式，降低了工业现场复杂环境下有线组网的实施难度，减少了布线施工成本和时间成本，也降低了后期传输网络运维的难度。

智慧工厂传感器数据采集传输5G网络典型组网架构如图7-12所示。

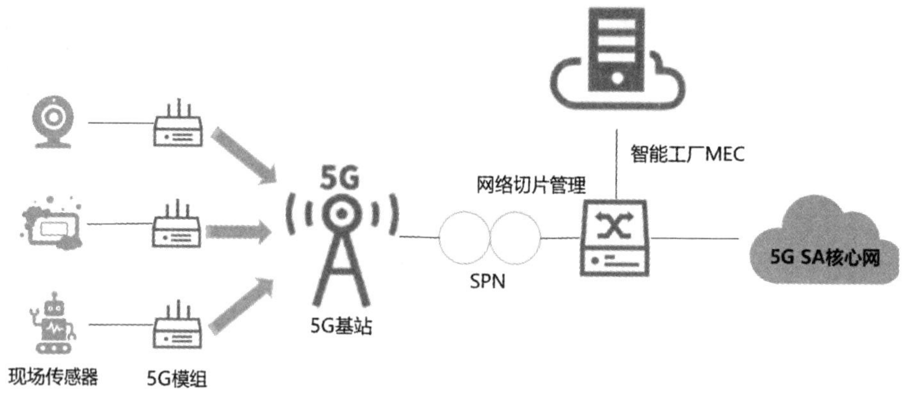

图 7-12　5G 网络典型组网架构

通过引入边缘计算（MEC），基于“5G+MEC”为智能工厂搭建5G虚拟专网，将不同接入形式的部分功能、内容和应用部署在网络接入边缘（园区内）。现场传感器采集数据后，通过边缘计算服务器可以对数据进行初步筛选和处理，仅需要将处理后的有效数据传输至企业数据应用中心，减轻了数据应用中心的存储和计算压力。工业企业的生产过程数据是极为敏感的机密数据，通过“MEC+5G”虚拟专网保障了数据传输的可靠性和安全隐私性；另外，通过 MEC 边缘计算进行数据的边缘处理，可以进一步降低数据采集传输的时延。

7.3.4　机器与货物运动轨迹跟踪提醒计费场景

在现代化智慧工厂中，作为时间、空间、状态三大业务流数据指标之一，准确的位置信息数据是工业生产数据流的重要构成。空间位置与轨迹数据的及时性、完整性和准确性是智慧工厂建设中前端感知质量评价的重要指标。

据统计，有 80% 以上的生产活动时间是在室内 / 厂房内的，由于建筑的遮挡，内部 GPS 定位信号弱，难以满足位置轨迹定位跟踪的要求。因此，需要建设基于室内的高精度位置轨迹定位跟踪系统，实现智慧工厂内车辆、人员、物料、货物、设备等高精度轨迹定位跟踪，从而进一步摆脱有线的束缚，实现货物运动轨迹记录、生产过程跟踪、智能生产与仓储、自动货物搬运等，提高工业生产的智能化程度和精细化生产管理水平。

目前对室内定位技术具有较高需求的主要是汽车制造、设备 / 机电装配、电子电器制造、航空航天等智能制造应用领域，高精度位置轨迹定位信息可以提高企业的加工生产效率、提升产品质量。

- 在货物物料轨迹跟踪方面，利用室内定位技术，可以对涉及产品生产加工的物料流转、产品生产、组装、测试、仓储（AGV）、物流等全流程进行跟踪追溯，实现透明化生产、规范化流程作业，提高生产效率。
- 在机器设备运动轨迹跟踪及高精度定位方面，为机器设备和工具配置定位标签，可以及时、准确地获取正确的适配工具，提高生产效率的同时也提高了产品加工质量。
- 在人员管理上，通过对人员的实时高精度定位和轨迹跟踪，进行危险区域进入预警、工作状态管理等，确保生产人员安全。

室内定位是指在室内环境中实现位置定位，主要采用无线通信、基站定位、惯导定位、动作捕捉等多种技术集成一套室内位置定位体系，从而实现人员、物体等在室内空间中的位置监控。常见的室内无线定位技术有基于传感器的室内定位技术（红外线、超声波等）、基于射频信号的室内定位技术（通信网络蜂窝定位技术、WiFi、蓝牙、RFID 等）、融合定位技术和地磁定位技术。

蜂窝通信网络作为通信基础设施，具有十分广泛的基站部署和网络覆盖。可以通信网络蜂窝定位技术为基础，融合各种定位技术信息，实现网络信息通信与高精度定位系统一体化。

2020 年 7 月 3 日，3GPP 宣布完成 5G 标准第二版规范 R16。R16 在系统架构方面，增强了基于服务的架构（SBA），支持基于位置服务提供商业服务。利用 MIMO 多波束特性，定义了基于蜂窝小区的信号往返时间（RTT）、到达角测量法（AoA）、信号到达时间差（TDOA）、离开角测量法（AoD）等室内定位技术。其定位精度一般在 3 ～ 10m。

2020 年 10 月，中兴通讯、中国移动等联合发布了《5G 室内融合定位白皮书》，目前各种室内定位技术已经慢慢渗透到企业服务、政府与公共服务领域，5G 定位产业已经得到了业界的普遍关注。5G 网络可以实现万物互联，并通过对各类定位技术和方案的融合实现垂直行业中各种应用场景下对不同精度的位置定位与轨迹跟踪要求。

另外，5G 演进标准 R17 预计于 2021 年下半年完成。在 R17 中，将进一步提升 5G 在垂直行业中的应用能力，其中“定位增强”功能将能够完全满足工业制造对室内定位的高精度和低时延的高要求，将实现厘米级的定位精度和 3D 定位。

7.3.5 工业制造边缘计算服务计费场景

5G网络通信技术与工业生产制造的融合已经从理论推广迈向了落地应用。5G 智能工厂智能制造、柔性生产、高质量转型发展对高带宽、低延时且具备灵活组网能力的无线通信网络需求越来越迫切。作为工业互联网体系架构中三个关键要素（网络、安全、平台）之一，网络是满足智能制造和实现工业互联网的基础。边缘计算作为 5G 网络的锚点，又承载了工业智能制造的边缘应用，在 5G 智能工厂的建设具有不可替代的作用。

对工业制造领域来说，边缘计算技术是指在靠近工业生产现场的网络边缘进行采集数据的处理、运算和分析等，并提供边缘计算服务，从而实现工业制造对于大数据分析、低延时、完全安全可靠等严格的要求。

MEC 边缘计算技术，可以积极助推 5G 网络数字化转型以及根据不同需求实现差异化服务的能力。边缘计算技术实现了通信网络与工业制造业务服务应用的融合，是实现 5G 网络高带宽、低时延在垂直行业落地应用的关键。

边缘计算产业联盟（ECC）提出的边缘计算参考架构 2.0 如图 7-13 所示。

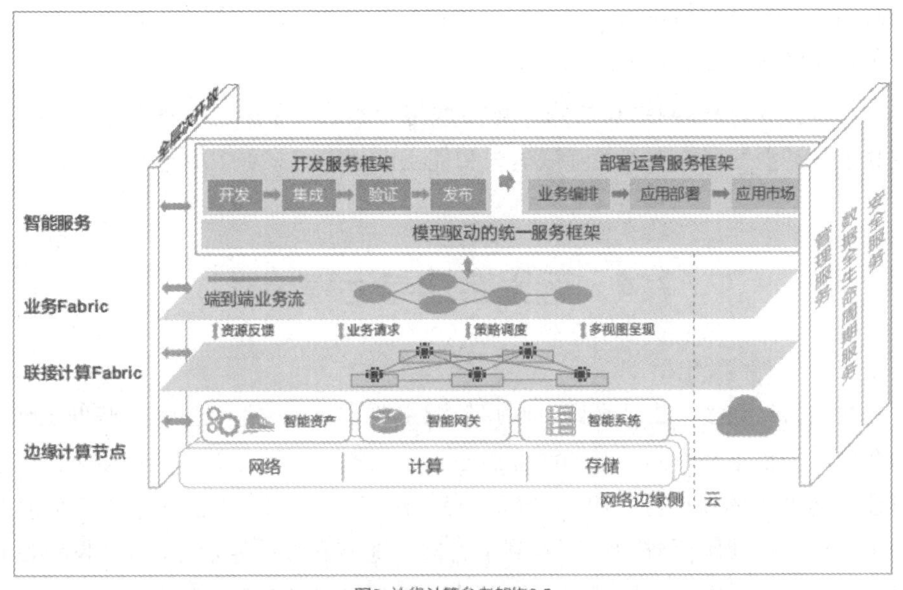

图 7-13 边缘计算参考架构 2.0

在 5G 智慧工厂建设中，边缘计算 MEC 将积极赋能企业生产制造实现、数据与网络安全、业务应用支撑等方面。

解决工业生产中网络互联的问题。目前在工业通信网络中有 40 种以上的工业总线技术，通过边缘计算技术可以在网络边缘侧提供处理能力，将不同的网络通信协议进行转换，实现工业生产中网络互联互通，同时可以大大减轻现场网络部署管理和运行维护的工作复杂度和成本。

满足工业制造低延时的需求。在工业生产制造场景中，计算处理和指令下达的时延需要控制在 10ms 之内。如果将数据的计算、分析以及逻辑运算全部在中心云端处理，将很可能不能满足工业现场的实时性要求。而边缘计算技术的引入，通过在网络边缘进行数据的计算处理，可以完全满足工业现场低延时的需求，提升了远程协作、远程控制等业务场景应用的体验。

保证了工业生产数据安全。工业生产制造对网络和数据的安全性具有极高的要求，工业企业对于移动运营商提供公共网络实现现场重要生产数据与信号的采集、传输是不可接受的。边缘计算技术的出现，可以打消工业企业在数据安全方面的顾虑。通过在工业企业现场的网络基站部署边缘技术云，可以对指定的内网通信进行旁路处理，信息仅在企业内部流传，不需要上传至运营商的核心网。在提升网络速度、降低时延的同时，实现了企业数据不出厂，从而解决了企业网络的信息安全问题。

可以预见，5G 网络与边缘计算技术将为制造业带来巨大的变革，加速企业数字化转型发展，为工业互联网与智能工厂建设带来更多的想象空间。

7.4　远程会诊与远程手术

我国人口众多，土地辽阔，医疗资源主要分布在发达地区，一些偏远地区的乡镇居民很难获得高质量的医疗服务，如果期望得到更好的医疗服务，只能前往发达城市的权威医疗机构或者医院，治疗成本肯定随之增高。5G 时代的到来，让解决就医困难的问题看到了希望，随着科技的发展，因 5G 网络高速率的特性，远程医疗诊断势必应运而生，可以支持 8K 高清视频的远程会诊，医学影像的高速传输，使远程会诊医疗成为可能。远程会诊具备三大优点：第一，用户可以足不出户，或者在附近指定的医疗诊所里接受权威专家的治疗。第二，在遇到疑难杂症的时候可以高效地开启专家会议，一起分析，远程会诊，然后对病人进行快速的针对治疗，减少病危的概率。第三，在疫情严重的时候远程诊断作用更加明显，可以减少人与人之间的近距离接触，使病人减少染上疫病或传染的风险。

远程医疗可以进行疾病的诊断，那么有些情况需要权威专家的治疗，远程手术也势必会应运而生。

2019 年 1 月，中国一名外科医生利用 5G 技术实施了全球首例远程外科手术。这名医生在福建省利用 5G 网络，操控 48km 外一个偏远地区的机械臂进行手术。手术中，由于延时只有 0.1s，外科医生用 5G 网络切除了一只实验动物的肝脏，这个试验标志着远程手术已经由理论变为可能。

7.4.1　远程会诊与远程手术应用场景分析

在远程会诊场景中，借助边缘计算技术、5G 技术以及在云计算中心的协同下，解决 VR 视频直播中超大带宽和超低时延的问题，如图 7-14 所示。

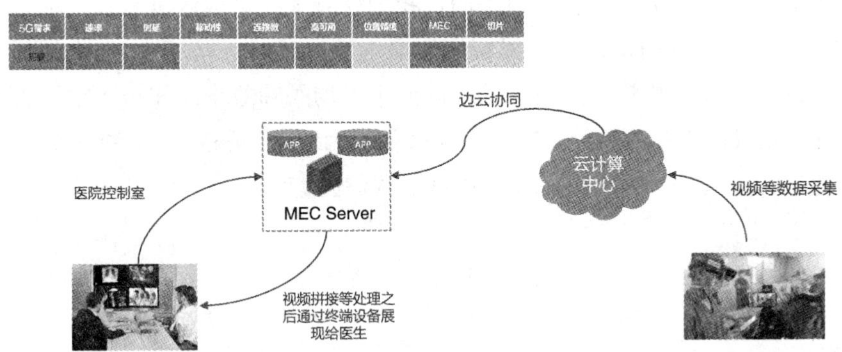

图 7-14　远程医疗边缘计算增强现实服务

7.4.2　专家远程高清视频会诊计费场景

2019 年年末，新型冠状病毒来袭，高传染性和长潜伏期，让新冠肺炎疫情迅速扩散。一时间没有特效药问世，当务之急是如何及时地控制住疫情蔓延。我们不得不提出全国性的居家隔离，来应对病毒传播，从封小区到封城，公共交通几近停运，对社会各界的生产生活造成极大的影响。在漫长的抗议期间，越来越多的科技公司开始参与到抑制疫情蔓延的方案中，如何能减少病患和普通人的接触，并能极大地减少沟通成本，5G 远程通信成为抗疫方案中重要环节之一。

我们仅仅使用了十天时间，完成从平地上建立起一座雷神山医院的壮举，而同等规模和高标准的三甲传染病医院，一般需要近两年的时间才能建设完成。短时间内，传统的网线部署方案，很难将各方面的网络需求都规划考虑到位，难以满足短时间建设的工程交付要求，无线通信技术便成为最佳解决方案。武汉雷神山医院“5G+ 智慧医疗”已建成投入使用，2.5 万人用无线网可并发通信，医生能够进行远程会诊、远程手术等。

2020 年 2 月 27 日，武汉雷神山医院远程会诊中心内，“北上广”3 地医疗专家通过“5G 远程 CT”进行诊疗，专家通过研究高清 CT 影像探讨病情，并做出相应的治疗方案。“5G 远程 CT”可连接医院系统，同步传输 CT、核磁等数据，医生能看清病人 CT 影像等，对医生判断病情有重要参考。

得益于 5G 网络技术的大带宽、高速率、低时延的特点，5G 远程会诊不但可以在抗疫工作中提供帮助，在缓解当前医疗资源不均衡的问题上，也能起到重要的作用。

考虑到各地的常住人口规模不同，我们计算了各个地区每千人口拥有的医师数量。医师资源的供需匹配呈现出明显的地区差异。从图 7-15 所示每千人执业（助理）医师数整体来看，各地区的千人均医师数华北和华东地区更具优势。每千人口拥有医师数最多的三个地区依次为北京（4.63 人）、浙江（3.33 人）和上海（2.95 人），已经可以与高福利的欧洲国家比肩。

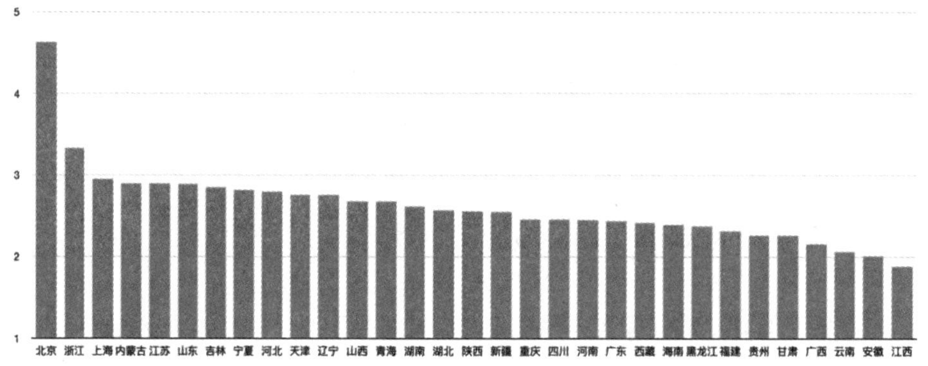

图 7-15　每千人执业（助理）医师数

从城市来看，据复旦大学医院管理研究生《2018 年度中国医院综合排行榜》，中国排名前 50 的医院中，有 12 个位于北京，11 个位于上海，7 个位于广州。

下级医院缺少专业医师，向上级医院请求协助。如图 7-16 所示是 5G 远程会诊流程，通过 5G 传输技术，把基层医院 CT、核磁等影像以原始数据形式呈现给影像会诊专家。与会诊专家进行低延时的远程高清会诊讨论，能较好地保证专家做出恰当的诊断结论。

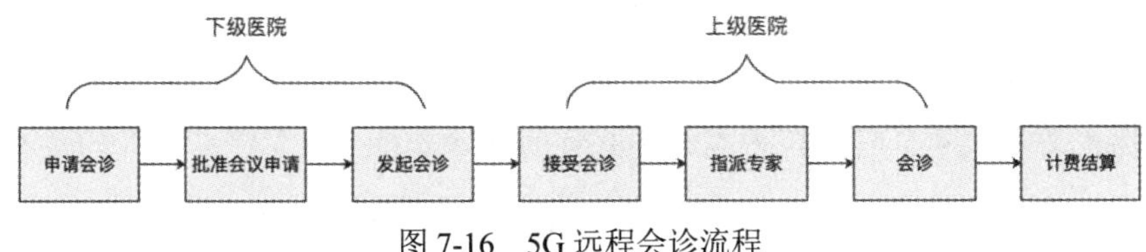

图 7-16　5G 远程会诊流程

下级医院提高医院服务质量，加强了院内医师与专家的联系，提高医院医疗水平。上级医院通过远程会诊增加业务收入，强化了医院口碑。

5G 应急救援是国家发改委 5G 医疗应用示范项目中三大关键应用场景之一。如图 7-17 所示为 5G 应急救援，是指急救人员、救护车、应急指挥中心和医院之间通过 5G 网络相互沟通协作开展的医疗急救服务。传统急救病人被送到医院后要先开始做心电图、抽血等常规检查，再转相关科室进行急救。5G 应急救援系统打破常规，实现患者“上车即入院”。

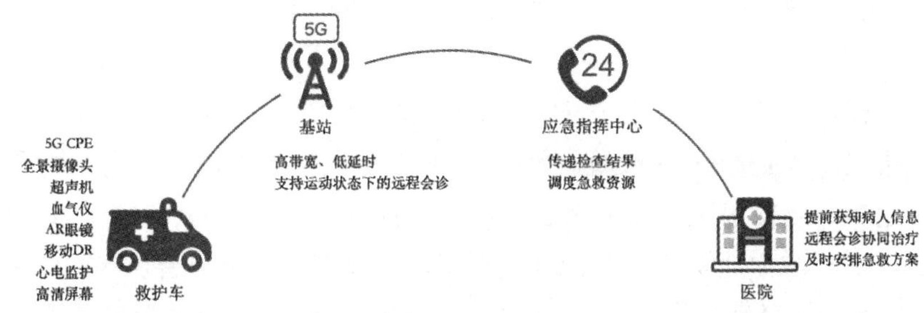

图 7-17　5G 应急救援服务

在疾病急救和自然灾害救援现场，医疗人员需要进行患者伤情检查，并将检查结果传输到应急指挥中心和医院，同时针对疑难病情患者，通过移动终端由医院进行远程救治指导。在急救车转运途中，医疗人员可通过移动终端调阅患者电子病历信息，通过车载移动医疗装备持续监护患者生命体征，并通过车载摄像头与远端专家会诊病情协同诊断治疗，这样病人一旦送到医院后，就可以立即进行手术，为病人救治争取宝贵的时间。

7.4.3　专家远程实时同步手术操作计费场景

现代外科手术已经经历了 200 多年的发展，从传统的开放手术到机器人微创手术，医学影像、手术机器人等先进技术的应用变得越来越多。同时，外科手术的执行方式也发生变化，从与患者在同一间手术室的临台手术，到患者与医生相距数千里的远程手术。可以有效改善医疗资源的偏态分布，减少患者异地求医的难度，紧急时刻获得高级别医师的技术支持，从而提高病人的救治率。

远程手术可以分为远程手术指导和机器人辅助手术。远程手术指导是专家通过视频、语音的方式对手术的操作方远程下达指令，操作复杂的手术就要求专家的指令足够精确，施术方对指令能准确无误执行。但是人在高度紧张时，思维与语言并不容易同步，也会因为口误，导致双方的交流出现误解。机器人辅助手术是专家通过操作远端的控制台，控制本地的手术机械臂运动，从而实现主动作进行手术操作。

由于 5G 网络的低时延、高带宽特性，可以确保本地手术室里的高清画面传输和手术机械臂动作的及时回馈。通过此方式，外科医生的“手臂”能够伸到千里以外，减少了分级诊疗差距以及患者的经济压力。早在 2018 年年底，我国某医学专家采用 5G 网络，对机器人床旁系统实施了远程无线控制，为 50km 之外的一只实验猪做了肝小叶切除手术。

根据报道，信号传输时延应低于 200ms，异地外科专家才能够安全进行手术，如果采用 4G 技术进行远程手术，医生在每点击操作按钮的指令传到目的地有将近 300ms 的时延，而采用 5G 技术，延时降低到 30ms。这个时间对于医生来讲，就与在本地操作没有什么区别了。这场手术是世界首例 5G 远程人体手术，这场手术的成功，也宣告 5G 在医疗实践上的重大突破。

脑起搏器植入手术是对操作精准度要求非常高的手术之一，其原理是将电极植入患者大脑特定的区域内，通过调节脉冲强度，刺激患者神经元，用于治疗帕金森、癫痫等神经系统疾病。需要进行脑起搏器植入手术的患者大多行动不便，能完成这项手术的主刀医师又凤毛麟角，所以主刀医生需要经常飞到全国各地的医院去做手术。2019 年 3 月 16 日，解放军总医院神经外科主任医师在海南任职期间，通过 5G 网络，成功地将“脑起搏器”植入位于北京的帕金森患者脑中。

有了 5G 远程机器人手术技术的加持，医生的操作端和患者不需要在同一物理空间下，远程手术的形式也可以变得丰富。可以是一个医生操作控制一台手术，也可以一个医生同时操控多台手术，或者是多个外地的医生同时完成一台手术。在 2019 年 6 月，北京积水潭医院借助 5G 网络，实现了全球首例三地骨科手术机器人多中心 5G 远程手术。在这场手术中，北京积水潭医院与嘉兴市第二医院和烟台市烟台山医院同时连接，将 12 颗螺钉精准三维定位脊椎，准确无误地打入两个脊椎骨折病人体内。

面对突发疾病，时间就是生命。有些极其危险的症状，如外伤、出血引起的颅内压增高，如果颅内压持续性增高可导致脑疝，脑疝是导致这类病人死亡的主要原因。及时地实施颅内出血减压术，是挽救生命的重要手段。但有时会出现病人在送医途中或者在偏远医院无法坚持到大医院的情况。不论是在救护车还是在偏远医院，在 5G 技术的支持下，都有可能实施远程急救。今后的 5G 应急救援救护车，可能就是一个移动的急救室。在救护车转运患者途中，异地专家可以根据 5G 技术高速传输的视频图像、监护仪、移动 CT 图像等数据信息，在急救人员的协助下，远程参与手术机器人的参数设定，关键步骤的人工操作，进行远程颅内出血减压术等紧急救治。在灾区、战场等难以架设有线通信网络的区域，5G 移动通信技术有助于远程手术的顺利开展，使后方外科专家能够在远离灾区和战场的安全场所，利用主从式手术机器人系统，为前方医院或转运后送途中的伤员进行相对复杂的手术，从而降低伤员的伤残率和伤死率。

7.4.4　远程医疗QoS计费场景

5G 因为多了切片这个概念，就可以实现多元化的网络计费，这样就可以按需提供有需要的网络通道。例如 5G 可以“切”出多个虚拟网络，如图 7-18 所示为 5G NFV 切片计费，可以标记不同虚拟网络的等级，这样不同虚拟网络可以根据不同等级的费用，进行一次性收费或按需收费（例如按流量、包时、月租或者根据业务不同签订不同收费合约）。

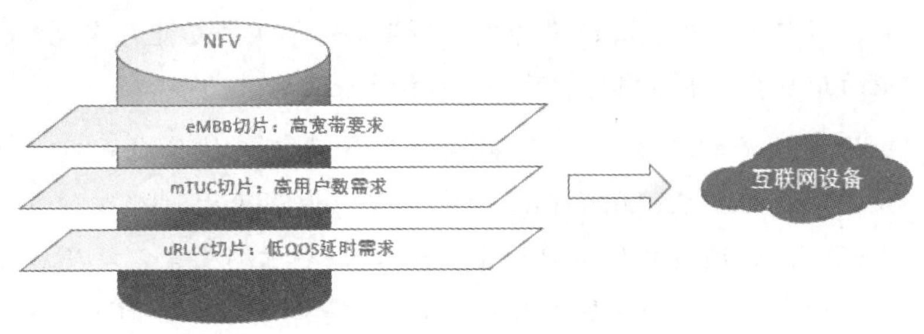

图 7-18　5G NFV 切片计费

例如，远程高清视频会诊和大数据传输，可以针对性使用 eMBB 切片，而远程手术操作，需要及时性、精确性，那么这时候就需要低延时宽带需求才能满足，不然会对病人的生命造成巨大的威胁，使用 uRLLC 切片的专用通道就可以满足手术对于低延时的需求，根据不同需求来划分不同收费标准。

根据行业的3GPP TS 32.240 规范对于5G计费，提出了融合计费架构（CCS）的规范要求，要求支撑侧与网络侧通过服务化的接口协议，融合处理离、在线计费处理流程。

如图 7-19 描述了在 3GPP 下 5G 融合计费能力发生的改变。

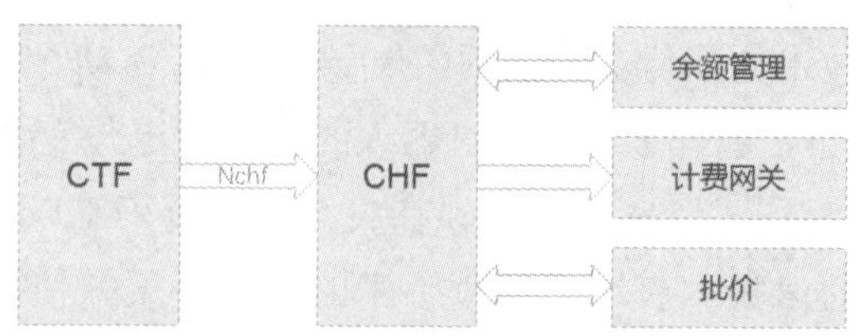

图 7-19　5G 融合计费能力

- 计费触发功能（CTF）：内置于SMF中，检测网络的使用情况，产生响应的计费事件。
- 新建计费接入服务（CHF）：通过构建基于3GPP规范的计费服务创建、更新、终止和状态通知等4大Nchf接口服务，实现跟SMF网元对接的计费事件交互能力，满足基于会话的数据业务计费能力；通过构建基于NRF网元的计费服务注册、更新、下线和状态更新等交互能力，实现CHF服务对外的服务注册、发现和服务调用。
- 账户余额管理功能（ABMF）：存储更新用户账户余额。
- 新建计费网关功能（CGF）：通过构建基于CHF-CDR记录的拆分合并、话单记录生成及话单持久化和异常话单生成功能，实现对CDR记录的正常和异常不同场景的合并和持久化处理能力。
- 批价处理流程（RF）：根据网络运营商定义的价目表确定使用服务的费用。扩展PDU和FBC计费业务能力，基于5G新协议数据单元（PDU），通过扩展话单模型，承载5G多量纲要素，满足后续5G多量纲计量能力；构建基于PDU会话的流量计费能力（PDU计费能力）和基于PDU会话中的“内容+流量”组合维度计费能力（FBC计费能力），满足5G数据业务的按总流量计费和按内容计费的多模式计费能力。

7.5　智慧农业种植及养护

农业是国家发展之根本，我国自古以来就是农业大国，政府对农业农村的发展以及农业信息化建设高度重视。在“十二五”时期，农业部编制了第一个全国农业农村信息化发展五年规划，成立了农业部农业信息化领导小组，全面加强农业农村信息化工作的统筹协调和组织领导，推动信息技术向农业农村渗透融合；在《“十三五”全国农业农村信息化发展规划》中要求，通过农业信息化发展，信息进村入户村级信息服务站覆盖率达到 80%、农村互联网普及率达到 52%、农业物联网等信息技术应用比例达到 17%。“互联网 + 现代农业”建设取得明显成效，农业农村信息化水平明显提高，信息技术与农业生产、经营、管理、服务全面深度融合，信息化成为创新驱动农业现代化发展的先导力量。

智慧农业通过将物联网、互联网、大数据、智能装备等现代科学技术与农业种植相结合，实现农业无人化、自动化和智能化管理，是解决农村劳动力缺乏、消除贫困、增产增收，实现农业农村可持续发展的重要途径。

随着 5G 时代的到来，“5G+ 智慧农业”实现新一代网络通信技术与智慧农业的结合，将给智慧农业建设带来新的强大动能。利用 5G 网络高带宽、低时延、广连接的特点，智慧农业将在 5G 农业物联网、5G 智慧种植养护等方面得到更加广泛的应用，农业生产将会变得更加智能、低成本、高效率。

7.5.1　智慧农业种植及养护应用场景分析

5G 将改善农业生产条件，降低危险作业环境对人的依赖，提高生产的远程操控和可控性，推动传统生产向智慧生产转型升级。农业植保无人机依托 5G 网络将扩大飞行范围，进行大面积农作物养护，如播撒种子、喷洒药剂等，以及牲畜监控找寻等作业，如图 7-20 所示。具体的计费模式如图 7-21 所示。

在整体的支撑上，主体的功能描述为：5G 农业种植场景下，通信运营商为智慧农业相关企业提供 5G 网络通信服务，并根据 5G 切片的使用信息收费。定价方式可以根据区域差异性定价、网络切片性能指标差异定价。计费系统从 SMF、AMF 获取相关的可计费事件信息。

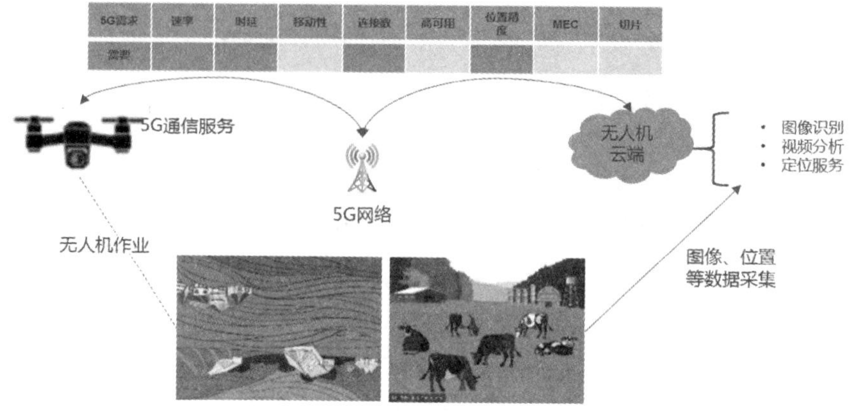

图 7-20　农业种植及养护场景

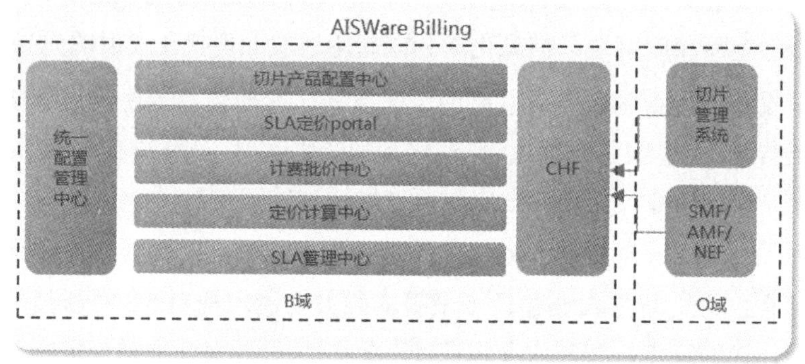

图 7-21　农业种植及养护场景计费

- 统一切片产品配置中心负责统一管理切片产品相关的定价、计费模式相关的产品。
- SLA定价portal为企业客户提供友好的界面操作，其中包括SLA策略、切片特征选择以及定价和计费模式选择等。
- SLA管理配置中心负责SLA相关信息的管理与配置。
- 计费批价中心负责统一的定价计算与费用计算。
- CHF负责与O域的相关系统对接，例如切片管理系统、SMF等。

定价模式包括：

- 根据通信区域不同，进行差异化定价，例如，城市区域、乡村区域、山区。
- 根据通信服务时延差异、速率差异定价。

计费模式包括：

- 按区域面积、固定网络带宽、实际使用带宽、使用时间等要素计费。
- 按采集的数据的存储容量计费。
- 按数据的分析计费。
- 按无人机位置查询调用次数计费。
- 按次、按天、按月等计费。

7.5.2　无人机农业植保计费场景

近年来，我国无人机行业高速发展，无人机已经广泛应用于遥感测绘、航拍摄影、农业植保、侦查救援、电力巡检、安防监控等领域。

在无人机整体市场规模上，根据 IDC 发布的数据，2020 年我国无人机与机器人市场规模为 473.8 亿美元，占全球总量的 38%；2024 年市场规模将达到 1211.2 亿美元，占全球市场的 44%；无人机市场的复合年均增长率高达 54.3%。在无人机农业植保领域，2019 年我国市场规模预计为 46.1 亿元。同时 IDC 预测到 2023 年，我国农业植保无人机硬件销售规模为 160 亿元，无人机农业植保相关服务市场规模将达到 485 亿元。

在农业植保无人机规模和从业人员数量上，中国航空运输协会通航分会发布的《2019 中国民用无人机发展报告》显示，截至 2019 年年底，我国共生产各类农业植保无人机 170 多个品种，保有量 5.5 万余架，作业面积超过 8.5 亿亩次。农业植保，约占整个无人机应用领域的 20%。预计 2020 年，我国农业植保无人机数量将达到 10 万架，无人机农业植保从业人员将达到 40 万人。

无人机农业植保相较于传统农业，通过无人机可以替代人工劳动，可以有效降低资源成本，提高工作效率；更加环保，并能提高作业质量；更加安全、便捷。例如在农药喷洒上，无人机喷雾的方式可以减少使用一半以上的农药量、节水 90% 以上；无人机在农作物上方低空、悬停作业，会产生向下的气流，有利于农药的全面附着，病虫害防止效果佳，农药使用的减少也降低了对土壤和环境的污染；通过无人机替代人工进行农药喷洒，只需远距离按照规范操作控制即可，可以有效避免人工喷洒农药中毒和踩踏农作物等问题。同时，农业植保无人机不需要重用的起降场地，田间地头任意一小块平地就可以满足无人机起降作业需求，使用极为方便。

5G 网络具有高带宽、低延时、广连接、高可靠的特点，随着 5G 网络的建设和覆盖，5G 网络与无人机农业植保的深度结合，可实现高清视频和数据的实时回传、无人机远程精细操控等，提升农作物科学种植和精细管理水平。通过 5G 的赋能，结合 VR、AI 等新技术，将促使农业植保无人机在更多领域获得更大的发展。5G 无人机总体解决方案网络构架如图 7-22 所示。

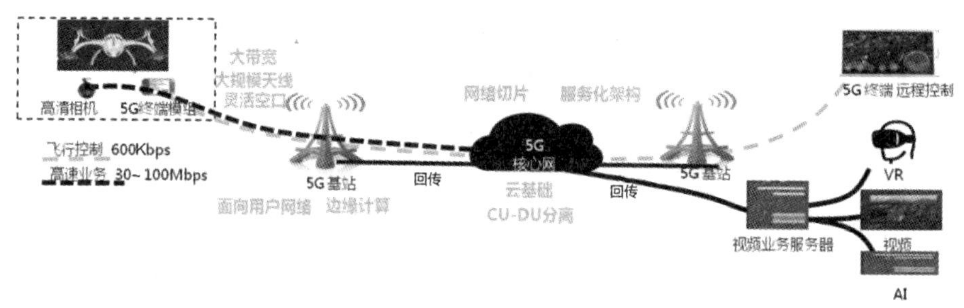

图 7-22　5G 农业植保无人机网络架构

在 5G 无人机播种方面，无人机播种具有播种效率高、播撒密度均匀、性能稳定、成本低等优势。经过不断的探索和试点，目前无人机播种已经可以完全满足农业播种要求，据相关数据显示，无人机播种的作业效率达到人工的 50 倍以上，每天可完成 600 亩以上的农田播种，一亩地种植成本由 175 元减少到 24 元。

在喷洒作业方面，农业植保无人机可以在指定区域内进行农药的精确定量、高效喷洒。与传统的农药喷洒方式相比，大大提高了作业效率、减少了农药和用水量、减轻了农药喷洒对环境和土壤的污染，同时降低了作业成本。此外，利用农业植保无人机进行肥料喷洒、机械传粉等应用也在逐步推广实践。

在农作物生长及土壤监控方面，利用遥感技术，无人机可以对农田进行大面积、高清晰度航拍并通过 5G 网络及时回传。通过航拍的视频、图像资料，可以直观、全面地了解农田环境与农作物的生长情况等；通过搭载光谱仪、热传感器等设备，利用无人机在农田地块进行监控巡查飞行，根据拍摄信息得到的不同颜色标识图片，可以准确地识别农作物病虫害情况、土壤的水分情况，并可以定位出现问题的地块，为科学指定农田病虫害防护和土壤灌溉策略提供精确的数据支撑。

7.5.3　牲畜无人机监控找寻计费场景

畜牧业作为农业的重要组成部分，在满足人们的营养需求、增加农民就业机会和收入、促进农村经济发展方面发挥了重要的作用。畜牧业主要分为散养和圈养，由于散养的牲畜肉类品质及口感更好，随着人们生活水平的提高，对散养牲畜的需求稳步增长。但是畜牧散养受地形地貌和人员的限制，面临以下问题。

- 牲畜数量统计困难：由于散养面积大且牲畜分散，饲养人员难以及时对牲畜的数量进行准确的统计。
- 牲畜难定位易丢失：由于散养面积大，特别在南方地区，丘陵地带地形复杂，受灌木、树林的遮挡，难以及时获取散养牲畜的具体位置。此外，牲畜被盗和走失的情况也时常发生。
- 牲畜的驱赶费时费力：对于散养的牲畜，需要控制牧群的活动范围，找到离群的牲畜并将各个分散的牧群集中驱赶到一个地方，需要耗费大量的精力和时间。

通过无人机在畜牧业的应用，无人机可以在广袤的牧场中对牲畜进行跟踪定位和统计；通过搭载热成像相机还可以在夜间以及遮挡的环境中对牲畜进行监控；无人机在牲畜上空飞行，可以控制牧群的移动方向，帮助牧民驱赶牧群。

目前在新西兰、澳大利亚、英国等国家，已经将无人机应用在了畜牧上，牧民利用无人机发出的噪声或者播放录制的牧羊犬叫声来驱赶牧群移动，并通过无人机航拍画面对牧群进行定位；在美国和其他一些地区，农场主为无人机配置了传感器，通过传感器采集牧草的生长情况、牧群的数量和位置等，甚至通过无人机搭载红外传感装置可以检查牧群中是否出现了发烧等症状；在中国的内蒙古等地区，也进行了无人机畜牧的探索，通过无人机遥感采集牧场红外热成像数据、多光谱数据及 RGB 影像，处理生成多光谱正影像图、NDVI（归一化植被指数）图、地表分类图和地表温度图等，自动对牧场的植被进行精准地分类，得出各类植被的占比和牧草的分布等，为牧场植被的分析、养护和放牧区域的选择提供科学的规划指导；还可以通过无人机红外相机，生成牲畜红外热成像图，通过分析，准确识别出生病或者怀孕的牲畜，帮助牧民及时采取相应治疗与应对措施。

7.5.4 智慧农业种植专有切片计费场景

网络切片是5G的重要能力，通过切片，运营商可以向用户提供定制化的网络服务。网络切片是指将物理网络切成多个虚拟的端到端的网络，每个虚拟网络是逻辑独立的，可能有独立的接入、传输和核心网，甚至控制面功能。每个虚拟网络具备不同的功能特性，面向不同的需求和服务。

在智慧农业的相关场景中，网络技术主要应用在以下几个方面。

- 探测/监测：在农业园区内实现自动信息检测与控制，通过配备无线传感节点，信息采集和信息路由设备，配备无线传感传输系统对环境温度、湿度、光强等信息的感知和收集。
- 监控功能：负责接收无线传感汇聚节点发来的数据、存储、显示和数据管理，实现所有基地测试点信息的获取、管理、动态显示和分析处理以直观的图表和曲线的方式显示给用户。
- 灌溉/施药等控制功能：基于探测、监控的数据，通过自动化控制系统对植被进行科学灌溉/除害等操作。

总体而言，智慧农业对网络服务的带宽要求并不高，但对于连接终端有较高的需求，可能一个小小的传感器就是一个独立的连接终端，结合农业种植区域往往比较偏远的特点，5G的mMTC特性，基本可以很好地满足智慧农业种植对网络的需求。

在类似的大规模物联网场景中，由于位置等客观因素的存在，运营商的网络资源往往只被少部分特定对象专用，网络的复用率很低，因此，需要有更加灵活的计费方式，来平衡网络运营商和用户之间的供需成本。对于此类业务的收费，包括但不限于以下几种。

- 根据连接数量和状态进行收费。
- 根据网络切片的参数进行收费。
- 根据覆盖的区域范围进行收费。